人工智能与未来出版丛书

智能时代
图书出版策划

■ 秦艳华 路英勇 著 ■

◇ 人工智能 + 图书策划

◇ 新技术 新编辑 新出版

首都经济贸易大学出版社

Capital University of Economics and Business Press

·北京·

图书在版编目（CIP）数据

智能时代图书出版策划 / 秦艳华, 路英勇著. --北京：
首都经济贸易大学出版社，2024.5
ISBN 978-7-5638-3660-4

Ⅰ.①智…　Ⅱ.①秦…②路…　Ⅲ.①图书出版—策划
Ⅳ.①G23

中国国家版本馆CIP数据核字（2024）第051406号

智能时代图书出版策划
ZHINENG SHIDAI TUSHU CHUBAN CEHUA
秦艳华　路英勇　著

责任编辑	王　猛
封面设计	风得信·阿东　FondesyDesign
出版发行	首都经济贸易大学出版社
地　　址	北京市朝阳区红庙（邮编100026）
电　　话	（010）65976483　65065761　65071505（传真）
网　　址	http://www.sjmcb.com
E-mail	publish@cueb.edu.cn
经　　销	全国新华书店
照　　排	北京砚祥志远激光照排技术有限公司
印　　刷	北京九州迅驰传媒文化有限公司
成品尺寸	170毫米×240毫米　1/16
字　　数	225千字
印　　张	13.75
版　　次	2024年5月第1版　2024年5月第1次印刷
书　　号	ISBN 978-7-5638-3660-4
定　　价	68.00元

本书为国家新闻出版署出版业科技与标准重点实验室"出版业用户行为大数据分析与应用重点实验室"研究成果之一

前　言

　　智能时代到来，人类社会及各行各业都受到深刻影响。出版产业也一样，从出版观念、出版思维，到生产方式、生产流程、产品形态、市场营销……无不在智能技术的影响下，呈现出前所未有的崭新样貌。随着智能技术的广泛应用，我国传统出版与数字出版的融合发展，进入一个新阶段。

　　但是，毋庸置疑，即便在智能时代，无论从社会效益还是从经济效益来讲，图书出版依然是出版产业的核心竞争力所在。

　　智能时代下，图书出版策划既是图书出版的首要条件，也是智能技术赋能出版的内容基础、产品基础、市场基础，它关系到知识的生产方式、传播方式，也关系到出版产业、文化发展的方向。对于智能时代图书出版策划，我们既要从图书出版一般规律上来认识，更要从技术逻辑、传播逻辑、文化逻辑上来理解，只有这样，才能更好地诠释其意义。

　　图书出版策划是指在图书出版过程中，对图书选题、内容、设计、制作、营销等一系列活动的策划。这种意义上的"图书出版策划"是随着现代出版诞生而出现的概念，在互联网应用尤其是网络传播普及的情况下，这一传统概念显然受到了很大冲击。在大数据、云计算、物联网、元宇宙等新兴技术与人工智能技术相互融合的智能时代，图书出版策划开始融入基于大语言模型的人机对话、人机协作的成分，使这一精神活动表现出更大的能动性。

　　在出版实践中，智能技术的广泛应用推动图书出版向着智能化方向不断推进。通过用户画像和大数据算法进行智能推荐，可实现从"人找信息"到"信息找人"的智能匹配，为图书选题策划提供精准信息参考；在专业生成内容（PGC）、用户生成内容（UGC）之外，实现了生成式人工智能（AIGC），机器正式成为出版内容生产的助手甚至主体，出版内容资源因之得到极大的丰富；文字、图片、音频、视频等多种媒介形式相互融合，生成新的出版产品形态，可为用户提供全感官、沉浸化的场景体验；人工智能可以进行编辑加工、文字校对、图片识别、版式设计、智能翻译、语音交互等，出版的效率得以大大提高；智能技术为用户精准画像，与全媒体营销、全版权营销相结合，可实现供给、消费和服务的精准对接，为创造更好的经济效益提供良好条件。

由此，本书对智能时代图书出版策划作如下定义：智能时代图书出版策划是指出版社编辑人员在传统图书出版策划的基础上，运用以人工智能技术为核心的新兴技术，提升图书质量，促进图书销售，并通过版权运营、数字化转换，创新产品形态和营销模式，扩大市场规模，增强用户体验，实现社会效益和经济效益最大化的一种精神活动。

可见，智能时代图书出版策划并没有与传统图书出版策划割裂开来，而是通过关注新技术、新编辑、新出版，也就是通过关注智能技术在出版业的应用、智能时代编辑人才素养的提升、智能时代出版生态的变化等，凸显这一精神活动的特征，同时在拓展传统图书出版策划内涵的基础上，呈现出符合自身特征的一般规律。

——新技术。智能时代的新技术呈现出深度学习、跨界融合、人机协同等特征，作用于社会发展，与经济、社会、文化、生活等实现高度融合，推动生产力整体跃升和社会的深刻变革，也深刻改变了人们的生产方式、生活方式和思维模式。2022年4月，中宣部印发《关于推动出版深度融合发展的实施意见》，明确提出"加强前沿技术的探索应用"，"强化大数据、云计算、人工智能、区块链等技术应用，创新驱动出版深度融合发展"。智能技术的应用，极大地提高了出版效率和质量，也极大地推动了出版深度融合发展。智能时代的图书出版策划正是以新技术为出发点，以新技术条件下的出版深度融合发展为研究背景的。

——新编辑。智能时代图书出版策划对编辑素养提出了更高要求。出版具有鲜明的文化性和商业性特征，就智能时代图书出版策划而言，智能技术的应用，并不是为了追求更高的经济效益而忽视出版的社会效益；恰恰相反，在网络化、数字化、智能化浪潮中，有智能技术赋能，出版的文化性理应得到更广泛的传播，具有更大影响力。另外，针对大语言模型应用于出版存在的诸多问题，编辑应首先明确，完全依赖大语言模型进行图书生产并不可取。智能时代的编辑既要运用新技术，又要善用新技术，拨开技术迷雾，防止陷入技术"异化"的陷阱，坚持正确出版导向，坚持社会效益第一。这应当成为人工智能大模型"算法"的重要维度，也应当成为智能时代编辑的基本素养。

——新出版。智能时代图书出版策划面对的是一种全新的出版生态：从流程来看，传统出版流程是单向的线性流程，由于智能技术对出版产业的嵌入，出版流程已转化为非线性的动态化管理，并向人机协同的中心化处理转型。从产业链来看，出版产业链多线并行，多媒体出版、跨媒体出版、云出版、语义出版、大数据出版、元宇宙出版、游戏＋出版、AI＋出版等，交叉共建新的出版产业链。从产品来看，出版产品多元融合，依托图书这种产品而衍生出多种形态的数字出版产品，同样的内容由传统的图书产品、线上的数字出版产品通过各自不同的载体、渠道传播出去，多元产品的融合形成更为丰富的出版景观。从营销来看，面对作为互动者、对话者、反馈者的新型出版用户，侧重提供场景化、沉浸式、多面向的感知、体验，成为有效开展图书营销活动、提升产品市场竞争力的必然选择。凡此种种表明，新的出版生态要求图书出版策划在创新生产方式、产品形态、营销手段中实现其价值和意义。

这里需要特别说明：智能时代图书出版策划是传统出版与数字出版深度融合发展的题中应有之义。在图书出版策划过程中，智能技术作为中介，其作用当然是明显的、重要的，但出版什么样的图书、如何才能实现出版效益最大化，最终还是由人来决定的。正如克劳斯·布鲁恩·延森所说："在媒介融合的浪潮席卷之下，……旧的媒介鲜有消亡；与此同时，人类不仅占据着技术为中介的传播活动中的关键位置，而且还是后者的原型。"①

---

① 【丹麦】克劳斯·布鲁恩·延森，刘君译：《媒介融合：网络传播、大众传播和人际传播的三重维度》，复旦大学出版社 2019 年版，第 4 页。

目 录

第一章　智能时代的出版业

当今，随着人工智能技术的迅猛发展，信息传播方式、传播特征发生了巨大变化，人类社会已经进入智能时代。以人工智能技术为核心的新技术在出版业得到广泛应用，推动出版融合发展进入新阶段，出版产业迎来了新的发展机遇。

第一节　智能时代与技术

从人类历史发展过程来看，每一次重大的时代变革都离不开技术的进步：工具的手工制造和广泛使用推动人类社会进入农牧时代；18—19世纪，大机器的发明和使用成为人类社会进入工业时代的标志；20世纪中叶，以计算机、互联网的普及为标志，人类社会迎来了信息时代；2010年前后，以人工智能为核心的智能技术迅速发展，特别是2022年生成式人工智能大语言模型问世，标志着真正的智能时代来临了。

一、人工智能技术

人工智能（Artificial Intelligence，AI）是研究、开发通过使用计算机程序或机器来模拟、延伸和扩展人类智能的一门新技术。在算法、算力、算据合力下，大语言模型获得迅速发展。2022年底，ChatGPT的出现推动大语言模型步入发展的快车道，实现了机器学习算法发展中自然语言处理领域的历史性跨越。ChatGPT 利用广泛的数据存储和高效的设计，可以理解用户请求，并用接近自然的人类语言生成反馈，这一能力使其成为自然语言处理和人工智能领域的一项重大科技创新。2023 年 12 月 6 日，谷歌发布新一代大语言模型 Gemini，AI 进入了多模态时代。Gemini 合并了多数据模态，可以概括和无缝地理解、操作并结合不同类型的信息，包括文本、代码、图像、音频和视频；可以通过融合多种模式并为消费者提供更自然、更直观的技术参与方式来提高机器学习模型的效力。

人工智能的主要技术功能包括以下几个。

自然语言处理（Natural Language Processing）：这是处理人类语音和文字的技术，是人工智能与人类沟通的关键技术。这一技术已被广泛用于机器翻译、个人助理程序等领域。

语音识别（Speech Recognition）：这是处理语音的技术，能够识别人类发出的语音信号，并转化为机器可以理解的文字。这一技术已被广泛应用于智能家居、个人助理等领域。

声音复刻（Vall-E）：这是语音合成技术的个性化应用，用户可通过少量的录音进行模型训练，得到与用户本人在音色和发音风格上非常相似的声音模型，完成个性化音库定制。这一技术已经被广泛应用于信息传播、表演娱乐等领域。

计算机视觉（Computer Vision）：这是处理影像的技术，包括图像识别、目标识别、视觉跟踪等。这一技术已被广泛应用于人脸识别、智能监控、医学诊断等领域。

智能推理（Intelligent Reasoning）：这一技术可以帮助计算机作出基于逻辑和推理能力的操作和决策，已被广泛应用于金融、医学等领域。

感知计算（Perceptual Computing）：这一技术通过多种传感器和计算机来模拟和实现人类感知，可以用于虚拟现实、医疗等领域。

人工智能技术的应用已经成为人们日常生活不可缺少的组成部分，也为人类社会迈入智能未来奠定了重要基础。这一技术被人们看作智能时代的核心驱动力。

二、人工智能技术的特征

人工智能技术呈现出鲜明的特征，主要包括深度学习、跨界融合、人机协同、群智开放、自主操控等。[①] 在实践应用中，这些特征与科技、经济、社会、文化、生活等各方面实现高度融合，推动了生产力的整体跃升和社会的深刻变革，也深刻改变了人类的生产方式、生活方式和思维模式。

（一）深度学习

深度学习是基于人脑神经网络的结构和功能而建立的系统算法。换言之，深度学习就是把要学习的事物看成数据，通过大量数据训练神经网络来实现对数据特征的提取和处理。深度学习具有多层次的结构，主要包括输入层、隐藏层和输出层。在经过多层神经元的计算和组合后，深度学习模型可以对输入数据进行分类、识别、预测等。深度学习的主要优势在于它能处理大量复杂的数据，并从中学习到有用的特征和模式，这使得深度学习在许多领域取得了显著的成果，如计算机视觉、自然语言处理、语音识别、推荐系统等。深度学习算法的发展和应用推动了人工智能的快速发展，使得机器在图像、声音、语言等领域的处理能力接近甚至超过人类水平。

（二）跨界融合

跨界融合是指人工智能与其他领域的深度融合。通过与其他领域实现跨界融合，人工智能将为经济社会发展注入新的动力。例如，在交通领域，将人工智能技术应用到城市交通信号灯，能有效调节、优化交通量，减少拥堵；在医疗领域，智能医疗系统可用于智能问诊、基因分析、精准医疗、新药开发，医疗机器人可以提供挂号诊疗、体检等一体化服务；在金融领域，大数据处理分析平台可提供征信、客服、市场预测、风险评估等人工智能服务；在教育领域，人工智能可以为学生提供个性化学习方案，协助教师进行课堂管理、作业批改和考试评估等；在制造业领域，可以实现产品智能制造、供应链智能管理等。

（三）人机协同

人机协同，即通过人与机器的合作和协调实现人类智慧和人工智能的结合，这也是一个人与机器通过工作经验交流来持续改善工作流程的过程。机器可以依据人类导入的信息及流程执行作业，人类再根据机器产出的成果进行调整，形成一种协作模式。人机协作可以大幅度提高生

---

① 参见中华人民共和国国务院：《新一代人工智能发展规划》（国发〔2017〕35号）。

产效率，节约成本和时间。这种人与机器协同工作的模式已被应用到多个领域，如服务行业的智能客服系统、医疗行业的手术机器人、交通领域的巡检机器人、工业生产的协作机器人等。人机协同将是未来社会的主要工作模式。人工智能可以替代人类完成大量简单、重复的工作，人只需要完成其中创造性、思维性较强的工作环节就可以了，这将大大提高工作效率。人机协同让人和机器发挥各自优势，协同工作，真正实现了人尽其才、物尽其用。

（四）群智开放

群智开放，即通过大量个体组成的群体之间的相互协作，来解决单靠个体有时难以解决的问题。群智开放源于对以蚂蚁、蜜蜂等为代表的社会性昆虫的群体行为的研究，是人们从生物群体活动的自然现象中发现并加以探究的结果。群智开放最早被用在细胞机器人系统的描述中。随着研究的逐渐深入，它的应用范围也不断扩大，涉及函数优化、组合优化、生产调度、自动控制、机器人学、机器学习、图像处理等方面的内容。对群体智能的认识与运用体现了人类对自然界现象的深入思考，也将有力推动经济社会发展。

（五）自主操控

自主操控，即一种无人操作系统。针对某些目前尚需人的智能才能解决的问题和任务，可以利用大数据分析处理，以人的思维和处理问题的技巧驱动智能机器，在人力有限参与的情况下，使智能机器高效、准确地解决这些问题，完成这些任务。自主操控具有自主性、智能性、协作性等特征，被广泛应用于自动驾驶、智能制造等。

从上述特征来看，人工智能技术给经济社会发展、人们的日常生活带来了多方面的深刻影响。对于经济社会发展来说，人工智能极大地推动了社会进步和经济增长。例如，制造业的自动化和智能化生产线使得生产成本大幅降低，生产能力、产品质量大幅提高。在农业、医疗、金融、文化等领域，人工智能正在重塑原有的产业格局，推动产业的升级与转型。人工智能还催生了许多新兴产业，如无人驾驶、虚拟现实、智能家居等，这些新兴产业有着巨大发展潜力，对社会进步和经济增长的贡献越来越大。对于人们的日常生活来说，人工智能在教育、医疗等领域的广泛应用，极大地满足了人民群众对于美好生活的向往。基于人工智能技术的智能家居、语音助手、推荐系统等，可使人们在日常生活中享受到科技进步带来的便捷和愉悦。总之，人工智能的广泛应用为社会发展作出了巨大贡献。

人工智能技术的应用也引发了一些问题，如隐私保护不力带来的伦理道德问题、算法不公导致的歧视和偏见等。面对这些问题，需要建立和完善与智能时代相适应的法律法规和道德规范，引导人工智能技术朝着更加宽广而健康的方向发展。

三、智能时代的技术

智能时代的技术，除人工智能技术外，还有大数据、云计算、物联网、区块链、元宇宙、AR、VR、MR、5G 等一系列新技术。这些技术与人工智能技术相融合，可共同推动人类社会迈向智能时代。

（一）大数据技术

大数据（Big Data）技术是一种对海量数据进行快速获取、分析、处理和应用的技术。大数据是云计算、人工智能发展的基础，海量的数据驱动机器对现实世界进行模拟，并与现实世界双向互动，从而使机器具有学习的功能。可以说，大数据对智能时代的到来发挥了至关重要的推动作用。

（二）云计算技术

云计算（Cloud Computing）技术是一种分布式计算技术，即通过互联网构建一种云计算资源共享池，为用户提供快速且安全的计算资源、数据存储和应用程序等服务。云计算技术可以实现数据资源的整合、处理、分类和共享，并能实现数据的集中存储，构建安全、方便、可靠、快捷的数据存储中心。这一技术也是智能时代的重要驱动力。

（三）物联网技术

物联网（Internet of Things）技术是指通过信息传感设备，如无线射频识别、红外感应器、全球定位系统（GPS）、激光扫描器等，按约定的协议，将有关物品与网络连接，通过信息传播媒介进行信息交换和通信，以实现智能识别、定位、跟踪、监控和管理的一种网络体系。

（四）区块链技术

区块链（Blockchain）技术也称为分布式账本技术，是包括分布式数据存储、点对点传输、共识机制、加密算法等计算机技术的一种应用模式。其特点是去中心化、安全、透明、每个人均可参与记录、具有数据可追溯性、数据不可篡改性，主要用于解决数字产品版权保护和交易安全问题。

（五）AR、VR、MR 技术

AR：增强现实（Augmented Reality）技术，是一种将真实世界信息和虚拟世界信息巧妙叠加、融合一体的技术，包含多媒体、智能交互、三维建模、场景融合、实时显示及控制、多传感器融合、实时跟踪及注册等多种新技术应用。

VR：虚拟现实（Virtual Reality）技术，又称灵境技术，借助计算机等设备生成一个具有听觉、视觉、触觉、味觉、嗅觉等多种感知系统的虚拟空间，为人们提供沉浸式体验。人们通过 VR 眼镜、数据手套等设备可实现与虚拟环境的交互。

MR：混合现实（Mixed Reality）技术，是对 VR、AR 的集成应用和提升，是将现实场景和虚拟场景相融合的技术，通过实景与虚景的融合，打造用户所需的身临其境、多维场景的体验。

（六）5G 技术

5G 技术，即第五代移动通信技术，是新一代蜂窝移动通信技术。其主要优势在于可为各类产业提供高速率、低延迟、高容量的网络连接服务。作为一种新型移动通信网络，5G 技术不仅能为用户提供更加便捷、身临其境的通信服务，还能满足智能制造、自动驾驶、智能家居、环境监测等物联网应用需求，支撑经济社会向数字化、网络化、智能化发展转型，推动社会进入一个全新的数字时代。

（七）元宇宙技术

元宇宙（Metaverse）概念源自科幻小说《雪崩》，是一个人类运用数字技术构建的、由现实世界映射或超越现实世界、可与现实世界交互的虚拟世界，是一个具备新型社会体系的数字生活空间。元宇宙技术集成现有技术，包括 5G、物联网、云计算、人工智能、扩展现实、区块链、数字孪生、人机交互、数字货币等，创造了一个用户与其日常生活场景都被虚拟连接的全新环境。

第二节　智能时代与全媒体传播

党的二十大报告中提出："加强全媒体传播体系建设，塑造主流舆论新格局。健全网络综合治理体系，推动形成良好网络生态。"从目前的情况看，我国媒体转型发展的方向日益明确，路径日渐清晰，成效也将会越来越显著。

一、全媒体

全媒体是在新媒体出现之后形成的一个概念。

新媒体最早由戈尔德马克（Goldmark）提出。1967 年，美国哥伦比亚广播电视网（CBS）技术研究所所长、NTSC 电视制式的发明者戈尔德马克发表了一份"关于开发电子录像（Electronic Video Recording，EVR）商品的计划"，在这份计划书中他把电子录像称为"新媒体"。1969 年，美国传播政策总统特别委员主席 E. 罗斯托在向尼克松总统提交的报告书中也多次使用新媒体一词。自此以后，新媒体一词开始在美国公开使用，并很快在全世界流行开来。

关于新媒体的含义，目前还没有一致的科学界定。有的说法较为简略，如"新媒体就是网络媒体""新媒体是所有人对所有人的传播""新媒体就是非线性播出的媒体"等。有的说法则较为详细，如"新媒体是基于计算机技术、通信技术、数字广播等技术，通过互联网、无线通信网、数字广播电视网和卫星等渠道，以电脑、电视、手机、个人数字助理（PDA）、视频音乐播放器（MP4）等设备为终端的媒体。能够实现个性化、互动化、细分化的传播方式，部分新媒体在传播属性上能够实现精准投放、点对点的传播，如新媒体博客、电子杂志等"。从目前的发展来看，人们对新媒体的界定，有三个方面比较一致：一是新媒体是相对于传统媒体而言的；二是新媒体是建立在数字和网络等新技术基础之上而延伸出来的各种媒体形式；三是新媒体拥有新的传播方式和内容形态。

新媒体在信息的呈现方式上是融文字、图像、声音、Flash 等多媒体于一体，传播信息量大，存储方便，传播速度快，覆盖面广，互动性强，个性化鲜明，具有随时、随地发布信息的特征，且与传统媒体并存，进而呈现融合之势，于是全媒体概念应运而生。

全媒体即"Omnimedia"，源自美国一家名叫 Martha Stewart Living Omnimedia（玛莎－斯图尔特生活全媒体）的家政公司。这家公司成立于 1999 年，拥有杂志、图书、报纸专栏、电视节目、广播节目、网站等多种媒体，通过这些所谓"全媒体"传播自己的家政服务和产品。后来，全媒体被指向传媒业传播形态的变化和发展。随着科学技术的不断发展，传播手段层出不穷，传统媒体与新媒体之间日益融合互通，全媒体这一概念的内涵在传播领域的实践中日渐丰富起来。全媒体的"全"，不仅包括报纸、杂志、广播、电视、电影等在内的传统媒体，也包括利用数字技术、计算机网络、无线通信网、卫星等渠道，以及电脑、手机、数字电视机等多媒体终端，向用户提供信息和服务的新媒体。常见的新媒体包括：社交媒体，如微博、微信、抖音、快手等；资讯类平台，如今日头条、腾讯新闻、网易新闻等；博客和自媒体平台，如知乎、企鹅号、大风号等；视频平台，如优酷、爱奇艺、哔哩哔哩等；在线教育平台，如网易云课堂、慕课网、学堂在线等；电商平台，如淘宝、京东、拼多多等；直播平台，如斗鱼、虎牙、映客等；音频平台，如喜马拉雅、蜻蜓 FM、荔枝等；移动应用，如新闻客户端、短视频 App、社交软件等。

当代社会，全媒体传播生态使"社会媒体化"发展呈主流趋势。过去，媒体主要用于信息传播，而今，千行百业数字化，由线下移至线上，现实世界与虚拟世界互联，形成错综复杂的关系网络。与线下不同，线上的组织方式是通过互联网传播的连接来承载和构建的。社会的数字化转型、媒体化进程则意味着全社会开始用互联网传播的机制、法则和模式来进行自身业态重构。在这一重构过程当中，互联网传播起到了中介、整合和推动的作用，促使媒体在整合与匹配中产生新的功能、价值，构造出新的关系结构和利益分配模式。① 媒体形态经历从物理介质到关系介质再到算法介质的转变，其中，5G 通信提供高速度、高容量与低时延的技术支撑，大数据、量子计算的算法迭代支撑，将实现人们信息接受所需场景的全要素激活、连接与整合，从而创造出全新的用户体验。

---

① 喻国明：《有的放矢：论未来媒体的核心价值逻辑——以内容服务为"本"，以关系构建为"矢"，以社会的媒介化为"的"》，《新闻界》，2021 年第 4 期。

二、全媒体传播特征

在信息传播领域，大数据、云计算、人工智能等技术已得到广泛应用，其结果是：传播格局被重构，全媒体体系已经形成，传播方式也发生了重大变化……技术的强大力量使得智能时代的信息传播具有了新的特征。

（一）泛媒化

在智能时代，随着5G、物联网、传感器、全球定位系统等技术的兴起和进步，连接不仅仅局限于人与物之间，已经延伸到了物与物之间，人们处在"万物皆媒"的社会环境之中。从传播学意义上看，"万物皆媒"，就是任何物体都可以成为媒介进行信息传播。因此，人们对物质世界的感知变得更为全面、及时，传播的意义和价值也在人类对物质世界便捷且智慧的控制、管理中得到提升。

智能时代，全社会各个领域、各个行业都在使用媒体，从线下到线上，从单介质媒体到多介质媒体，从社会组织到个人行为……传播格局因"万物皆媒"得以重构。在传播格局的重构过程中，技术的中介、整合和推动作用得到凸显，进而生成新的功能和价值，沟通逻辑成为其中最为重要的活跃性因素。通过技术，政治的、经济的、文化的、社会的种种资源，在相互整合中构造出新的关系结构和利益分配模式，从而完成运行方式的泛媒化重塑。

泛媒化是未来社会发展的主流趋势，整个社会将用传播的机制、法则和模式，来进行各种业态和运行架构的重建。比如在以直播带货为代表的新商业模式的建构中，流量、圈层、身份认同、大数据洞察等成为核心要素，尤其是流量，对一种产品能否取得商业成功有着决定性作用。①

（二）社交化

信息传播的社交化，意味着传播主体从专业人士到社会大众的转变。随着智能技术的发展，社交化成为媒体内容生产和用户信息消费的核心要素。依托于社会关系网络进行的传播，扩大了内容传播的影响力。

社交媒体的崛起，使得社会精英人士能够借助互联网有效地行使传播权利。尽管社交媒体崛起时代最为响亮的口号是"人人都是传播者"，但研究

---

① 参见喻国明：《有的放矢：论未来媒体的核心价值逻辑——以内容服务为"本"，以关系构建为"矢"，以社会的媒介化为"的"》，《新闻界》，2021年第4期。

表明，由于书写文字的表达模式潜藏根深蒂固的精英逻辑，所以在互联网平台上传播的内容基本上都是由精英人士生产出来的，普通用户不过是阅读者、转发者和简单的点评者、应和者。

视频传播兴起，泛众化传播时代来临，社会大众之间真正的"社交"开始。视频表达的成分更为多元，信息更为丰富，可操作空间更大，为社会大众社交化传播的崛起创造了条件。

智能时代，社交媒体成为人们获取信息的主要渠道，信息消费呈现出明显的社交取向。人是群居的社会性动物，人的社会关系属性决定了每个人既是自然人又是社会人。社会人必然有社交需求。美国心理学家马斯洛在《人类激励理论》中提出人类需求五层次说，指出社交需求是高于生理需求和安全需求的第三个层次的需求。作为正常人，每个人都有积极融入社会、期待社会认同的心理。现代社会的特征决定了人必须通过社交融入社会，个人的实践活动才能创生出一定的社会生活、社会形式和社会关系，人的价值才能得到充分体现。智能技术和人的自然属性的合力作用，使社交化成为智能时代信息传播的一个重要特征。

（三）场景化

从传播的技术逻辑看，传播层级由低到高依次为"点对面""点对点""面对点"。相对于"点对面""点对点"这样固定的、单一的、有边界的传播，场景化传播是一种不断变换的、复合性的、日常化、碎片化、无边界的"面对点"的传播。

场景化能够改善用户的主观感受，提升用户的信息获取体验。媒体借助大数据、人工智能、云计算、虚拟现实、增强现实、元宇宙等技术手段在对不同场景的信息数据进行采集之后，运用算法对各种场景信息要素进行有效连接，再将这些经过大数据分析处理的信息，按照受众需求，进行精准投放，于是形成临场感极强、全方位的模拟体验效果。这种场景化的传播方式，打破了虚拟与现实的边界，可以营造出超真实的场景，极大地增强用户的沉浸感。

（四）圈层化

智能化的连接服务，使得个人可以获得、调配及操控的社会资源越来越多，人与人的合作形式变得更加机动、便利和灵活。"圈层"作为人们连接彼此功能与价值汇聚的"节点"，逐渐成为大众生存和社会运行的一种方式。

圈层化是一种趣味相投的同类聚合。人们连接、组合成为一个个"趣缘"构造起来的"圈层"，其基本驱动因素主要源于以直觉的统合、情感和情绪的共振为基础的关系认同。[①]从某种意义上说，圈层化的生存方式使得人们的社会生活更加多元、更加丰富，但同时也容易造成认知上的"窄化"，社会成员之间出现离散与沟通上的阻隔，也就是形成一个个"信息茧房"。

"信息茧房"最早由美国法学家凯斯·桑斯坦在其 2006 年出版的著作《信息乌托邦：众人如何生产知识》中提出，本意是提醒公众——在网络信息传播过程中，不要只关注自己选择的信息以及使自己愉悦的信息，否则，伴随时间的推移，信息渠道会越来越窄，信息会越来越同质化，每个人都待在"舒适区域"，这很可能将个体置于像蚕茧似的"茧房"中。"信息茧房"是圈层化传播的衍生品，它阻碍了外部信息的进入，产生"群体极化"现象，不同"圈层"的人彼此隔绝，越来越囿于自己的观点而难以接受其他意见。

（五）流量化

流量的全称叫作移动数据流量，是用户用于通信、上网，以及进行相关数据增值业务所产生的数据流量。这类流量是由网络运营商提供的，用户只要通过上网设备使用移动网络，就会产生数据流量。

当下，IP（知识产权）成为新的流量入口。IP 隐含从小众到大众的连接属性，超级 IP 正在定义智能时代的流量发展。IP 资源的应用是一个不断完善与丰富的过程，用 IP 构建品牌与人的关系，能够带来意想不到的传播效果和经济效益。

一般说来，流量越大，传播效果越好。但过分追求流量，就会出现以新、奇、怪来哗众取宠，甚至用一些极端化的言论、思想、行为去吸引眼球、制造流量，导致劣币驱逐良币、浮夸战胜真实。

第三节　智能时代与出版融合发展

当前，智能技术正加速出版方式转型。人工智能可以模拟、延伸和扩展

---

① 喻国明：《未来传播学研究的三个关键性课题》，《教育传媒研究》，2021 年第 2 期。

人脑功能，进而以"拟主体"的形式从事出版产品生产。面对个性化需求者更多、受众群体的黏性更高，沉浸式体验、服务多元细化促使出版形态不断创新，以内容质量为根本，以智能技术为支撑，推动出版融合发展进入新阶段。

一、出版融合发展的三个阶段

媒体融合可以看作一种"任何媒体的内容都是另一种媒体"的理念，它认为不同的媒体形态可以互相融合，产生新的价值和效益。这种理念早在20世纪中期就已出现，当时，出版业与广播电视电影业、计算机行业产生了融合的趋势。20世纪90年代初，受互联网技术的影响，欧美等发达国家的大型出版机构开始从传统出版向网络化、数字化出版转型。在我国，20世纪末，传统出版领域开始应用数字技术，数字出版逐渐进入人们的视野。自此以后，国家出台了一系列有关数字出版的政策，鼓励和推动数字出版产业的发展。

21世纪以来，随着互联网和移动通信技术进一步发展，出版业开始进入数字化转型的加速期，传统出版业逐渐向数字化转型。2008年，为推动出版业融合发展统筹协调，原新闻出版总署设立科技与数字出版司，并于2010年发布《关于加快我国数字出版产业发展的若干意见》，明确了数字出版的概念，并制定了多项措施以推动数字出版发展，推动传统出版业的数字化转型。这一时期出版业融合发展的模式主要有两种：一种是出版社尝试将传统出版与数字出版相结合，通过数字化手段提升出版效率和质量，拓展出版物的传播渠道；另一种是出版业尝试将出版与其他产业融合，如文化创意产业、教育产业等，以拓展出版物的应用领域和市场空间。

2022年4月，中宣部印发《关于推动出版深度融合发展的实施意见》，明确提出，"加强前沿技术的探索应用""强化大数据、云计算、人工智能、区块链等技术应用，创新驱动出版深度融合发展"。当前，随着智能技术的发展进步和社会数字化技术的普及，尤其是生成式人工智能大语言模型的出现和应用，出版业融合发展酝酿着革命性的变化，出版生态迎来了全新模式。行业变革的趋势、技术发展的特征、市场用户新的需求等，要求出版企业积极探索生产的新模式和新流程，包括大数据选题论证、多载体内容整合、人工智能辅助编校工作、用户信息反馈采集等。实践证明，使用智能技术优化传统出版的模式和流程，将大大提升出版的效率和质量。

二、出版深度融合发展

出版深度融合发展强调出版理念、战略谋划、内容建设、技术支撑、重点项目、人才队伍、保障体系等的深度合作及全面化、体系化效应的实现，是一个强调整体性、联动性的发展愿景。

出版深度融合发展面临着内容建设、媒介变迁、出版管理等多重现实挑战。在内容建设层面，网络时代个体的媒介主动性不断增强，读者及其阅读习惯发生深层变化，人与人、人与技术、人与平台之间的交互程度更深，交互方式也更为多样化，这对出版融合内容建设提出了更高要求。在媒介变迁层面，传播技术不断迭代，加大了不同媒介的传播差异，如声音和图像等音 / 视频媒介以巨大的媒介自主性削弱了文字媒介能量，泛娱乐视频媒介争夺"私域读者"等。在出版管理层面，主要表现为传统编辑打破职业习惯的动力与能力不足，"一专多能"型融合发展人才欠缺等。

出版深度融合发展的实现，应该"以技术为支撑、以产业融合为内驱力、以读者开发为基础，提高出版活动的文化质量和经济质量，并深化出版监管和规制融合，通过提升社会整体效益，构建起科学、合理、高效的出版深度融合发展体系"[①]。基于场景的视角，可以认为以智能技术为支撑的全媒体出版场景是一种综合性的场景，智能传播技术的引入和使用打破了编辑场景、传播场景、用户生活场景间的边界。出版企业一方面需要从形态层面实现出版产品媒体样式之全；另一方面需要通过深入各种新场景，创造多元新功能与新模式，实现出版产业价值之全。由此从内、外两个方面，面向场景，增强读者体验，扩大市场规模，推动出版产业发展。

出版深度融合发展包含着对人的重新定位、对产业链的重组，以及出版产品的多元融合。关于人的重新定位，出版深度融合要求创作者、编辑者、审校者等多重角色融合。2022 年底，ChatGPT 这一大语言模型的出现引起全网高度关注。一年后，多模态大模型 Gemini 发布。它们作为生成式人工智能的典型代表，将其应用于出版业就可以部分承担创作者、编辑者、校对者以

[①]　何国梅：《出版深度融合发展的内涵、机制与路径》，《中国编辑》，2022 年第 9 期。

及推广者的工作，这无疑会给出版从业者带来危机感。但与此同时，大语言模型赋权于人，可以解放更多的生产力，使其致力于内容创新，目前教育出版、学术出版、有声读物出版等是大语言模型可以大显身手的领域，人们有理由期待通过人机协同更大程度地提升内容质量。关于产业链的重组，智能时代出版深度融合，随着"AI+出版"的模式逐渐形成，以数据分析、大语言模型等辅助选题策划、内容生产、编辑加工，以云计算、市场导向定位印刷发行，可以塑造全新的出版产业链。关于出版产品的多元融合，出版深度融合条件下，出版产业依托图书这种产品衍生出多种形态的数字出版产品，同样的内容由传统的图书产品、线上的数字出版产品通过各自不同的载体、渠道传播出去，多元产品的融合形成更为丰富的出版景观。

三、智能时代出版新形态

智能时代，云上存储、网上出版、屏上阅读已成常态。在智能技术的支持下，传统出版与数字出版实现深度融合，由此不断诞生新的出版形态，线上线下，争奇斗艳。

（一）多媒体出版

多媒体出版是一种利用电子出版技术并结合多媒体技术制作，以图、文、声、像等多种形式呈现内容，并由计算机及其网络对内容以一定的方式进行存储、传送、处理及再利用的电子出版形态。

（二）跨媒体出版

跨媒体出版是指同时传输相同的内容到两种或两种以上的媒体。这一出版形态最早指同一内容的纸质书与电子书同时出版，之后，也包括报纸、杂志、广播、电视及网络出版物的同步出版。

（三）云出版

云出版是一种基于云计算的数字出版方式，指聚合出版内容云，借助出版技术云，面向出版渠道云，提供出版服务云。① 云出版与云计算的流行有关，其商业模式主要有三种：纯销售模式、纯租赁模式及综合服务模式。

---

① 刘成勇：《关注"云出版"》，《出版参考》，2010年第21期。

（四）语义出版

语义出版是一种通过提取期刊上文章的语义，使其能够链接至与此语义相关的其他文章，并提供获取相关数据的可行性途径，使论文之间的数据整合变得更加简单便捷的出版形式。

（五）大数据出版

大数据出版是指利用大数据技术采集、挖掘、分析信息，辅助出版，视数据为资产，实现出版资源优化整合和出版流程再造，形成线上线下整合出版的模式。

（六）元宇宙出版

元宇宙出版是指由数字孪生技术、虚拟现实、增强现实、人工智能、区块链等技术构成的数字世界的出版形态。换句话说，元宇宙出版是在虚实融合一体化理念的基础上，面向出版者和阅听者营造的多技术集成的沉浸式出版形态。

（七）AI+ 出版

AI+ 出版也叫智能出版，是运用人工智能技术，基于"人工智能 + 数字出版"出版流程再造，通过人机协同，将人工撰写的文本和计算机生成的文本融合的出版形态。

（八）数字藏品

数字藏品即数字化藏品。数字藏品是基于区块链和数字版权等技术衍生的数字出版形态。数字藏品的支持技术，主要是区块链技术，区域链技术可使这种藏品（主要是艺术品）生成唯一数字凭证，这种唯一性是数字版权的唯一性生成的。作为出版形态的数字藏品，它的价值体现为知识产权保护下的艺术品的唯一性、增值性，它在一定程度上满足了部分读者的消费需求。例如，把实体书和藏书票锚定，并进行独一无二的编码，极大地提高了图书的收藏价值。

（九）场景 + 出版

场景 + 出版，也就是 VR 出版、AR 出版、MR 出版等。这一出版新形态为人们创造了一个亦真亦幻、虚实交互的阅读新世界。随着智能交互技术的突破，全息投影与人场交互将实现完美结合，带给人的真实感、愉悦感会更强。

以上所举，只是迄今所见者，随着智能技术的不断发展，可以相信，新的出版形态还会不断出现。

第二章　图书编辑职业素养

智能技术应用于出版，使得出版生态、出版产品形态等发生了重大变化，为适应这种变化，图书编辑需要大力提高职业素养。智能时代图书编辑职业素养，既表现为对编辑基本素养，如职业道德修养、文化知识水平、社会交往能力等的继承和发扬光大，又表现为在面对和应用智能技术时的科学精神、技术素养等。

第一节　编辑的基本素养

编辑是一个神圣的职业，编辑素养是编辑在从事编辑工作时所应该具备的品质和修养。编辑的基本素养包含职业道德、文化水平、社会交往能力、数字出版技能等。是否具有良好的基本素养，是衡量一位编辑是否称职的一个重要指标。

一、职业道德修养

职业道德是职业人在工作实践中共同认可和遵守的道德规范。编辑要本着对国家、对社会、对人民高度负责的态度，严守内容把关人职责，严守职业道德"底线"，肩负起应有的社会责任和历史重任。

中国出版协会发布的《中国出版工作者职业道德准则》是具有鲜明行业特色的职业道德规范，也是出版工作者在职业活动中应该遵循的行为准则。

作为一名合格的编辑，需要深入理解、领会与实践这一准则，不断加强自身职业道德的建设。可以说，编辑的职业道德素养是编辑人员从事编辑工作的必备素质，是做好本职工作、提高工作质量的基础和前提。

中国出版工作者职业道德准则

为了进一步加强出版工作全行业社会主义精神文明建设，提高职业道德修养，加强行业自律，更好地贯彻党的方针和国家的出版法律法规，繁荣和发展社会主义出版事业，出版工作者必须遵守如下准则：

一、为人民服务，为社会主义服务

坚持正确的政治方向，努力为人民服务，为社会主义服务，为全党全国的工作大局服务，为培育有理想、有道德、有文化、有纪律的社会主义公民作出贡献。

二、坚持社会效益第一，增强政治责任感

具有强烈的历史使命感和社会责任感。把社会效益放在首位，力求实现社会效益和经济效益的最佳结合。

三、树立精品意识，提高出版质量

对读者负责，树立精品意识，大力提高出版质量，多出版发行好作品，不出版发行坏作品。出版各环节都要把好质量关，提高编、排、校、印、发质量。

四、遵纪守法，廉洁自律

严格遵守党和国家的有关政策、法律，遵守出版管理的各项规章制度，自觉抵制行业不正之风。反对以权谋私、钱权交易。坚持以质取稿，不徇私情，不得利用工作之便谋取个人名利。不得买卖书号、刊号、版号。不得参与非法出版、印制、发行及其他非法经营活动。

五、敬业爱岗，忠于职守

发扬无私奉献精神，敬业爱岗，忠于职守，认真负责，扎实工作，努力学习和掌握新知识、新技术。反对粗制滥造、玩忽职守行为。

六、团结协作，诚实守信

发扬团结协作精神，诚实守信，重合同，守信誉，提倡公平竞争，反对利用不正当手段损害同行利益。

七、艰苦奋斗，勤俭创业

坚持艰苦奋斗，勤俭创业精神，励精图治，自强不息，反对讲排场，比阔气，挥霍公款。

八、遵守外事纪律，维护祖国尊严

在对外交往中，发扬爱国主义精神，严格遵守外事纪律，自觉维护国家利益、祖国尊严和中国出版工作者的形象。

《中国出版工作者职业道德准则》中的八项要求是由出版工作的特殊性决定的。出版不同于一般产业，出版物是一种特殊商品，只要做出版，只要做编辑，就得有促进社会进步、文化发展的责任意识。

从《中国出版工作者职业道德准则》可以看出，编辑人员应具有特殊的品格和素养，"把社会效益放在首位，力求实现社会效益和经济效益的最佳结合""多出版发行好作品，不出版发行坏作品""坚持以质取稿，不徇私情，不得利用工作之便谋取个人名利""提倡公平竞争，反对利用不正当手段损害同行利益"……编辑是社会中的一个特殊群体，这个特殊群体的理念和意识对于社会进步和文化发展有着至关重要的影响。大到对于社会稳定、文化氛围的形成，小到对待作者、对待读者的态度，以至在处理书稿、进行营销宣传等出版运作的各个环节中的所作所为，编辑应真诚地尽到自己的责任，全力以赴献身于工作，这是对编辑品格和素养的基本要求。编辑要用最大的热情和真诚献身于出版事业，创造出优质的精神食粮，满足广大人民群众对美好生活的向往。

编辑要有无私奉献精神，要甘愿"为他人作嫁衣"，这也是编辑素养的一个重要内容。帮助作者修改稿件，编辑、校对、审稿等，是编辑的基本职责。因为做了这些工作就要求在作品上署名，成为作者之一，是与编辑职业道德的要求不相符的。溥仪的《我的前半生》版权归属的诉讼一案对此作了很好的诠释。

1964年群众出版社出版了溥仪的《我的前半生》，之后几十年间，该书多次重印，出版发行了十几种海外版本，成为一部享誉海内外、长销不衰的传记图书。

关于《我的前半生》一书的版权归属问题由来已久。此书的前身是溥仪在东北抚顺战犯管理所服刑时，由其口述、其弟溥杰执笔的一份题为《我的前半生》的自传体悔罪材料。1960年群众出版社将此材料少量印刷成册，供有关部门参阅，中央领导同志阅后，指示公安部派人帮助修改整理。公安部领导即指示群众出版社正式出版该材料，选定编辑李文达完成此任务，并于1962年正式出版，首版稿酬由溥仪和李文达各得一半。

1967年溥仪逝世，关于此书的版权纠纷就此展开，溥仪的妻子李淑贤与李文达和群众出版社之间发生了谁享受此书著作权的争议。1985年11月，国家版权局发文至公安部，称此书为溥仪和李文达合作创作，据此，群众出版社将此前数次重印的《我的前半生》稿酬付给李淑贤和李文达各一半。1987年6月，溥仪的妻子李淑贤以李文达侵害溥仪《我的前半生》一书著作权为由向北京市中级人民法院起诉，要求确认溥仪是该书唯一作者，李淑贤是该书著作权的合法继承人；并要求李文达停止侵害，公开声明挽回影响、赔偿损失。但北京市中级人民法院以该纠纷已经国家版权局处理为由，不予受理。李淑贤遂于1987年12月向最高人民法院郑天翔院长申诉。1988年1月，郑天翔院长批转最高人民法院民庭审查处理，并要求北京市高级人民法院作出报告。

接下来就是长达数年的诉讼过程。直到1994年8月29日，最高人民法院民事法庭再次审查此案的法官们经研究提出以下意见：

（一）从前述事实可以认定，李文达是由组织指派帮助溥仪修改出书，李文达与溥仪不存在合作创作的事实。《我的前半生》一书既是由溥仪署名，又是以第一人称叙述亲身经历为内容的自传体文学作品。该书在形式上及内容上均与溥仪个人身份联系在一起，它反映了溥仪思想改造的过程和成果，体现了溥仪的个人意志。该书的舆论评价和社会责任，也由其个人承担。因此，溥仪应该是《我的前半生》一书的唯一作者。

（二）对该案处理要考虑到社会影响和效果。该书是溥仪自己以亲身经历反映了党和政府对末代皇帝等战犯改造政策的巨大成功。如果现在认定该书另有作者，将会带来不好的政治影响。

（三）原、被告的纠纷发生已十年，北京市中级人民法院受理此案已经五年。根据审判委员会的讨论意见，对此案的批复也已下达两年多了。李文达已在诉讼中去世,李淑贤也多次来信,要求法院在其"有生之年尽快给以结论,以慰溥仪在天之灵"。在李文达的合法继承人坚持继续参加诉讼的情况下,北京市中级人民法院应当依法尽快对此案审判,该案应当依法尽快作出判决。

1995年1月26日北京市中级人民法院作出一审判决,判决认定:

《我的前半生》一书是溥仪的自传体作品。在该书的写作出版过程中,李文达根据组织的指派,曾帮助溥仪修改出书,李文达在该书的成书过程中付出了辛勤的劳动,但李文达与溥仪之间不存在共同创作该书的合作关系。因此应认定溥仪为《我的前半生》一书的作者,并享有该书的著作权。关于李淑贤要求李文达停止侵权、赔礼道歉一节,因李文达并非直接侵害了该书的著作权,故本院不支持李淑贤的这一请求。关于该书出版后的稿酬分配问题,因双方未提出异议,本院不予处理。依据民法通则第九十四条的规定判决如下:一、《我的前半生》一书的著作权归爱新觉罗·溥仪个人享有。二、驳回李淑贤其他诉讼请求。①

二、文化知识水平

编辑要有一定的知识结构、文化水平。知识结构指的是各种学科知识的构成情况和组织方式,包括这些学科知识的配置比例、内部联系和协同关系,编辑的知识结构就是指从事编辑工作的人员所掌握的知识的组合架构情况。文化水平代表了一位编辑在某一学术领域里的专业水平。优秀的编辑既是一名杂家,又是一名专家。

编辑的基本知识构成,包括三个方面:

一是基础知识:主要指一般的文史哲知识、语法修辞知识、逻辑学知识等。

二是百科知识:编辑要有广博的学识,广泛涉猎包罗万象的知识。

三是专业知识:编辑要具有较高的专业水平,精通编辑业务,要掌握出版前沿知识和制作技术。

编辑工作是文化建设工作。编辑自身文化素养高,才能策划、编辑、制

---

① 参见曹新明:《合作作品法律规定的完善》,《中国法学》,2012年第6期。

作出高质量的图书。编辑博学、知识广泛又拥有精深的专业知识，在应对外部事物发展变化时，能触类旁通，最大限度地发挥多元知识、多学科知识的交互作用，在策划选题时，可以快速产生新思想、新方案；对于作者稿件的质量，能以专业的眼光作出科学、公正、准确的评判；在编辑加工稿件时，以扎实的基础知识、文字功底，即刻发现内容硬伤、文字差错，提高出版质量。

随着智能时代的到来，技术革新日新月异，学科交叉衍生的新知识、新理论不断涌现，编辑要与时俱进、终身学习，具备不断把握科技前沿、学科前沿知识的能力。同时，学会把技术前沿、编辑学科前沿的知识，创新性地应用于图书制作流程中，使所编辑的图书，无论在文化积累方面，还是文化创新方面，都体现当下最高制作质量。

周振甫（1911—2000）是我国当代著名的学者型编辑家。他1932年进入上海开明书店，新中国成立后，于1952年随开明书店并入新成立的中国青年出版社，从事偏重古代文史著作的编辑工作。20世纪70年代初，又调入中华书局专事文史编辑，一直工作到退休。

一生以编辑为职业的周振甫，成就了编辑工作和学术研究的双重事业，是"编辑学者化"典范，也是"编辑型学者"的代表。编辑工作与学术研究、编审书稿与个人著述紧密结合，相互促进，成就了一代名编。

早在20世纪三四十年代，周振甫就编写出版了《班超》《东林党锢》《严复思想述评》等著作。60年代出版的《诗词例话》常销不衰，达70多万册。80年代以后，他的学术研究进入旺盛期和收获季，陆续出版了《文心雕龙选译》（1980）、《文心雕龙注释》（1981）、《谭嗣同文选注》（1981）、《文章例话》（1983）、《文论漫笔》（1984）、《李商隐选集》（1986）、《诗文浅释》（1986）、《文学风格例话》（1989）、《中国修辞学史》（1991）、《小说例话》（1991）、《周易译注》（1991）、《鲁迅诗全编》（1991）、《怎样学习古文》（1992）、《钱锺书谈艺录读本》（与冀勤合作，1992）、《文论散记》（1993）、《诗文浅说》（1994）、《中国文章学史》（1994）、《诗品译注》（1998），等等。1999年，中国青年出版社刊行了10卷本《周振甫文集》，计600多万字。

周振甫这样刻苦钻研，努力治学，与他对编辑工作的认识是分不开的。他在《编辑·学者·专家》一文中谈及古代刘向、刘歆父子的编辑工作，认为古代的"编辑工作相当于现在的编辑、学术研究工作，离开了学术研究工作，无法做好编辑工作"，不做研究的编辑就只能是"跑龙套"的。正是基于这样的认识，周振甫自觉地将学术研究、著述与编辑工作结合起来，不断完善书稿，提高编辑工作质量，终成一代编辑大家。

最为人们所津津乐道的是周振甫对钱锺书《管锥编》的编辑贡献。1972年3月，钱锺书从干校回京，借住在文学研究所办公室，在这里住了三年，写完了《管锥编》。《管锥编》初稿写定不久，大约在1975年，周振甫成为《管锥编》的第一个读者。那是1975年的一天，钱锺书邀周振甫到他家里吃晚饭。周振甫下班后，匆匆来到钱锺书住的地方。他到的时候，钱锺书已在院子里等着他了。吃过饭，钱锺书拿出一沓厚厚的书稿，说借给周振甫看，这书稿就是《管锥编》。钱锺书的著作是非常珍贵的，周振甫以前是不敢向他借来看的，唯恐不小心丢失了。这次，钱锺书主动要借给他看，周振甫感到很意外。钱锺书把稿子递给周振甫，要他提提意见。周振甫自认为没有资格提意见，只是想着先睹为快，就接了书稿，小心翼翼地带回家。

周振甫在读《管锥编》的过程中，遇到一些弄不清的地方，就找出引用的原书对照；有疑问，就记下来，并附上自己的意见。后来，钱锺书把这些意见吸收、融入了《管锥编》中，还特意在该书"序"中以"小扣辄发大鸣，实归不负虚往"，高度评价了周振甫的意见。①

三、社会交往能力

要成为一名优秀的编辑，需要具备广泛的社会交往能力。为实现一个选题，需要找到合适的作者，而与作者交往，要有自信心与亲和力。自信心与亲和力是建立在智慧与情感交流基础之上的，越是大家、名家，越需要智慧的碰撞。如果在与作者的交谈中，能给其创作以些许启发，他就会对这位编辑另眼相看。编辑要时刻为作者着想，为他的创作提供便利条件，才能顺利达成文化创造的共同目标。

20世纪30年代，良友图书印刷公司出版的"中国新文学大系"，第一次对我国五四以来新文学发展前十年的历史面貌进行了系统总结，在中国现代文学史上具有集大成和里程碑式的意义。这套书的主编是时年不到30岁的

---

① 参见邵焕会、范军：《试论周振甫的工匠精神》，《中国出版》，2017年第8期。

赵家璧。在策划、组织这套书之前，他经手编定的"一角丛书""良友文学丛书"等已相继推出，由此联系了一大批著名作者，这就为"中国新文学大系"的编辑工作创造了条件。

邀约编选者的环节，是关系到"中国新文学大系"选题策划成败的关键。早在选题策划之初，赵家璧就把选题和组稿紧密联系起来，决定起用权威性的专家、名家来组织权威性的文稿，"一定要物色每一方面的权威人士来担任"①，认为以他们的才学和威望不但能保证"大系"的编辑质量，还可最大限度地满足读者的阅读期待。编选者不仅是合适的、权威的，而且是"唯一的"。为了达到这一目的，赵家璧采取了多种方式选择编选者：对于好友阿英、郑伯奇、郑振铎、茅盾等人，在向他们征询、讨教对该选题的意见和建议时，就直接约他们参加编选工作；对熟知的郁达夫等人则通过信函请教、邀约；对不熟悉的，如胡适、朱自清、周作人等，则委托中间人郑振铎代为约请；而对打过交道但交往不是很密切的鲁迅，则谨慎处之。"大系"的编选者要组成一个让强大的阵营就缺不了鲁迅，而让鲁迅编选文学研究会、创造社以外作家（即"杂牌军"）的小说集，他是否会同意呢？赵家璧心中有些不安，于是拉上鲁迅信任的郑伯奇同去拜见鲁迅。他把编辑计划详细告诉了鲁迅。出乎意料的是，鲁迅仅略表谦让后就当场答应了。1934 年 12 月 25 日，鲁迅还就此事给赵家璧写了一封信，信中说："《新文学大系》的条件，大体并无异议，惟久病新愈，医生禁止劳作，开年忽然连日看起作品来，能否持久也很难定；又序文能否做至二万字，也难预知，因为我不会做长文章，意思完了而将文字拉长，更是无聊之至。所以倘使交稿期在不得已时，可以延长，而序文不限字数，可以照字计算稿费，那么，我是可以接受的。"②有鲁迅的加盟，赵家璧对此书充满了信心。但没想到的是，当天他又接到鲁迅写来的表示退出的信，信中说："早上寄奉一函，想已达览。我曾为《文学》明年第一号作随笔一篇，约六千字，所讲是明末故事，引些古书，其中感慨之词，自不能免。今晚才知道被检查官删去四分之三，只存开首一千余字。由此看来，我即使讲盘古开天辟地的神话，也必不能满他们之意，而我也确不能作使他们满意的文章。我因此想到《中国新文学大系》。当送检所选小说时，

---

① 赵家璧：《话说〈中国新文学大系〉》，《新文学史料》，1984 年第 1 期。
② 鲁迅：《鲁迅书信集》下卷，人民文学出版社 1976 年版，第 702 页。

因为不知何人所选，大约是决无问题的，但在送序论去时，便可发生问题。五四时代比明末近，我又不能做四平八稳，'今天天气，哈哈哈'到一万多字的文章，而且真也和群官的意见不能相同，那时想来就必要发生纠葛。我是不善于照他们的意见，改正文章，或另作一篇的，这时如另请他人，则小说系我所选，别人的意见，决不相同，一定要弄得无可措手。非书店白折费用，即我白费工夫，两者之中，必伤其一。所以我决计不干这事了，索性开初就由一个不被他们所憎恶者出手，实在稳妥得多。检查官们虽宣言不论作者，只看内容，但这种心口如一的君子，恐不常有，即有，亦必不在检查官之中，他们要开一点玩笑是极容易的，我不想来中他们的诡计，我仍然要用硬功对付他们。这并非我三翻四覆，看实情实在也并不是杞忧，这是要请你谅察的。我还想，还有几个编辑者，恐怕那序文的通过也在考虑之列。"①

鲁迅这封信的起因是准备发表在《文学》4卷2期的《病后杂谈》被检察官大肆删改。其时，鲁迅的文章受到国民党图书杂志审查委员会的大肆查禁和删改，是常有的事。鲁迅从"大系"前途出发，担心自己所编选的能够代表这十年实力的篇目及写作的序文未必都能通过，倘若选定的篇目被横加删除，将来署上编选人的名字岂不违心？即使不是整篇删除，删除某些句子段落也让人不舒服。鲁迅的信给踌躇满志的赵家璧一大打击。如果鲁迅不参加编选，势必影响其他几位编选者，这样一来，已快完成的组稿计划就会功亏一篑。赵家璧是有韧性的，挫折面前决不轻言放弃。他再次拉上郑伯奇去拜见鲁迅，坦率地向他讲述了"大系"的编选进程，恳切要求他体谅编辑出版者的苦衷，顾全大局，收回成命，并保证送审时将尽一切力量争取做到保持原作的本来面目。鲁迅思索了很久，最后终于答应了。其后赵家璧又将原定的甲、乙、丙三集小说集改为一集、二集、三集，且把鲁迅编的集子提前。另外，赵家璧撇开阵营与门户偏见，注重各种权威人士的相互搭配。"大系"的编选者以左翼进步作家为主，同时也不排斥其他派别人士。例如，"大系"的"建设理论集"的编选者胡适时任北京大学校长，是文化界炙手可热的权威人士，政治上逐渐右倾，左翼作家对他意见很大，但由于他对五四新文学的贡献，由他参与编选也是最合适的。最初有关创造社部分的"小说三集"

---

① 鲁迅：《鲁迅书信集》下卷，人民文学出版社1976年版，第703–704页。

编选者的候选人有郭沫若、郁达夫、郑伯奇三人，经过酝酿，确定为郑伯奇。因为郁达夫已经被列为"散文集"的编选者。郭沫若是创造社的主要代表人物，编选阵营中不能没有他；他又是五四时代第一个最有贡献的诗人，所以担任"诗集"编选最合适。于是请郑伯奇去信日本，很快得到了郭沫若同意的答复。但由于郭沫若已被国民党图书审查委员会明文封杀，"诗集"的编选者不得不另请他人，改换成朱自清。中途这一换人，恰好成就了"诗集"编选的严谨和公允。"散文集"的编选分两卷，郁达夫是其中之一，另一人决定起用周作人，当时有人持不同意见。赵家璧去信郑振铎征求意见，得到其同意后，由郑振铎代为邀约。散文的分工比较难，初期有以团队、时期或南北地区划分等几种意见，之后，茅盾建议由两位编选者自己商定。郁达夫、周作人二人反复函商选材问题，最后决定以作家决定界限。

我们不妨罗列全书的编选者阵容，从中不难看出赵家璧的社会交往能力。

全书总序：由蔡元培执笔；

"建设理论集"，由胡适编选并作导言，共收倡导新文学运动及探讨如何建设新文学的文论51篇；

"文学论争集"，由郑振铎编选并作导言，收各种文艺论争作品107篇；

"小说一集"，由茅盾编选并作导言，主要收文学研究会诸作家作品29家58篇；

"小说二集"，由鲁迅编选并作导言，主要收文学研究会和创造社以外的文学团体，包括《新青年》、新潮社、弥洒社、莽原社、狂飙社等诸作家作品33家62篇；

"小说三集"，由郑伯奇编选并作导言，主要收创造社诸作家的作品19家37篇；

"散文一集"，由周作人编选并作导言，编者称此集"不讲历史，不管主义党派，只主观偏见"而编，收有散文17家71篇；

"散文二集"，由郁达夫编选并作导言，编者也称此集编选不以派别，而"以人为标准"，以编者个人喜好为归旨，收16家148篇作品；

"诗集"，由朱自清编选并作导言，称"就所能见到的凭主观去取"，收59家390首诗作；

"戏剧集"，由洪深编选并作导言，收18家18部话剧作品；

"史料索引集"，由阿英编选并作导言，收第一个十年文学史的有关资料篇目及索引。

"中国新文学大系"，煌煌十大巨册，分别约请胡适、鲁迅、茅盾、郑振铎、郁达夫、周作人、洪深、朱自清、郑伯奇、阿英等大家分卷编选，蔡元培作总序。它所开创的全新编辑体例——全卷有总序，分卷有导言，理论与史料结合的编辑方式，被后人称为"把选家之学转变为文学史家之学"，是"在编辑学上的成功之处"。应该说，赵家璧在不到而立之年，就已经取得了这样巨大的编辑成就，实在是很了不起的。原本只出版画报类书刊的良友图书印刷公司将出版领域拓展到文艺图书，并为出版界所瞩目，赵家璧功莫大焉。

四、数字出版技能

数字技术为出版产业注入了强劲发展动力，开拓了更为广阔的发展空间。编辑是否具有数字出版意识、数字出版技能，事关出版融合发展，事关出版高质量发展，事关文化创造、创新。

为了适应媒介技术快速发展带来的变化，传统图书编辑需要努力掌握数字化技能，对出版内容资源进行深耕、整合，以便为读者提供便捷、优质的数字出版产品。

（一）数字出版与传统图书存在不同

在生产流程和周期方面，数字出版产品与传统图书产品有很大不同。

第一，数字出版产品的实现涉及编辑、技术开发人员和运行维护人员，而传统图书产品一般不涉及后两者。

第二，数字出版产品的开发流程包括需求分析、框架设计、编码实现和测试、产品交付，以及后期的产品维护和升级，这完全不同于传统图书产品出版的流程。

第三，数字出版产品的开发具有模块化、标准化的特性。因此，图书编辑在策划数字出版产品时，可以采用迭代式开发的思想，先实现产品的主要功能，然后不断更新和完善产品。这样做的好处有四点：一是可以降低风险，如果产品的社会效益和经济效益没有达到预期的目标，可以及时调整或停止生产，避免投入过多的人力物力；二是可以得到早期用户的反馈，从用户的角度对产品进行优化升级，提供更好的用户体验；三是可以实现持续的测试和集成，避免出现严重的系统漏洞，造成无法挽回的损失；四是可以提高复用性，在扩充产品内容资源时，可以利用已有架构和代码，减轻开发工作量。

图书编辑需要了解数字出版相关技术，同时也要掌握数字出版产品的生产流程，这样才能与技术开发人员进行有效沟通，而且能够拓宽今后的策划思路。搭建数字出版服务平台，开拓数字化产品、知识服务等业务，都离不开对内容资源的整合与再次开发。在选题策划阶段，图书编辑就要考虑将其转化为数字产品的可能性，以及如何利用数据库、音视频、知识图谱等提供直观、立体、全面的内容展示。同时，还要考虑产品的功能性，如高效、精准、功能丰富的信息检索，全面而专业的信息展示页面，先进的可视化互动呈现方式，等等。对于传统出版的优秀作品，图书编辑要结合专业特点考虑对其进行再次开发。[1]

（二）编辑的数字出版技能

具体来说，编辑的数字出版技能主要包括以下内容：

1. 互联网思维

数字传播体现的是"以用户为中心"，强调的是生产和传播的价值。在生产过程中，受众变为用户，从灌输变为引导，由推送变为互动，分众化、专业化、个性化选题设计和差异化、定制化的服务意识已成为数字传播的基本要求。编辑人员必须运用互联网思维，锁定受众目标，注重信息内容交互、提供和反馈，与受众建立良性互动关系。互联网思维还要注意出版的导向意识、引领意识和"以用户为中心"关系的平衡。

2. 产品创新能力

编辑要具备较强的创新能力和市场敏锐性，运用数字化手段和方法，预测市场趋势，针对目标读者需求，精心打造具有市场吸引力和竞争力的数字内容产品。在选题策划、内容制作、编辑加工等环节，不断推动新文化成果或已有文化成果的创造性转化和创新性发展。

---

[1]　参见王哲、赵艳春：《从"专业编辑"到"产品经理"——科技图书编辑转型浅析》，《出版参考》，2019 年第 10 期。

3. 技术应用能力

数字技术赋能，知识密集、智力密集，激发了数字出版的新活力，新机制、新模式、新业态、新产品不断涌现，技术创新所带动的数字出版内容、管理、营销、服务等全新体系业已形成，推动出版工作理念、方式创新和高质量发展。编辑是实现数字技术赋能出版业的生力军。编辑要重视前沿技术的融合应用，应具有熟练使用数字技术处理业务的能力。比如，借助大数据、人工智能等技术进行选题策划；使用编辑软件制作适合不同电子终端显示的格式文件、添加超链接、嵌入多媒体元素；使用算法推荐精准推送；利用数字技术进行数字产品后期维护、升级和版权管理等。

4. 营销推广能力

营销推广是实现数字内容产品文化价值、经济价值的关键环节。编辑要有拓展发行渠道，创新营销方式，提高数字产品知名度和销售量的能力；要善于运用网络直播、短视频、社交媒体等新媒体营销，线上、线下结合，打造多层次、全方位、立体化的全媒体营销矩阵，不断扩大数字内容产品的影响力和市场占有率。

5. 增值服务能力

要想把数字出版、融合出版的产业链做活，需要有效服务用户、不断建构良好的供求一体化关系。数字出版内容产品上市后，编辑要积极关注用户反馈，必要时可构建用户组群，做好延伸服务，开发与内容产品相关的知识服务、娱乐、社交等功能，吸引用户参与，增强用户黏性，满足用户阅读体验和交互需求。这既有助于提高产品的影响力和用户满意度，还能为企业的发展积累宝贵的用户资源。

（三）成功案例："米小圈"系列图书

四川少年儿童出版社出版的"米小圈"系列图书的成功，可以说就是利用互联网思维，通过内容创新力、技术创新力、渠道创新力作用而实现的。

2012年，北猫创作的第一套"米小圈上学记"出版，讲述了有很多缺点的米小圈在学校逐渐成长的故事。上学的日子总是快乐与烦恼相伴的，米小圈的成长经历激发了孩子们的共鸣，深受孩子们喜爱。

其后，出版社陆续开发了"米小圈看漫画学成语""米小圈漫画成语""米小圈脑筋急转弯""米小圈日记本""米小圈图画本"等系列图书，以及"米小圈"月刊等,形成了以"米小圈"为符号的品牌效应,在少儿类图书中的影响力越来越强。"米小圈"全系列共有30多个图书品种,累计销量已过亿,百余次登上全国少儿图书畅销周榜TOP10,图书版权输出至印度、挪威、马来西亚等,曾入选国家新闻出版署2018年向全国青少年推荐的百种优秀出版物。"米小圈"系列在图书方面获得了较大的成就,在少儿动画电影、有声产品、教辅文具、报纸杂志等多种媒介产品开发上也有较大的突破,成为我国较为成功的少儿读物IP产业的重要产品,同时也标志着中国原创儿童文学的发展和进步,被业界誉为"现象级超级畅销书"和"行业爆款IP新秀"。

从内容的创新力来看,"米小圈"系列图书均是原创产品。"米小圈上学记"的作者北猫是儿童文学领域的新人。北猫语言风趣幽默,并且关注现代儿童的兴趣爱好,聚焦儿童成长的社会环境,以虚构人物"米小圈"的第一人称叙述故事,给读者较强的代入感,将小学生刚刚步入义务教育学习阶段的成长困惑以幽默风趣的语言充分展现出来。与此同时,出版社在拓展产品业务时并未将已拥有一定市场知名度的名人名作作为主营业务,而是独辟蹊径,避开国外引进产品和知名作家产品的行业竞争,将内容生产的触角延伸至具有一定可读性和知识性的原创儿童文学领域开发,一方面避开了同质化产品的市场竞争,另一方面,出版新人作品也在很大程度上节省了出版社的出版资金。

"米小圈上学记"是遇冷两年之后同原来出版社解约再同四川少年儿童出版社合作出版的。四川少年儿童出版社的编辑明琴发现了该书的可读性和趣味性,果断地同北猫签订合约,并很快完成"米小圈上学记"的改版工作。出版社将"米小圈"系列打造成为贴近儿童生活的原创儿童文学的代表,并且不断深度挖掘该产品的符号价值和品牌意义。"米小圈"系列在受到市场认可后,出版社趁热打铁,陆续推出原创"米小圈漫画成语"系列、"米小圈脑筋急转弯"系列,将儿童所关注的内容较为全面地展示到用户面前。特别是"脑筋急转弯"系列不仅在内容范围上有了较大的拓展,在用户阅读年龄上也具有较大的延伸性,成为现代家庭亲子阅读的重要辅助工具。

从技术创新力来看,"米小圈"系列图书实现了内容的多媒介呈现,提升了作者跨媒介叙事能力。"米小圈"系列图书依托优质的内容资源在多媒体呈现上受到用户的广泛认可,其中起决定性作用的就是作者跨媒介叙事的能力。

"跨媒介叙事"是在媒体融合、产业融合背景下发展而来的一种全新的内容创作方式，对作者的创作能力和综合实力有着较高的专业要求。正如该概念的提出者亨利·詹金斯在《融合文化：新媒体与旧媒体的冲突地带》一书中所指出的那样："跨媒介叙事的故事需要横跨多个传播媒介，并且利用每个媒介的传播特性和叙事功能将同一内容资源的不同优势在不同的媒介中突显出来，形成多个彼此依赖却又不尽相同的文本内容，从而丰富内容资源的传播范围，拓展文本故事的传播边界。"①

"米小圈"系列图书的跨媒介叙事能力主要体现在以下几个方面：首先，在图书的题材类型中突破了单一的内容题材局限，集日记类、益智类、幽默类的内容于一体，照顾到多数儿童的兴趣爱好，在内容上能够较大程度地满足用户对于少儿类课外读物的阅读需求。其次，重视图书的品牌价值，注重忠实用户的培养与维护。只有优质的内容才能吸引用户关注和增加品牌价值，因此，重视优质内容资源的开发与创作是提升图书品牌价值乃至整个文化产业品牌价值的主要途径。最后，IP 意识和产业链的拓展是提高作者跨媒介叙事能力的主要手段。目前"米小圈"系列产品已经集合了图书、杂志、广播剧、电视、文创等多种形式，形成了较为完整的产业链和文化生产空间。推动该系列产品推陈出新、不断进步的主要因素就是产品的 IP 意识。在优质内容资源形式的拓展和延伸过程中，作者和编辑对不同产业形式、不同媒介平台的优势和特点都进行了较为全面的考察，保证这一系列产品能够架构起立体化的多维叙事空间，在数字化背景下不断地取得成功。

从渠道创新力来看，"米小圈"系列图书通过加强差异化产品定位，打造出了个性化的传播矩阵。"米小圈"系列图书的目标定位为 6 岁以上的小学生群体，针对不同年龄阶段的儿童又进行了进一步的市场细分。以"米小圈上学记"为例，该套丛书将用户对象定位在一到四年级的小学生，用户可以根据他们所在的年龄段选择合适的图书产品。此外，针对不同的学生群体，该书的封面设计和内部插画，甚至文字内容都根据用户的认知理解能力进行了调整。幽默风趣的场景化描述更加贴近用户的日常生活，给他们更强的体验感。而"米小圈漫画成语"系列以及"米小圈脑筋急转弯"系列的用户范围

---

① 【美】亨利·詹金斯著，杜永明译：《融合文化：新媒体和旧媒体的冲突地带》，商务印书馆 2017 年版，第 156–157 页。

相对较广，在宣传与制作上更加突出内容主题，依托动画、动漫等卡通形象吸引用户关注。

个性化的传播矩阵能够更加全面地满足多种用户的阅读需求。"米小圈"系列图书在宣传传播上特别注重不同用户的阅读需求，在营销传播的策略选择上也尽量采用多元化、立体化的传播手段，从而打造个性化的传播矩阵。根据不同用户的消费习惯，出版机构在营销推广时采用了"线上宣传为主、线下推广为辅"的营销策略。

线下推广方面，采用现场签售、发布会、图书博览会、推销会等形式向用户介绍新版图书，营造品牌化的宣传效应。

线上传播方面：

首先，出版社根据"米小圈"系列图书的核心内容和主要人物设计了多款手机游戏，如"米小圈汉语拼音挑战赛"等，利用游戏吸引用户的注意，帮助用户在轻松愉快的环境下学习文化知识，强化用户对于该类图书的兴趣和认知。其次，出版社重视新媒体的营销传播功能，通过开通微信公众号、发布相关微博话题等方式扩大"米小圈"图书的社会影响力，利用社交媒体的传播功能充分挖掘图书的社会价值。再次，随着媒体融合程度的逐渐增强，有声阅读产品越来越受到用户的广泛关注。目前，"米小圈"系列图书已经制作了多个同名广播剧，特别是"米小圈上学记"系列图书在喜马拉雅、蜻蜓FM等头部有声阅读平台的收听量超过多部同类型的儿童阅读有声产品。此外，由于儿童的语言认知能力和文字识别能力的局限性，视频化的阅读和传播方式成为现代家庭亲子教育的重要手段。目前在腾讯、优酷、哔哩哔哩等多个视频网站上都能看到"米小圈上学记"的相关动画和营销视频。2020年初新冠疫情暴发以来，网络购买成为现代家庭购物的重要方式，而图书这种易于快递传输的文化产品自然成为后疫情时代用户网络购物的重要产品。目前京东平台上已经出现了米小圈官方旗舰店，里面售有"米小圈"系列的多种图书，此外还包括卷笔刀、保温杯、铅笔盒、书包、手提袋等产品。这些衍生产品的开发、制作与发行都在一定程度上提升了"米小圈"的传播效应，为更多的用户了解"米小圈"系列产品打下了坚实的基础。

渠道创新力还体现在以社群传播提升场景化的营销效果，以粉丝经济反哺IP产品的多元开发。社群的构建增强了用户间的情感共振，形成了以"米小圈"为核心的文化情感共同体。剥离化和碎片化的网络社交关系将用户区隔在彼此联系却又相互独立的网络个体空间之内，而基于共同兴趣爱好的网络社群更容易拉近社群内个体与个体之间的联系，同时也强化了用户个体对于"米小圈"的情感忠诚度，扩大了以趣缘关系为纽带的虚拟空间。"米小圈"的社群营销主要表现在以下两个方面：

第一，在社交平台的社群空间的建立。目前，豆瓣、抖音、微信、QQ 等社交平台中均有粉丝自发组织的文化社群。他们通过与社群其他个体的互动交往不断强化自我认知，增强对自我选择的认可度，加强用户个体自我和集体自我的建构，实现自我认同和群体归属。以微博"米小圈"社群为例，他们通过不定期的主题活动以及微博话题的营造，不断吸纳新的用户成员，同时也在不断维护同固有成员之间的联系，从而强化"米小圈"在少儿出版类图书中的畅销书地位。

第二，现代社交空间传播和儿童文化营销手段的综合运用。儿童类的读物往往以充满童趣的图画类内容为主体，"米小圈"的微信公众号在充分考虑儿童阅读习惯和使用社交软件频率的基础上，设置了漫画、脑力、成语、听书、每日一笑等多个内容板块，既提升了用户对该系列产品的品牌忠诚度，又让社交软件真正控制者——儿童家长能够更全面地了解"米小圈"系列产品，从而强化家长为儿童选购图书的消费行为。多类粉丝群体的加入以及用户人群年龄范围的扩展自然会对"米小圈"的内容生产提出新的要求。"米小圈脑筋急转弯"系列图书就是在这个背景下推出的。粉丝对于产品的多元化需求在一定程度上加速了"米小圈"IP 系列产品的生产与营销。①

第二节　编辑的智能技术素养

智能技术素养是指人们在使用智能技术方面所具有的素质和修养。一般认为，智能技术素养包括理解智能技术能力、使用智能技术能力、评价智能技术能力、管理智能技术能力和参与技术活动能力。理解智能技术能力包括对智能技术的概念、原理与方法的理解，以及对智能技术语言、技术规范、

---

① 参见秦艳华编著：《数字时代畅销书商法》，研究出版社 2022 年版，第 24–31 页。

技术伦理、技术价值等的理解。使用智能技术能力包括正确地使用智能技术、高效地使用智能技术、具有道德地使用智能技术等方面的能力。评价智能技术能力包括对智能技术的可操作性、技术指标、解决问题的准确性等的判断能力。管理智能技术能力包括智能技术选择能力、决策能力、技术维护能力、保养能力等。参与智能技术活动能力包括对智能技术的宣传、智能技术应用的推广，以及智能技术话题的参与等方面的能力。

一、智能技术重塑出版生态

近年来，从元宇宙、NFT、虚拟数字人、Web3.0 等技术的火热，到如今生成式人工智能大语言模型的出现，智能技术正以前所未有的速度实现技术进化、前沿突破，并全面融入人类经济、政治、文化、社会、生态文明建设等各领域和全过程，给人类生产生活带来广泛而深远的影响。

人工智能大语言模型作为人工智能生成式内容（AIGC）领域的重大技术创新，一经推出就引发了广泛关注。大语言模型应用于出版，不仅可以提高生产效率，丰富产品样态，而且会改变生产模式，重塑出版生态，对出版产业发展产生巨大影响。

（一）人工智能大语言模型

传统互联网时代，内容生成模式主要有用户生成内容（UGC）和专业生成内容（PGC）。进入数智化时代，在算法、算力、算据三方合力下，生成式人工智能（AIGC）获得了迅速发展。从技术演进的角度看，可以将 AIGC 技术大致划分为基于模板或规则的前深度学习阶段和基于神经网络快速发展的深度学习阶段。21 世纪以来，AIGC 实现了从实验阶段向实用阶段的转变，深度学习模型不断迭代，目前人工智能大语言模型取得的突破性进展正推动 AIGC 步入发展的快车道。

根据功能的不同，AIGC 可以划分为三个层次：智能数字内容孪生、智能数字内容编辑、智能数字内容创作。这三种功能共同构成 AIGC 的能力闭环，其相互交融有望让 AIGC 产品具备更大的创作潜力。ChatGPT 模型是由美国 OpenAI 团队研发创造的高度复杂的内容生成工具，正是 AIGC 的智能数字内容编辑与创作功能的交融与组合，其区别于以往 AIGC 应用的最大不同之处是"类人化"。ChatGPT 类大语言模型经历多类技术路线演化，逐步成熟与完善，其所能实现的人类意图来自机器学习、神经网络以及 Transformer 模型等多种技术模型积累。利用广泛的数据存储和高效的设计，大语言模型可以理解用户请求，并用接近自然的人类语言生成反馈，这一能力使其成为自然语言处理（NLP）和人工智能领域的一项重大创新，大语言模型已成为 AIGC 一款现象级应用。

大语言模型代表了 AIGC 的最新进展，实现了机器学习算法发展中自然语言处理领域的历史性跨越。因其语料库更大、计算力更高、预训练适应性和自我学习能力更强，可以预见，大语言模型将进一步改变出版的内容生产和传播方式，对于促进出版深度融合发展具有强大的引领作用和推动作用。

（二）大语言模型在出版业的应用

随着深度学习算法的不断迭代，AIGC 应用于不同产业场景的底层支撑逐渐形成。在出版领域，教育出版、学术出版、有声读物出版等是较早与 AI 融合的出版形式。随着"AI+ 出版"的模式逐渐形成，聚焦于内容生产的 AIGC 在出版创作方面也取得许多颇受关注的成果，由人工智能生成的小说、诗集、学术图书纷纷问世。强大的自然语言处理功能与便捷的可交互操作，使得 AIGC 实现了从弱人工智能向强人工智能的跃升。以大语言模型为代表的 AIGC 技术应用于出版业的内容生产将大大推动出版业的创新发展，新的人工智能技术为人们提供了巨大的想象空间和无限的可能性。

1. 助力编校，提高编辑生产力

在图书编辑活动中运用 AI 技术已不鲜见，AI 能够高效完成图书内容的加工整理、图片识别、输出格式转换、智能翻译、内容查重和语音交互等任务。

大语言模型的突出能力与编辑日常工作紧密贴合，可以有效帮助编辑提高工作效率，提高编辑生产力。

（1）大语言模型成为选题策划的辅助手段。传统的选题策划通常由编辑根据个人经验、听取发行人员的意见建议或通过网络调查等方式实现，受限于外部环境和个人因素的双重影响，选题与市场需求间容易出现一定的偏差。大语言模型依托巨量数据源与智能模型训练，可实现对产业动态、热点话题、庞大读者群行为数据等的分析，提供的分析报告为编辑把握用户需求、发掘适宜作者等提供了更为准确的参考，有助于编辑策划"双效"（即社会效益和经济效益）俱佳的优质选题。

（2）大语言模型成为书稿审校的得力助手。出版高质量发展对出版流程中的审稿、校对工作的效率和质量提出了更高的要求。大语言模型的智能模型系统具备较强的语义分析能力，可以有效提升校稿速度，协助核查基础的文字标点等问题。同时，大语言模型采用"从人类反馈中强化学习"的训练方式，即用户输入信息越多，大语言模型深度学习、持续改进的机会也就越多，对人类语言的理解会更深刻。这也就意味着，编辑使用大语言模型越多，其语言模型越智能，对编校质效的提升也就越显著。另外，在编辑审校翻译稿件的时候，大语言模型能够理解外语原文中上下文语义，利用大语言模型将会获得更多的便利。

（3）大语言模型成为提升翻译质效的宝贵工具。在当前的出版环境下，单纯依赖译者的个人能力与编辑的职业素养已不足以应对持续增加的图书翻译量的现实需要。大语言模型能够理解对话的上下文，并产生比传统机器翻译更自然、准确的回应和比译者更高的效率，有效帮助图书编辑将外语图书迅速转换为本土语言出版物。这对于需要快速、准确地翻译大量文字的图书翻译市场来说将是宝贵的工具。

2. 赋能营销，提高市场竞争力

（1）大语言模型能够充当引流工具。大语言模型在国内外已经被广泛使用，收获了一定的关注热度。大语言模型的问答和多轮对话形式激发了大众的热情和创造力，许多网友尝试使用大语言模型发文，分享使用体验，并刷屏社交平台。出版社可以将大语言模型技术整合融入自身产品中，如打造全天候虚拟客服，提升用户满意度，或将其作为引流工具，为用户开辟大语言模型新的使用入口，增加自身品牌、产品的吸引力和曝光度。

（2）大语言模型能够优化营销方案。大语言模型能够利用其海量级的数据训练成果，预测出版商拟定的营销方式将产生的实际效果，帮助出版社以低成本获得营销方案的最优解，实现精简有效的营销。此外，出版社还可以通过输入聚焦特定用户的营销与推广的需求，借助大语言模型生成个性推广文案，提高自身关注度。

（3）大语言模型能够提升出版物的可发现性。大语言模型具备强大的问答服务与文本分析能力，通过分析提取出图书文本的内容关键词等重要的语义元素，可以帮助出版社实现搜索引擎优化（SEO），提升图书搜索与读者需求之间的适配性，从而增加读者在网络上发现该出版物的可能，进而产生阅读、购买行为。

3. 补偿用户，提高媒介人性化

补偿性媒介（Remedial Medium）是由保罗·莱文森提出的，他认为"每一种媒介都是对前一种媒介的革新，这种革新都补偿了其原先的不足"[①]。媒介演化的历史就是媒介补偿的历史。大语言模型以高精度、高流畅的文本响应模拟了从"人与机"到"人与人"的对话情景，体现出媒介发展"以人为本"的底层逻辑，充当了补偿媒介的角色。大语言模型提供的媒介补偿主要体现在两方面：

一方面，提供情感需求补偿。例如，将大语言模型应用于出版社的客服沟通环节，大语言模型可对读者提问输出内容的语气、情感进行检测，并以与人类高度相似的知识理解水平与语言表达反馈，增加交流感与信任感，可以给予读者情感和心理层面的补偿。

另一方面，提供精细化信息分发补偿。传统的算法分发机制通过机器抓取用户数据后描绘用户画像，进而提供个性化内容，但这种机制更多是针对某一类用户进行内容分发，而大语言模型则是以单个用户为核心，在与特定读者的交流过程中不断学习，更智能化的语义识别使其能够提供精准且流畅的回答，满足读者的使用需求与期望，增加读者黏性。大语言模型通过分析读者阅读习惯、阅读要求等对图书内容进行个性化解析，可以帮助读者理解庞大、复杂的文本结构，提高阅读效率。

4. 借力智能技术，提高产品创新力

在日常生活中，视觉和语言是常见且重要的两种模态。然而，AIGC 若只能生成单一模态的内容，将使其应用场景极为有限，不足以推动内容生成方式的革新。AIGC 产业生态当前已经在文本、音频、视频等多模态交互功能上持续演化升级，奠定了多场景的商用基础。继大语言模型推出后，众多科技公司纷纷宣布将推出类大语言模型产品，包括谷歌、阿里、百度等。其中，阿里内测中的达摩院版大语言模型不仅有纯文本任务能力，还融合了多模态

---

① 【美】保罗·莱文森著，何道宽译：《软利器：信息革命的自然历史与未来》，复旦大学出版社 2011 年版，第 91 页。

任务能力；百度版大语言模型产品中文名为文心一言，英文名为 ERNIE Bot，同样具备跨模态、跨语言的深度语义理解与生成能力。众多大语言模型类产品的推出为出版业提供了更多的可能性，在 AIGC 生成文本的基础上，跨模态生成技术有望进一步帮助出版方迅速打造以纸质图书为主、融合一种乃至多种媒体形式和技术的融媒图书，增加图书的趣味性和读者沉浸感，真正实现出版的深度数字化转型。

二、智能技术异化在出版业的表现

新技术的出现，在给人们带来便利的同时，也会使人们承受"异化"的负担。"异化"的本意为疏远、脱离、转让、向他者转化等，在一般意义上，异化是指人的活动及其产物对人的目的的背离。人类文明发展经历了三次重大异化：第一次异化可称为"货币异化"，第二次异化即马克思所提出的"劳动异化"，第三次异化便是"技术异化"。其中，技术异化是指技术本是造福于人类的一种手段和工具，但由于人对技术的过分崇拜，技术成为主宰人类甚至危害人类的异己力量。

就人工智能最新技术大语言模型来说，它的出现是 AIGC 里程碑式的事件，在对出版业带来深刻变革的同时，也将有可能在一定程度上将创作者异化为"单向度的人"。

大语言模型所带来的对创作者的"异化"主要体现在两方面：自主性的剥夺和创新性的丧失。自主性是指人们在社会生活中能够按照自己的主观愿望从事活动的一种自由自主的状态。创新性即打破固有思维模式，从新的角度去思考问题，是人的主观能动性的重要体现。大语言模型可以帮助创作者在短时间内获取大量自己所需要的信息，这是其优势。但大语言模型提供的信息也具有它固有的思考逻辑，影响创作者的思维方式。同时，信息内容甚至写作思路的"伸手即来"，在一定程度上容易加深创作者对机器人的依赖，久而久之将会懒于深度思考和创造新内容，极大地限制创作者的想象力。当大语言模型技术成为创作者实践活动的主宰时，它会潜移默化地操纵其行为与意识，使创作者不再自主自由，甚至甘愿成为技术的奴隶。异化是新技术发展过程中必须审慎看待的哲学问题和文化问题，创作者的异化将对以"内容为王"的出版业产生巨大的负面影响。

大语言模型同样面临人工智能长期以来面临的问题，如歧视等伦理问题，被滥用于诈骗、欺诈等安全问题，以及知识产权问题，等等。大语言模型应用于出版，概括来说，可能面临技术异化带来的"双重陷阱"。

在技术性层面，如何采用技术或人工方式确认内容是否为大语言模型生成内容，是目前需要出版机构高度警惕和亟待解决的难题。目前对于 AI 生成的学术论文，学术不端检测系统还很难识别出来，分辨是否为 AI 生成内容仍需技术层面的突破。因其难以分辨，同时基于对大语言模型编写内容存在错误的担忧，诸多学术出版期刊纷纷发表声明，规定任何大型语言模型工具（如大语言模型）都不能作为论文作者，如在论文创作中用过相关工具，作者应明确说明。这正是出版方在应对当下难以解决的技术层面难题而做出的规避风险之举。

在合规性层面，确权、授权、责任认定与归结等问题需要进一步明确。例如，大语言模型产生的答复是否产生相应的知识产权？如何获得相应的知识产权授权？大语言模型回答偏差导致虚假信息传播的法律风险由谁来承担？《中华人民共和国著作权法》规定，著作权的指向对象为"作品"，即具有一定形式的智力成果；著作权法中进一步指出智力成果由自然人创作形成。据此，人工智能生成内容不属于现行法律意义上的"作品"，非人生产的智能化内容难以通过"作品—创作—作者"的逻辑获得著作权的保护。然而在司法实践中，法院对创作主体为"自然人"或创作内容具备"独创性"倾向的不同使得出现了不同的判例，法律概念的模糊导致 AIGC 作品存在着权属不清、责任不明的问题。进一步地，大语言模型需要对语料库中的数据进行挖掘和训练，在相应的文本数据可能构成作品的前提下，文本数据挖掘行为是否侵犯复制权，当前仍存在争议。那么，出版未获取授权的大语言模型生成的内容是否属于侵权？在现行法律下，出版方如何规避使用大语言模型的法律风险是合规性层面面临的现实困境。

三、打造智能技术善用之道

大语言模型的不当使用可能为出版埋下"陷阱"，影响出版业健康有序发展，但这并不意味着要将大语言模型视为洪水猛兽，而应通过提高智能技术素养，找出智能技术善用之道。

在可编辑方面，大语言模型以间接或直接的方式进行文字内容创作，但其生成的内容可能存在诸多的错误。大语言模型使用的是基于 Transformer 模型自回归语言模型（Auto-Regressive Language Model），根据上下文预测之后的文本内容，以此来生成文本。这意味着大语言模型更多地根据已被训练告知的逻辑关系进行预测，在这个过程中并不涉及思考能力，仅是一种逻辑连接。因此，大语言模型本质上缺乏普遍性的常识性知识，更不具备如人一般的理解上下文并对话交互的能力，这可能导致其生成的内容存在各种问题。而且，大语言模型会受到训练数据或输入文本本身所携带的偏见或错误的影响，而互联网中的数据本就鱼龙混杂，以互联网数据训练大语言模型，最终结果难免以讹传讹，加大了辨别错误的难度。

在可复制方面，大语言模型作为"作者"直接进行内容创作的情形引发了著作权保护的争议。目前主流观点认为，大语言模型不能成为著作权主体，其生成的内容也不受著作权法的保护。在著作权保护的认定中，著作权主体指的是作者，客体指的是作品。从传统意义上看，机器仅作为作品生产、传播的辅助工具，并不参与创作，其生成的作品没有"独创性"价值，即没有生成新的作品，仅带来原作品数量的增加或是形式的转换，起到帮助作品提高生产效率、扩大传播范围的作用。因此，机器生成作品的著作权主体为原作品作者，著作权客体为具有独创性的作品，而机器并非著作权人，机器生成的作品也不享有著作权保护。

任何具有革命性的科学技术的推出都会引发传统生产关系与生产力之间的矛盾。大语言模型依托巨量数据资源和强大的学习能力，一经推出便引起了部分人群对"技术性失业"的担忧，尤其是专注于文字工作的出版从业人员。这种 AI 生成工具对各类内容、数据有更强的聚合能力，提供了全新检索和交互服务，这将不可避免地给传统出版业知识服务、以融合汇聚各类出版资源为特征的出版数据库带来挑战，也将对以知识聚合为基础的类型图书造成冲击。但这并不代表人工智能将完全"替代"出版业的专业知识生产和服务。目前，大语言模型是基于现有的语料库进行训练的，无法提供最新的知识，并且提供的内容可能具有偏差，不能对涉及道德、伦理的问题作出良好的回答，这些局限性使其不具备完全替代人的能力。

针对上述问题，编辑人员对大语言模型生成内容进行人工审查仍是必不可少的环节，目前完全依赖大语言模型进行内容创作并不可取。大语言模型能完全替代人类的工作多为机械性的工作，而在更高的思维创造层面，目前人工智能还无法取代人类，人类也无法完全依赖人工智能进行内容创作。因此，应拨开技术迷雾，从思想观念上明确以大语言模型为代表的人工智能的辅助地位，确立人类的主导作用与把关作用。[①]

出版业是不断创新的行业，编辑人员要保持自主性和创新性，既积极关注新技术，又善于驾驭新技术。未来，出版业界可以利用大语言模型作为底层平台，根据不同应用场景进行模型优化，创造出满足各类读者需求的丰富应用，从而形成"大语言模型 +"的出版数字生态。通过提升智能技术素养，编辑人员必将在智能时代出版产业高质量发展中大显身手。

---

① 参见秦艳华、闫玲玲、李一凡：《媒介可供性视角下生成式人工智能 ChatGPT 应用于出版业的对策研究》，《出版与印刷》，2023 年第 3 期。

第三章　图书出版策划特征

策划是一切工作的基础，对于出版来说也一样。在出版企业内部，图书出版策划事关社会效益和经济效益，事关品牌影响力和竞争力，事关企业战略发展，因而历来受到高度重视。

智能时代的图书出版策划具有很强的时代性、创新性意义，因而具有鲜明的特征：从读者对象来看，它所面对的是新型的受众；从图书产品的生产来看，它统筹、兼顾"内容"与"技术"两个方面；从与传统图书出版的比较来看，它体现为全面提升技术功能；从图书出版价值的实现来看，它体现为"增值服务"所带来的更大效益。

第一节　智能时代的受众

智能时代的读者是拥有个人传播权利的新型受众，他们在面对出版时，可以是搜寻者、咨询者、浏览者、反馈者、对话者、交谈者，也可以是这些角色中的若干个。面向新型受众提供优质产品和服务，是图书出版策划适应时代发展的首要、必然的要求。

一、被高度赋权的个体

"依托于移动互联网技术和社交媒体建立起来的关系网络，个体正经历前所未有的权利认知时代"①，其表现形式为：个体不再是媒介消费的终端，而在个

---

① 喻国明、曲慧：《网络新媒体视域下的"用户"再定义（上）》，《媒体融合新观察》，2021年第4期。

人消费的同时成为产销者、个人门户运维者、信息把关者。

产销者的意思是指生产者和消费者的角色界限模糊，两者将最终融合。在整个网络与新媒体系统中，作为个体的用户都不同程度地参与信息生产和消费的双重工作，他们以内容制作、社交转发、内容评论等方式全面参与其中。所谓个人门户运维者、信息把关者，指的是社会化媒体的崛起，让每一个用户都拥有了"个人门户"。这个门户既是个人接入信息平台的入口，也是与他人在虚拟世界结识的场域。从个人媒介消费的角度来说，其一部分消费满足了自我认知的内在需要，包括每日新闻、专业知识、娱乐、信息等的消费；另一部分消费满足了社会自我认定的需要，即通过评论、转发的内容来达成自我身份的价值实现，借以达到更新个人门户、维护社会交际的目的。从这个意义上说，每个人都是一个消费者和一个信息流动的平台，是被高度赋权的新型受众。[1]

二、被技术把控的个体

智能时代下，信息受众权利确实得到了很大提高，但并不意味着受众个体对于网络传播拥有掌控权。事实表明，新媒体用户在获得高度赋权的同时也存在着被技术把控的被动与无奈。

所谓受众的空前自由，只表现在消费信息的方式上。"事实上，数字时代的受众，其行为难以预测，但是却很好统计。与传统报刊的订阅用户或者有线电视用户统计单纯的数据相比，大数据正在不断地描绘每一个 ID 身份的清楚面目和个人喜好，那些成功运用了'大数据＋心理侧写'的机构，正在展示他们的引导效果"[2]。用户个体是否接受信息、如何接受信息，还取决于他将看到什么样的信息。

智能时代下，技术上的引导可以轻易决定某一个体的所思所见，受众行为被把控、受众数据被掌握的可能性比以前更大。

三、处于圈层中的个体

社会是一张巨大的网络，互联网的出现使这张网被织得更加紧密，人类

---

① 参见喻国明、曲慧：《网络新媒体视域下的"用户"再定义（上）》，《媒体融合新观察》，2021 年第 4 期。

② 曲慧：《大众之后：流动现代性视域下的受众观》，《传媒经济与管理研究》，2017 年第 12 期。

社会第一次大量出现超越空间距离的社群。人类因地理、兴趣、行业、职业等的区隔，所以有了城市社区、全国性社群、大型组织等。组织、社群、社区等层层分化，最后形成成千上万甚至上亿个"朋友圈"。

网络社会中的人际关系可以分为"强关系"和"弱关系"两类。个体同质性较强、个体之间关系较为紧密的关系为"强关系"；而个体异质性较弱、个体之间关系并不紧密的关系为"弱关系"。在信息传播过程中，"弱关系"影响作用更明显，对不同关系社群之间的信息传递能够起到连接作用。

智能时代下，置身于社交媒介关系之中的每一个人都会被这种"弱关系"的链接所影响。朋友在朋友圈转发的信息会进入"弱关系"者的社交信息流，同时很有可能成为他的信息源被其转发，他的朋友圈中的另外一些人则会接收到。这另外一些人，如有的属于新的"弱关系"者，也许会将这一信息转发。如此循环往复，信息的受众会持续增加，传播范围也会不断扩大。可以说，网络媒体上个人所见的信息基本上都是由媒介组织和个人"弱关系"共同作用的结果。

在网络世界，人们更多地关注与自己兴趣相近、志同道合的朋友，屏蔽、拉黑那些无趣的、陌生的人和领域。"朋友圈"会造成自我价值观的不断强化和固化，偏好成了唯一标准。[1]

四、游走于信息的个体

游走于信息的个体是指不断切换身份，在不同的终端上以 ID 为核心，在信息的大海上中漂流、沉浮的用户个体。他们通过调整信源和社群身份不断消费信息，并通过与其他个体的随意聚散获得情绪的满足。

跨屏消费是游走于信息的个体的突出特征。比如用户边看着电视上某个综艺节目，边用手机在朋友群吐槽该节目。春节前抢购紧俏的生肖纪念币时，会同时打开 PC 端网上银行和手机银行多终端一起抢，增加抢上的概率。流动的用户拥有多个网络社群，他们游走在这些社群中，很好地扮演了在不同社群中自我设定的那个角色，有效地避免了群体束缚。

由此可知，智能时代的图书出版策划要适应网络传播分众化、差异化趋

---

① 参见喻国明、曲慧：《网络新媒体视域下的"用户"再定义（上）》，《媒体融合新观察》，2021 年第 4 期。

势，通过大数据分析用户行为，为用户画像等方式，充分把握不同受众群体的新型阅读需求，以便为读者提供更为优质的出版产品和服务。以新型受众为中心，注重用户个体在使用出版产品和服务的过程中的体验，智能技术能够为提高优质出版内容的到达率、阅读率和影响力提供有力支持。

第二节　内容与技术并重

智能时代使出版获得了新技术的支持，推动出版流程重塑再造、产品形态和运营机制转型升级，出版产品通过内容、渠道、平台、终端、经营、管理等方面的深度融合，其传播力、影响力和竞争力将得到极大提高。

一、技术与出版的关系

从历史上看，以图书作为主要产品形态的出版，从它出现的那一刻起就一直与技术紧密联系在一起。

从传播学的角度看，媒介是指介于传播者与受众之间用以负载和传递特定符号（主要是指文字、图像、声音）和信息的物质载体。人们最早记录文字时使用的是龟甲、兽骨、陶器、青铜器、竹简、木牍、缣帛等。随着纸和印刷术的发明，出现了图书、报纸、杂志等；随着电子技术的成熟和互联网的诞生，又出现了电影、电视、广播、电脑、手持阅读器、智能手机等。这些都是人类曾经使用过或正在使用的媒介形式。内容的表现形式也是随着技术的进步而不断丰富的。比如，人类文明早期，受龟甲、兽骨等载体形式的制约，文字表达极其简单。纸张出现后，内容的表现形式变得丰富起来，既有文字，也有图片。互联网出现以后，内容表达方式除了文字、图片以外，还有音频、视频、AI虚拟成像等。可以说，每一种新媒介的诞生以及内容表达形式的丰富都是技术进步带来的，都丰富了受众的接受体验，都给出版业态带来了新变化，也进一步扩大了出版产业的外延，为出版产业的发展带来革命性的影响。[①]

传播载体的更新受技术的影响很大，但并不是说一种新技术出现后，由此而生成的新载体就立刻取代了旧载体。当今时代，人们大量使用手机、平

---

① 秦艳华、路英勇：《出版产业媒介融合发展之我见》，《中国出版》，2014年第11期。

板电脑、笔记本电脑、手持阅读器等进行阅读，特别是在公众场合（如高铁、地铁、公交车、医院等），人们所使用的基本上都是电子载体。但人们也注意到一个现象，那就是纸质图书并没有消亡。

从社会心理学的角度看，人们想要改变一种习惯，一定需要一个过程。长久以来习惯了纸质图书阅读的人，虽然置身于各种数字产品的海洋中，但并没有完全放弃纸质图书。不过，面对随时随地可以阅读的大量而便捷的数字出版产品，有人不免会问：纸质图书会一直存在下去吗？人们会一直阅读纸质图书吗？要回答这样的问题，我们可以从纸张取代简牍的历史中得到某种启示。

从文献记载和考古实物来看，西汉时就出现了纸张，只不过那时的纸张质量比较粗劣，还不适合书写。公元 105 年，蔡伦造纸成功，蔡伦纸已经能够满足书写的要求了。蔡伦造纸本来就是为了取代竹简、木牍、缣帛等，而纸作为一种进步的书写载体，在当时也受到了人们的欢迎。人们在使用过程中对纸张不断加以改良，没过多久，完全适用于书写要求的"左伯纸"出现了。

"左伯纸"被广泛应用于书写，但是，作为书写载体，纸张并没有"我花开后百花杀"，而是与简牍、缣帛等一起为人们并行使用了近 300 年。直到公元 404 年，东晋桓玄帝下诏"弃简用纸"，纸张才成为普遍使用的书写载体。

由此可以推想，纸质图书还会在今后相当长的一段时期内，与新技术条件下的各种数字出版产品继续并存于世，相互融合，相互促进，共同为大众提供更为丰富的阅读载体，最大限度地满足人们不同的阅读需求。

一般说来，任何技术的出现都受"抑制突变潜力"定律的影响。"抑制突变潜力"是说社会上本有一种如同制动器一样的自然力量，会制约新技术扰乱现有的社会运行秩序。这种制约，或者说保护，把新技术对现有秩序的冲击降到最低限度，这就给人们适应新技术、应用新技术提供了一个缓冲期。但这个缓冲期毕竟是有限的，特别是随着技术的不断发展，这样的缓冲期会越来越短。所以，对每一个人、对每一个产业来说，拥抱新技术，使用新技术，既势在必行，也刻不容缓。

由以上分析来看，如今以大语言模型为代表的智能技术在出版业得到广泛应用，催生了各种新型的数字出版产品，但纸质图书并不会消亡，还将在今后相当长的一段时间内与广大读者相依相伴。

同时，在智能技术的作用下，传统出版与数字出版的深度融合也将会以更快的速度、更大的力度全面展开，纸质图书与各种数字出版产品纷呈异彩并交相辉映，极大地丰富人们的精神文化生活。

二、出版：内容与技术的融合

造纸术、电子技术、计算机技术、智能技术的应用，助力出版内容传播更便捷、更广泛。可以说，一部出版史就是一部内容创造与技术应用的融合发展史。

出版产业的发展过程中，内容的作用至关重要，但是技术的作用也不容忽视。当前，以大语言模型为代表的智能技术被广泛应用，为出版产业发展带来更大的驱动力。智能时代下，人们应该如何看待出版内容与技术的关系？对这一问题是否有清醒的认识，关系到出版产业的战略发展，因而意义重大。

倡导"内容为王"者认为智能时代的出版依然是内容为第一位的。他们基于某些数字出版产品信息传播的碎片化、浅显化、通俗化等特征，认为真正意义上的出版产品所传播的必然是原创的内容、系统的内容、权威的内容，因而指出内容才是实现出版价值的首要因素。而倡导"技术为王"者认为，不管什么样的内容都必须以技术为支撑进行生产和传播，而且指出，每一种新技术的出现和应用都不同程度地推进了出版产业的进步，因而他们断言只有技术才是智能时代出版产业发展的关键。

以上两种意见各有道理，但从出版发展史的角度看，任何时代的出版，内容和技术都缺一不可，二者对于出版产业发展都是至关重要的因素，决不是非此即彼。也就是说，推动出版产业发展，首先要处理好内容和技术的关系，要将技术建设和内容建设摆在同等重要的位置。内容和技术经过优势互补就会形成一种合力，而只有这种合力才是推动出版产业发展的关键，强调某一点的重要性而忽视另一点，都是片面的。

智能时代的出版强调内容与技术的深度融合。从内容方面看，无论是传统出版还是数字出版，内容生产依托智能技术形成跨平台和跨媒介的格局，在纸质图书之外，数字化终端将生产出多层次、多类型内容产品。从技术方面看，传统出版与数字出版在内容制作、传播渠道、接收终端等各个环节上的技术相互衔接、交融，进而融合为一个技术整体，以此呈现出多种多样的产品形态。内容与技术融合的途径有两种：首先是传统出版内容资源的数字化转换，智能技术下的资源数据库或云端服务器能够通过数字阅读门户和平台，为读者提供便利的阅读、检索服务；其次是内容传播的迭代升级，智能技术在为传统出版生产提供技术支持的同时，以数字出版产品实现与传统出版内容、渠道、平台终端的共通共享，可以生产更多、更好的出版产品。

智能时代的出版深度融合，必定是推动出版产业发展的一次新的、重要的机遇。面对重要的机遇，人们还需要正确看待技术的作用，要用辩证的思维指导实践，避免陷入"技术决定论"的误区。技术可以改造自然、改变社会，但任由技术肆意发展，将致使人性变异、社会畸形发展。所以，人们既要看到技术对于出版实现产品形态和商业模式创新的巨大推动作用，同时也要看到它会对出版固有的价值理念、发展模式产生前所未有的冲击。如果一味强调技术对出版产业发展的决定性作用，就会削弱出版内容创新的自觉意识，就会动摇出版产业的根本属性。面对智能技术，人们需要看到它带给出版产业发展的真正动力到底在哪里，不能仅关注智能技术本身，而应把智能技术优势转化为发展优势。只有在充分强调智能技术对于出版深度融合具有巨大推动作用的同时，高度关注出版的内容创新，发掘、传承中华优秀传统文化，创造、弘扬时代先进文化，使技术与内容完美结合，二者相得益彰、相互促进，才能真正赋予出版产业发展以新的活力，并注入新的动力。

三、出版策划：内容与技术并重

在现代出版史上，一些大型的出版机构既出版图书，也出版报纸、杂志，同一内容资源可以在报纸上连载，也可以在杂志上刊登，还可以出版单行本。这正是为了适应不同读者的阅读需求而采取的一种出版策略。对于读者来说，可以根据自己的喜好，选择不同的媒介形式来阅读。譬如，如果只想知道发生了什么事，那就选择报纸；如果想了解这件事情的来龙去脉，那就选择杂志；如有足够的耐心等待对这件事情所下的定论，而且还准备保留起来，那就购买单行本。同一内容通过不同媒介传播，既满足了不同读者的阅读需求，又提高了出版资源的利用效率。

印刷时代，图书可以融合报纸、杂志传播及时快捷、简洁明了等媒介特性，借以改变自身固有的篇幅长、出版时间长的媒介特性，以便更好地适应现代社会人们的阅读习惯和审美情趣。照相技术出现以后，直到电子时代，除了报纸、杂志以外，电影、电视、广播等各种新的媒介介入出版领域，出版产业迎来了一个新时代。在这一时代，影视、广播的内容改编自图书，图书也可以是影视、广播内容的文字版，无论是何种情况，图书一般都能借助与影视、广播的互动而畅销。图书与影视、广播的这种互动，使出版产业获得了新的技术力量，创造出一个更广阔的阅读空间，极大地满足了人们的文化需求。这一时代的图书产品带给人们的审美愉悦，进一步拓展了人们对于出版价值与意义的认识。

互联网出现后，直至智能时代，出版内容与技术的融合，使得传统出版与数字出版深度融合发展，衍生出许多前所未有的出版新形态，令人目不暇接，耳目一新。

综上所述，不管在哪个时代，技术在出版中的应用无不是为了使内容的表现形式更趋丰富、表现手段更为多样、表现效果更富趣味。出版从来不排斥技术的支持，新技术下生成的出版新产品其实就是各种媒介传播特性融合的产物，任何一种为读者喜爱的出版产品，在生产过程中都是内容与技术兼顾，两者缺一不可。

传统出版在内容上具有优势，数字出版在技术上具有优势，因为存在这种差异，所以才要融合发展。传统出版与数字出版由其差异性而表现出来的各自的优势是出版融合发展的必要条件，二者的优势互补必然会增强出版传播的效力，更大程度地满足人民群众的多样化需求。这是智能时代出版策划的基本出发点，也是最终落脚点。

智能时代的图书出版策划要求内容与技术并重，其最终目的是实现内容生产质量与技术应用水平的同步提升。时代在进步，社会在发展，人们的生活水平也在不断提高，读者对内容质量的要求也越来越高。从某种意义上说，出版融合发展也是一个提高内容质量的重要途径，智能时代出版深度融合发展已发展到利用大数据、云计算、大语言模型深层挖掘内容、整合内容、创造内容，实现传播的多功能一体化阶段。在这一阶段，出版内容为适应不同用户需求，变得越来越丰富，技术水平和内容质量的互动提高，又在更高层次上促成新的融合，如此循环往复，出版内容和产品形态将会变得更加丰富多彩。①

第三节　全面提升技术功能

智能时代的出版表现出许多新特点、新趋势。智能技术在出版业的广泛应用，不仅会对传统出版格局产生重大影响和冲击，而且新的数字出版产品也不断涌现，新时代、新业态，要求编辑人员必须全面提升技能水平，以全新理念、全新方式，全面提高图书出版策划水平。

一、在与作者合作上，更注重全版权运营

智能时代下，新技术在出版中的应用促使图书出版策划所关注的产品形态不仅局限于纸质图书，还有数字出版产品。数字出版产品不仅能很好地融合传统出版内容，而且在读者阅读体验等方面超越了传统出版，极大地丰富了出版的内涵。版权是出版的重要生产要素和核心发展要素，版权运营是拉动出版产业发展的重要力量。因此，对推动出版企业发展来说，加强版权合作与开发利用具有重要的现实意义和战略意义。通常情况下，对于一个好的选题，不仅要出版纸质图书，还要出版各种数字出版产品，甚至对外合作，进行版权交易，因而版权的重要性在智能时代显得更为重要。出版机构实际上就是一个版权资源中心，借助这个优势，就可以将数字出版、影视和游戏、文创产品、版权输出等整合起来，在与作者签署图书版权合同的同时，尽可能争取对其作品全版权运营的权利。全版权运营做得好，将为出版机构数字出版、对外合作、扩大效益等创造前提条件。

全版权运营在国外已有很多成功的案例。比如，迪士尼公司以其所拥有的极具市场价值的众多经典卡通形象为核心，打造全版权运营产业链，获得了巨额经济利益。蓝精灵公司将蓝精灵形象商业化，通过全版权运营，使这一形象出现在各种媒介中，渗透到人们生活娱乐的各个方面。在中国，近年来也有很多优秀文学作品，特别是网络文学被改编成影视剧后取得了很好的效益。再如，一些出版社出版的小说与电视剧同时上市，形成"影视同期书"

---

① 参见秦艳华、路英勇：《媒体融合发展的几个关键问题》，《中国出版》，2015年第13期。

的轰动效应，实现了出版社与影视制作方的双赢。至于数字出版产品的开发，更是全版权运营的一个重要方面。

全版权运营需要做好版权保护，尤其要做好数字内容的版权保护。互联网环境下，对于数字内容版权的侵害已成为困扰出版行业发展的痛点。而借助区块链技术，可以实现数字出版物的版权和版税追踪。区块链技术去中心化机制、智能合约、时间戳等特性在数字版权保护方面优势明显，几乎可以涵盖版权登记、管理、交易和使用的各个环节，最大限度地防止侵权行为的发生。不少出版公司或创业者已经投入区块链的探索和应用中来。

利用区块链技术保护版权，出版社可以不用再去费力维护庞大、复杂的版权和版税管理系统，而是将数字出版物存储在一个公共区块链，既可以节省开支，又增强了交易的确定性。区块链技术还可以实现数字出版产品发行的全过程管理。传统数字出版产品交易中，读者只是购买一次性阅读权利，并不拥有终身使用权，导致阅读存在不持续性。利用区块链技术，数字出版产品的作者可以永久地获得所有权，读者也可以获得所购买数字出版产品的终身使用权。这一技术还能有效防范数字出版产品及传统出版产品的盗版与非法窃取。如果管理者将唯一的符号标注在出版物上，并将这个标注符号输入数据库，那么区块链技术就会把这个出版产品纳入大数据，并快速追踪盗版行为。[1]

二、在产品服务上，更注重用户体验

用户体验指用户在使用某些产品和服务过程中方方面面的体验，其中包括用户的认知、搜索、情绪、偏好、支持等。

印刷时代的图书、报纸、杂志媒介特性的相互融合，电子时代的影视、广播通过影像、音声与文字的相互转换，都是为了扩大受众对媒介形式的选择空间。而其通过单向度的知识输送对受众群体的文化趣味、文化素养加以引导、培养的出版功能，实质上并没有发生根本改变。如今，出版与受众的关系开始变得复杂起来，在这一时代，图书、报纸、杂志、电影、电视、广播、电脑、移动阅读器、智能手机等媒介形式共存，基于不同媒介的特性和

---

① 卢世韵：《区块链技术应用于数字出版领域的研究》，《传播与版权》，2021年第2期。

受众接受习惯的变化，单向度的知识输送虽然依旧存在，但双向互动已成为主流。这种双向互动通过基于互联网技术的电脑、移动阅读器、智能手机等媒介得以实现，因而出版的功能发生了根本变化，主要表现为用户体验成为出版产品服务的重要依据和标准。

什么因素对用户体验有影响呢？"不少研究发现，用户的媒介接触动机、个人的既有媒介使用经验、使用场景等，是影响媒介用户使用体验的重要因素。因而，在未来产业实践应用层面上，'用户本位'应当被提升至媒介产品设计、媒介服务定位的关键位置。一方面，在未来移动应用产品设计层面，应围绕用户的内部动机需求与外部场景需求，以用户为出发点，细化服务维度与产品类型，全面调动用户在不同场景下进行媒介使用的主动性和参与感，更加重视用户的使用动机，以用户不同的内部驱动力作为产品个性化延伸的线索，最终实现从'大众媒介产品'向'我的媒介产品'的个人定制转化；另一方面，在功能实现上，应全面提升媒介产品功能，将目光转向多场景融合、多媒体界面合作，进一步打破不同场景类型的界限和不同媒介形态的交叉壁垒，在满足用户需求的基础上，借助数据学习与算法程序预估用户的进阶需要，化被动为主动，进一步提升用户的媒介使用黏性与依赖度，从满足用户'需要的'到提供用户'想要的'的服务。"[1]

三、在内容生产上，更注重新技术应用

生成式人工智能依托巨量数据源与智能模型训练，实现了对产业动态、热点话题、庞大读者群行为数据等的分析，为编辑把握用户需求、发掘适宜作者等提供了更为准确的参考，有助于编辑策划出"双效"俱佳的优质选题，并提高图书编辑加工的工作效率和内容质量。

大语言模型有一种"从人类反馈中强化学习"的训练方式，即用户输入信息越多，大语言模型深度学习、持续改进的机会也就越多，因而对人类语言的理解也就会更深刻。这意味着，使用越多，其语言模型就越智能。在出版物编辑审校环节，大语言模型基于机器学习、自然语言处理等相关技术的智能协同编校，可实现编、审、校、排一体化流程，能够辅助编辑高效完成

---

① 梁爽、喻国明：《媒介使用动机与场景对用户体验的影响研究——基于认知神经传播学的效果测量》，《新闻大学》，2021年第1期。

图书和数字出版产品内容的加工整理、图片识别、输出格式转换、内容查重和语音交互等任务，大大提升审校效率和出版质量。一方面，大数据为出版内容审查提供了技术支持，通过内容比对，编辑通过确认图书内容的原创性，可以在一定程度上避免出版内容的版权纠纷；另一方面，智能编校系统以语言、政策、词汇等各类数据库为依托，能够对稿件中的内容错误、语句错误、用词不规范、敏感词和违禁词使用等问题进行排查纠错，大大提升审校效率和出版质量。

另外，编辑在审校翻译稿件的时候，因为大语言模型能够理解外语原文中的上下文语义，编辑使用时会获得更多的便利。

在智能化全媒体平台上对内容资源进行整合，统一策划，交互使用，将单终端、单形态、单走向的传统出版转化为多终端、多形态、多走向的立体化数字出版，实现智能技术条件下的内容生产新机制，这已成为出版产品开发的新趋势。

四、在市场推广上，更注重线上营销

利用大数据、短视频、算法推荐、大语言模型等智能技术，可以使出版社的市场推广营销变得更加有效。

出版社利用智能技术为用户画像，能够细分读者信息，精准推送，还可以根据用户行为习惯构建人性化服务，及时处理反馈读者信息，提高读者的使用体验感，增强黏性，促使读者付费购买产品。

常见的线上营销方式，如社交平台营销，利用智能技术，通过分析内容和用户情况，向同一内容偏好的用户实行圈层内推荐，促进出版产品推广。比如，著名社交平台 TikTok 推荐了美国作家斯科特·斯坦巴赫的《艾迪·拉鲁的隐形生活》的视频，获得了 300 万次观看。视频发布不到 3 天，这本书在亚马逊和当地书店即售罄。除了自身内容外，《艾迪·拉鲁的隐形生活》销售的成功，这则发布在 TikTok 上的荐书视频功不可没。

再如社群营销。一些出版机构为了有针对性地推广图书，打造畅销书，在豆瓣、抖音、微信、QQ 等社交平台建立社群，通过与社群用户的互动交往，不断强化用户个体自我和集体自我的认知，实现自我认同和群体归属，形成对相关图书的价值认同。

有些出版社利用微信公众号，引发和强化读者消费行为，也收到了良好效果。以浙江文艺出版社的《月亮与六便士》为例，在搜狗、微信进行检索，筛选出默认排序前 100 的公众号文章，会发现近几年涉及该书的公众号文章逐年增加，可见宣传力量的持续输出，保障了该书在市场上的长期热度。通过对文章的阅读量进行统计，可以发现"爆款文章"（阅读量超 1 万）主要出自几个头部公众号，且集中发布于 2019 年及 2021 年，说明宣传资源的配置规划明确，重点突出。这些文章主要围绕图书内容展开，与其他社交媒体相比，微信宣传更注重对图书内容的深度挖掘，具有一定的严肃性和思维发散性。

五、在项目执行上，更注重智能化管理

智能时代的图书出版策划已从图书生产的单一性策划发展到数字出版产品的多元性、全方位策划。

传统出版与数字出版一体化发展是出版业的发展趋势，未来的出版，在完成一本图书制作的同时，还会拓展知识库、数字出版产品群的构建与生产。出版机构充分利用人工智能、云计算等技术，可以减少相关软件和制作系统的投入，及时实现出版内容的数据库维护、软件版本的更新升级等。运用大数据及二维码、定位与导航等技术还可以实现高效、精准、科学的出版物物流管理。

另外，可对重点选题实行项目责任制，通过竞标或指定的方式确定选题项目责任人，责、权、利明确，赋予责任编辑一定的自主权，使编辑的切身利益和出版社的整体利益连在一起。这样可以充分调动编辑的积极性，给出版社带来新的活力。比如，有的出版社对选题实行项目主管制，责任编辑就是选题项目的负责人。在选题运作中，责任编辑通过与作者沟通、与出版社生产部门协商，想方设法实现数字出版产品的多元化，以降低成本，增加收益，实现选题效益的最大化；还有的出版社对编辑工作实行台账制管理，一个选题就是一本账，编辑在选题策划、内容生产、宣传营销等过程中所花的费用全部记入台账。从一个选题成形到市场行为完成，所有产品（包括数字出版产品）的回款减去开支就是编辑创造的利润。这就是通常所说的"单选题核算法"。每到年底，出版社财务部门会将编辑创造的效益进行排序并公

布，数字出版产品所产生的效益有时会大大超过传统图书。这就极大地鼓舞了士气，也进一步解放了出版生产力。

在强调"降本增效"的大环境下，AI 技术、大数据、云计算等智能化工具可以极大地促进出版管理流程优化、提升工作效率、提高工作质量。智能化技术工具助力项目管理提质增效，已在实际工作中得到成功验证。

第四节 以增值服务创造新价值

智能时代的图书出版策划，它的价值还在于通过数字出版产品生产、传播方式的创新，为受众提供超常规的、个性化的增值服务。而以增值服务实现出版的更大利益和价值，也是出版产业发展的未来方向。

一、IP 转化

智能时代，"互联网+"正式过渡到"IP+"，IP 成了新的流量入口，成了新的品牌价值所在。

IP 已经隐含连接属性，从小众到大众，超级 IP 其实已在定义这个时代的流量方向。IP 作为重要流量入口，可让产品快速脱颖而出，商业 IP 资源的应用是一个不断完善与丰富的过程，合作品牌加上 IP，重新构建品牌与人的关系，将带来想象不到的经济效益。

IP 之于出版，主要表现为优质的内容版权资源。图书版权资源通过数字出版产品传播，实现利益增值。

对于出版数字化转型，人们的认识曾呈现两个极端：一种观点认为数字化将使内容的呈现方式发生革命性变化，即数字产品将取代纸质书；而另一种观点则认为数字化只不过是使内容多了数字传播这样一个渠道而已。现在来看，这两种观点都不符合事实。

当初，在传统出版面对数字化冲击的时候，人们显然还有些不太适应，甚至惶恐不安，但令人欣喜的是，这看似对立的两种观点都保留着对传统出版的尊重。持上述两种观点的人，他们思考的出发点都是出版是内容产业这一基本认识，都期待内容在与技术的博弈中能够展现自身优势，使出版的数字化不至于击毁由来已久的也是令出版者一直引以为豪的文化理想追求。

因为拥有内容版权，所以传统出版还会拥有自己的"地盘"。尽管出版的数字化转型是大势所趋，但是因为内容对于出版产业发展具有决定性作用，所以在这一转型的过程中，内容版权往往会成为一种强劲的资源和动力。没有内容版权，出版的图书数字化转型也就无从谈起。小到一家出版社，大到一个国家的出版产业，数字化其实就是重塑出版的"生态系统"，而在这一"生态系统"中，内容版权无疑是推动这一系统运转的一个最大的动力源。举例来说，一家出版社原来只出纸质书，现在也出数字出版产品，二者之间相互融合、密切联系。也就是说，在数字化环境下，这家出版社建立了一个出版的"生态系统"。而能够促使这一"生态系统"得以运转并产生理想效益的根本因素正是其拥有的内容版权。这些内容版权资源，既可以用于纸质书，也可以用于数字出版产品，技术的助力更能方便用户，因而会受到用户的欢迎。因为开发数字出版产品，出版社内容版权资源的利用率得以大幅提高，因而具有了更大的传播能力，也就拥有了更广的发展空间。

IP转化还可以通过品牌合作得以实现。实践证明，在出版经营中，品牌的力量是巨大的。品牌是出版品质的表征，是出版核心竞争力的源泉。真正意义上的品牌能够使出版企业占据优势的竞争地位，获得良好的社会信誉和巨大的经济效益，并使之保持健康、稳定的发展态势。品牌的创立体现了出版者的经营理念和文化追求，因此，实施品牌战略，并以此推进出版经营机制的不断创新，无疑将成为出版企业增强活力、提升核心竞争力的必由之路。

跨界合作是品牌优势互补的一种形式。出版社一方拥有出版品牌优势，多年积累下来的社会形象已化为一种出版品牌，出版品牌其实就是内容生产能力以及由此形成的社会影响力的表征。如果说出版社的优势资源是以优秀的出版物、良好的出版理念和经营实绩等不断累积并获社会认可的出版品牌来体现的，那么这种出版品牌就可以为出版社选择跨界合作目标提供一定的话语权，从而使双方能够真正形成优势资源的互补关系。一部畅销小说可能使出版社与影视公司实现跨界合作，拍出一部叫好又叫座的电影，除了在影院放映，还可以向客户提供在线观看、下载服务。一部美食菜谱也可能使出版社与某一著名星级酒店实现跨界合作，可以将酒店厨师按照书中的菜谱制作美食佳肴的过程录制成视频线上播放，客户或许还会被吸引到酒店来消费。跨界合作可以使出版社与其他领域的品牌企业达成获取增值利益的伙伴关系，为出版社创造新的效益来源。

二、精准服务

智能时代的出版更加重视读者行为研究，旨在以精准服务为用户创造更多便利、更大价值，并以此实现出版效益的最大化。

今天，用户关注的不再仅仅是一本书或一本期刊、一份报纸，还包括一个集内容、服务与硬件等为一体的数字化产品；也不仅仅是传统的内容，而是内容、服务与信息相结合的综合性文化产品。因此，出版人员需要认真研究用户的行为，既要研究用户的阅读需求、阅读心理、阅读体验，也要研究用户对数字阅读的支付方式、定价方式、展示方式的评价。通过深入分析用户的行为，以此为原点，重新整合产业各个环节之间的关系与资源，努力为用户提供更丰富、更人性化、更为便捷的内容，以及形式多样、功能齐全的增值服务。

大数据、云计算、人工智能等技术的发展为充分把握读者需求提供了可能。比如，网络书店的销售数据、读者反馈，豆瓣、微信读书、得到等网络阅读平台的读者书评，微博、微信公众号、抖音等自媒体平台的最新资讯，都可为图书出版策划带来丰富的信息。出版人员可以通过搜集目标读者的特点、需求和反馈以及同类产品的销售数据等信息，充分了解这些产品的市场风向，就可以根据目标用户需求，精准进行图书出版策划。

以教育出版来说，教育类出版社可利用大数据，挖掘、发现教育图书个体使用者的阅读行为数据，了解他们的学习习惯、学习兴趣、学习重点，分析人们学习中存在的弱点、遇到的困难，并有针对性地提供强化训练、学习建议。如爱思唯尔旗下的数据库科学指导（Science Direct）曾引入谷歌地图功能，让数据可以直接可视化地显示在地图上，满足各学科的论文作者们通过地理信息数据认识和交流的需求。

重视场景时代用户体验，也是精准服务读者的重要内容。当今时代，每一个人、每个产业以至于每一种社会的存在形式都会受到场景时代的深刻影响。以场景服务和场景分享为人的社会关系连接的基本范式，可以实现人以"在场"的方式参与到"任意"的现实实践中，实现以场景为单位的更及时、更精准的沉浸式体验。随着"智能终端"、"社交软件"、"大数据分析"、"地图"（定位系统）、"传感设备"等技术的广泛普及，"场景"阅读已成为现实。

读者是出版价值的共同创造者，智能时代的阅读受众在整个出版价值链条中的作用越来越大。通过了解人们的各种需求，重视他们的阅读体验，做好个性化、精准化服务，就能充分满足多样化的需求，发掘读者在出版价值创造体系的能量。这将对出版效益产生决定性影响。

三、从"阅读"到"悦读"

重视读者的阅读体验，实现从"阅读"到"悦读"的转变，也是增值服务的重要方面。当今，一些新技术应用于图书出版，极大地增强了读者的"悦读"体验。

二维码，又称二维条码，是一种编码方式，它比传统的条形码（Bar Code）能储存更多的信息，表示更多的数据类型。在图书中添加二维码，可打破载体和篇幅的限制，实现静态文字与视听结合的多元化阅读，给读者带来全新的阅读体验。2010 年，美国育碧图书社出版了《环游世界 80 天》一书，该书内置二维码，为该书内容增加了数字形式。读者可以通过手机扫描二维码与作者和出版商互动，访问冒险网站，收听和观看相关的音频和视频。同年，中国轻工业出版社出版的《骑车游北京》成为我国第一本大量使用二维码的图书，全书在几十处使用了二维码，其内容涉及视频、动画、图片、文字等，实现了读者、作者、编者论坛交互等功能。

VR 技术，也就是虚拟现实技术，其生成的虚拟三维环境为受众提供了全新阅读体验。人民卫生出版社推出的《3D 系统解剖学》将 VR 技术与现代医学教学相结合，导入真实完整的 3D 数字人体解剖结构，帮助读者在一个虚拟的三维空间中全方位、清晰地观察人体的各个器官和结构，甚至每一条神经、血管都能看得很清楚。《3D 系统解剖学》还可以营造一个虚拟的解剖实验室，读者基于三维数字模型，可以从任意视角查看人体组织，手动"解剖人体"，逐块"拆分人体组织"。

北京少年儿童出版社推出的少儿科普读物"大开眼界·恐龙世界大冒险"系列丛书、青岛出版集团与《中国国家地理》杂志联合打造的《本色中国》3D 作品，都是 VR 技术的成功应用。

国际出版界、学术界已有人提出了"智能出版"的概念，意指"人工智能＋数字出版"的新业态。近几年，智能出版尝试屡见不鲜，人工智能不仅被融入编、印、发环节，而且从出版上游的内容创作生产到下游的阅读消费都有成功案例。2019年，施普林格·自然社应用AI技术，出版了首本完全由AI生成的图书《锂离子电池》，该书电子版下载量目前已达41.3万。2021年，又出版了图书《气候、行星和进化科学：计算机生成的文献综述》，将人工撰写的文本和计算机生成的文献综述融合在一起，这是该公司首次的人机协作出版实践尝试。2022年，施普林格·自然社首次使用AI摘要生命科学领域的文献生成图书《CRISPR——计算机生成的文献综述》。该书电子版上线仅4个多月，就有2 700多次访问量，平均每章被访问400多次。

2023年6月，亚马逊在线书店中署名作者为大语言模型的图书有746本。引起市场反响的有《不同：一步一步打造下一个苹果的指南》《克里瓦利斯的最后驾驭者》《见识一下细菌！》《精通精算师和精算科学导论》等。特别值得一提的是《惊奇梦幻冒险：绚丽的睡前儿童幻想绘本》。这本书写的是一个孩子每天晚上的梦境。这些梦就像一个个冒险故事，每一个故事都有不同的角色和场景，惊险紧张，栩栩如生，极大地激发了孩子的想象力。这本书图文并茂，插图生动形象，引人注目。有意思的是，这些插图也是在ChatGPT的帮助下绘制的。

四、知识服务

当今，知识经济在国民经济发展中的地位愈发重要，已成为推动社会经济转型发展的重要力量。从世界范围看，国外众多的出版企业聚焦数字出版领域知识服务的发展策略、路径、运营机制及信息获取、内容生产、营销模式、用户服务等方面，已取得很好的效果，对业界产生了深刻的影响。

哈佛商学院出版社（Harvard Business School Press）是哈佛大学旗下的一家出版社。创刊80多年的《哈佛商业评论》（Harvard Business Review，HBR）杂志以及依托哈佛商学院的背景出版的经管类图书，使其在全球出版界、学术界享有盛誉。从出版杂志、图书，到开发制作网络课程、建立学者网上图书馆、出版数字产品，哈佛商学院出版社的融合发展走在了业界前列，其产品更加丰富，服务更趋完善，而其经营效益也逐年增长。哈佛商学院出版社把《哈佛商业评论》从每年 10 期改为 6 期，表面上看，纸质版减少了 4 期，刊载的内容也相应减少了许多，但因为增加了 6 期电子版，总体算下来，内容总量还大大增加了。为适应数字化时代要求和读者阅读习惯的改变，《哈佛商业评论》增设电子版，在每年的订阅费用没有增加的情况下，阅读到的文章总数较纯纸质版时代大幅增加，读者对出版社提供的增值服务感到非常满意。不止如此，出版社的网站还为这些付费订阅刊物的客户提供了一些额外的服务，而其他人则是享受不到的，这叫作权限优惠。这些服务包括：权限优惠享受者可以查阅刊物以前发表过的所有文章，可以利用网站上的电子书建立自己的图书馆，可以存储、下载网站上的所有文字、视频资料，可以使用网站上的图表、视频等制作 App，用于教学、培训、演讲，等等。这种增值服务为哈佛商学院出版社巩固了客户群，进而扩大了影响力。可以说，以优质内容为资源，向客户提供增值服务，使哈佛商学院出版社走出了一条成功之路。

第四章　图书出版策划原则

　　图书产品与其他商品的最大不同，就是前者是文化产品，是精神产品。它既具有一般产品的商业属性，更具有意识形态属性，所以，出版要把社会效益放在首位，实现社会效益和经济效益相结合，这是出版的特殊属性和独特功能所决定的。

　　智能时代，新技术赋予出版产业新的发展动力，也带来诸多冲击与挑战，但出版的属性并不会因为新技术的应用而发生任何的改变。把社会效益放在首位，实现社会效益与经济效益相统一，仍是智能时代图书出版策划必须坚持的基本原则。

第一节　社会效益第一的原则

　　出版提供精神产品、传播思想信息，出版产业能否担负起文化传承使命，出版策划的责任重大。智能时代的图书出版策划必须始终坚持社会效益第一的原则，坚持正确政治方向、出版导向、价值取向，以精品生产为根本目标。只有这样，才能推出更多思想性、艺术性、观赏性俱佳的文化产品，提供更多有意义、有品位、有市场的文化服务，切实发挥出版引领风尚、教育人民、服务社会、推动发展的作用。

一、社会效益评价考核指标

2018 年 12 月底，中央宣传部印发《图书出版单位社会效益评价考核试行办法》（以下简称《办法》），明确了社会效益的评价考核指标，并提出了具体考核标准。这一《办法》是针对出版企业社会效益的评价考核而制定的，但其中大多数内容也适用于在出版工作中占有重要地位的出版策划。

《办法》明确要求社会效益在出版企业绩效考核中占 50% 以上权重，突出了把社会效益放在首位的要求。

《办法》以出版质量、文化和社会影响、产品结构和专业特色、内部制度和队伍建设等四项指标为一级指标，以内容质量、编校印装质量、重点项目、奖项荣誉、社会评价、国际影响、产品结构和特色、内部制度建设和执行、队伍建设等九项指标为二级指标，并细化为 35 项内容，形成了对社会效益可量化的评价考核体系。

（一）出版质量

先看"出版质量"这个一级指标。这一指标在社会效益中最为重要，分值为 50 分，占满分 100 分的一半。在这一指标下，又分"内容质量"和"编校印装质量"两个二级指标，分值分别是 42 分、8 分。从分值分配来看，社会效益能否实现，"内容质量"起到关键作用。

"内容质量"指标基准分为 42 分，出现以下情况则扣分：一是出版物出现严重政治导向错误，影响恶劣的，得分为 0，社会效益考核为不合格。二是出版物出现导向偏差，被主管部门或省级以上出版管理部门批评、处罚的，视问题严重程度扣分（被主管部门处理的扣 5~6 分 / 种，被省级出版管理部门处理的扣 8~10 分 / 种，被国家出版管理部门处理的扣 10~12 分 / 种）。三是出版物内容粗制滥造或出现较为严重的知识性差错等质量问题，造成不良社会后果或负面舆论的，扣 3~5 分 / 种。由上可见，在"内容质量"考核中，如出现导向问题，那么就会被"一票否决"，社会效益直接被认定为不合格。

关于编校印装质量，该指标基准分为 8 分，出现以下情况则扣分：一是出版物因编校印装质量差错被主管部门或省级以上出版管理部门认定为不合格的，扣 2 分 / 种。二是同一年度内，被省级以上出版管理部门检查发现有 3 种及以上出版物编校印装质量不合格的，一次性扣 8 分。

（二）文化和社会影响

社会效益考核的第二个一级指标是"文化和社会影响"。这一指标的分值为23分，下设"重点项目""奖项荣誉""社会评价""国际影响"四个二级指标，分值分别是10分、6分、4分、3分。

关于"重点项目"指标，《办法》规定，有以下重点出版物的，在考核年度入选规划时、实现出版时分别计分：入选国家重点出版物出版规划（"十三五"国家重点出版物出版规划、国家古籍整理出版规划、国家辞书编纂出版规划）项目，每种1分。获得国家级资金（国家出版基金、国家古籍整理出版专项经费、民族文字出版专项资金、国家科学技术学术著作出版基金）资助的项目，每种1分。中央宣传部年度主题出版重点出版物，每种1.5分。列入教育部义务教育教学用书目录的图书，每学科计为1种，每种1分；本科教育国家规划教材，每种0.5分；职业教育国家规划教材，每种0.25分。入选中央宣传部组织的"优秀儿童文学出版工程""优秀现实题材文学出版工程"等精品出版工程的图书，每种1分。入选其他省部级以上重点出版规划、专项出版资助的出版物，每种0.5分（该类出版物计分总分不超过3分）。同一出版物入选不同规划计最高分、不重复计分。对于年出版量超过300万字的跨年度大型出版项目，可酌情增加分值（如每增加300万字计1分），或根据阶段性完成情况计入年度分，但最高不超过4分／（种·年）。

关于"奖项荣誉"指标，《办法》规定，在考核年度获得以下奖项或推荐的出版物（以公布时间为准）按品种计分：获"五个一工程"优秀图书、"中国出版政府奖"（包括图书、音像、电子出版物和网络出版物奖，先进出版单位奖）、"中华优秀出版物奖"（包括图书、音像和电子出版物奖），正奖计3分／种、提名奖计1分／种。获得"国家科学技术进步奖"的科普出版物，获得"茅盾文学奖""鲁迅文学奖""全国优秀儿童文学奖"的图书，计2分／种。获得"国家级教学成果奖"的教材，一等奖计2分／种、二等奖计1分／种。获得其他省部级以上图书奖项（按规定程序获得批准举办的）的图书，计1分／种（该类图书计分总分不超过2分）。入选中国图书评论学会年度"中国好书"推荐的图书，计2分／种。入选中央宣传部组织的全国性出版推荐活动的出版物，计1分／种。同一出版物获得不同奖项、推荐，计最高分，不重复计分。

关于"社会评价"指标,《办法》规定,满足以下条件、在考核年度出版或被宣传报道的出版物,按品种计分:服务党和国家工作大局,服务地方经济社会发展和文化建设,推动科技进步、行业发展,产生广泛影响的(提供发行情况、行业和社会评价等方面具体材料),1分/种。被《人民日报》、新华社、中央广播电视总台、《求是》杂志、《光明日报》、《经济日报》及其官网宣传报道的,2分/种。被其他省部级以上媒体和专业领域权威媒体宣传报道的,1分/种(该类出版物计分总分不超过2分)。同一出版物计最高分,不重复计分。媒体报道指专门专题性宣传报道,不含简单书讯、书目推荐、排行榜单。

在这一指标中,《办法》特别规定,"出版物"包括图书、音像、电子出版物、网络出版物和新媒体出版产品。这里特别提出"多形态出版产品"也在考核之列,由此可见对出版融合发展的重视。

关于"国际影响"指标,《办法》规定,年输出出版物版权品种(能提供外文版样书或版权收入证明)在3种以上,计1分;5种以上,计2分;8种以上,计3分。出版物实物输出、海外出版机构建设或合作出版取得重大成果的(提供具体材料),计1分。入选"国家文化出口重点企业",计2分。

(三)产品结构和特色

社会效益考核的第三个一级指标是"产品结构和特色"。这一指标的分值为15分。《办法》规定,产品结构合理,符合出版社宗旨和定位的图书品种占比在70%以上(专业类、教育类出版社图书占比在80%以上),计3分。非合作出版图书占比在70%以上,计2分;90%以上,计3分。有成规模、成特色的品牌产品板块(年出版新书品种超过10种),如有一个品牌板块,计3分;两个及以上,计4分。制定了体现专业特色的中长期选题规划,年度执行情况良好,计3分。非引进版图书新书占比在70%以上(专业翻译类出版社除外),计1分。积极推动传统出版向数字出版转化,取得一定成果,计1分。

(四)内部制度和队伍建设

社会效益考核指标中,还有一个一级指标是"内部制度和队伍建设",分值为10分。在这一指标下,又分"内部制度建设和执行"和"队伍建设"两个二级指标,分值分别是7分、3分。

综上所述，《办法》将"出版导向""精品项目""融合发展"视为社会效益考核最为重要的几个方面。出版导向不出问题，就不会扣分；相反，如果出了问题，评价考核结果就不合格。《办法》对入选各类国家级出版规划、重点工程、国家资助项目并实现出版的情况和获奖情况作出倾斜。应该说，在内容质量不出问题的前提下，"重点项目"和"获奖项目"会成为拉开出版企业之间社会效益评价差距的主要因素。"融合发展"成为"社会评价"的重要内容，表明包括图书、音像、电子出版物、网络出版物和新媒体出版产品的"一体化发展"，作为当今时代出版方式的变革创新，在"社会评价"中成为加分项，体现了一种政策性、方向性指引，因而受到格外关注。

二、坚持正确政治方向、出版导向、价值取向

出版是文化产业。文化是一个国家、一个民族的血脉，是人民的精神家园。国家和民族的强盛需要物质的力量，也需要精神的力量。中国的经济发展取得了举世瞩目的巨大成就，在建设经济强国的同时，必须建设文化强国，形成与我国经济地位相称的文化软实力。

做好图书出版策划，要坚持正确政治方向、出版导向、价值取向，承载国家主流意识形态，围绕中心、服务大局，为先进文化成果提供传播阵地，用优秀文化产品展现中国精神、中国价值、中国力量。

做好图书出版策划，最根本的原则在于坚持"以人民为中心"的出版导向。只有坚持"以人民为中心"的出版导向，才能很好地解决出版究竟坚持什么、为了谁的问题。面对市场经济大潮中各种利益的诱惑，出版决不能在为了谁的问题上发生偏差，坚定不移地把"以人民为中心"作为出版的出发点和落脚点，进一步树牢导向意识，始终站在人民的立场上，表现人民的生活，传播人民的声音，用心用情用力为人民抒写、为人民抒情、为人民抒怀。

坚持正确出版导向与坚定文化自信息息相关。建设社会主义文化强国，实现中华民族伟大复兴的战略目标，必须坚定文化自信，这已经成为人们的共识。坚定文化自信，能够焕发出版创新的活力，能够鼓舞出版改革发展的勇气，对于建设中国特色社会主义先进文化、提升我国出版产业的整体实力和水平、增强中华文化的国际影响力和竞争力具有十分重要的意义。

图书出版策划要有面向世界、面向未来的视野。没有全球化的视野，就

不可能知己知彼，不可能消化吸收世界各民族的优秀文化成果，也就不可能有参与国际竞争的志向和自信。在当前形势下，图书出版策划要积极借鉴国外先进经验，加大内容生产创新、传播手段创新力度。这对于提升我国出版产业的整体实力和水平具有十分重要的意义。

三、打造"思想精深、艺术精湛、制作精良"的精品

什么是精品？概括来说，精品就是那些"思想精深、艺术精湛、制作精良"的优秀之作。图书出版策划要面向时代发现精品，精品是时代的印记、时代的回响、时代的旋律。为时代留声，为进步聚能，出版策划才有意义，出版才有不竭的创新力，文化才有旺盛的生命力。离开了时代，不能与人民的情怀同声相应，不能为社会的发展凝聚力量，图书出版策划将成无源之水、无本之木。面向新时代而策划选题、发现优秀作品，出版才能更好地传播时代思想文化最新成就，才能更好地为产业发展、文化进步贡献力量。

图书出版策划要在实现中华优秀传统文化的"创造性转化、创新性发展"中打造精品。中华文化源远流长、博大精深，当我们回望历史长河中传统文化闪耀出的璀璨光芒时，一种民族自豪感油然而生；直到今天，传统文化中那些代表中华民族精神品质和科学、进步思想的精华成果，依然滋养着人们的心灵。面对中华传统文化，需要按照现代社会的需求、现代传播理念的要求，对传统文化的精华作出新的阐释；同时着眼于当前政治、文化的多元性和社会生活的纷繁化、复杂化，创造出更多更好的、富有中国特色的精神产品，以满足当今时代人们的文化需求。如何通过"创造性转化、创新性发展"，使中华优秀传统文化始终保值旺盛生机和活力，如何将传承和弘扬同与时俱进、创新发展精密结合起来，相互促进、相得益彰，是图书出版策划所要解决的重要课题。

智能时代的图书出版策划，还要特别关注数字出版产品的精品化。数字出版精品生产是促进出版产业转型升级、提质增效的重要手段和基本前提。智能时代下，随着出版的深度融合发展，创作者的著作权一类的知识产权，在培育新的经济增长点、形成新动能方面，越来越显示出广阔的市场前景和发展空间。图书出版策划要将原创精品的版权运营作为重大战略任务，精心谋划，不仅要积极推动影视改编、数字出版，还要积极推动海外版权输出，

以求真正实现内容传播的多元化、效益的更大化。

　　智能时代，优质内容资源的多元生产、有效传播更加方便、快捷。内容资源是数字出版的基础和根本，是传统出版与数字出版对接的端口，也是推动文化企业持续发展的动力来源。在从内容提供商向内容服务商、内容创意商的角色转换过程中，出版企业若拥有原创精品的内容资源，无疑是一个巨大优势。图书出版策划要在传统出版与数字出版、传统阅读与数字阅读之间找到一个平衡点，通过对精品出版、知识生产、付费阅读这三者之间跨界融合的实践，推动精品的 IP 赋能，为出版产业发展提供新的强大推动力量。

第二节　　"两个效益"相统一的原则

　　出版的文化与商业的双重属性决定了出版生产经营必须遵循政策导向与市场导向，还决定了出版生产经营既要追求社会效益又要追求经济效益，实现"两个效益"相结合。

　　从"两个效益"相结合的角度讲，成功的图书有三种类型，即时效书、畅销书和常销书。这三类图书虽然在市场上的表现各有特点，但都是图书出版策划力争实现的成功类型，也都是出版经营的理想状态。这三种类型的图书也是智能时代图书出版策划的方向和目标。

一、时效书

　　时效书是指具有一定时效性的图书。也就是说，这类书受市场关注程度高，但关注持续时间短。时效书的内容特点是很明显的，大多与当时的社会热点、突发事件、新闻人物等有关，是大众媒介关注的对象，从某种意义上说，时效书亦可称为新闻书。

　　1972 年，美国传播学家麦库姆斯和肖发表《大众传播的议程设置功能》一文，提出了著名的议程设置功能理论。这一理论认为，大众传播具有一种为公众设置"议事日程"的功能，传媒的新闻报道和信息传达活动以赋予各种"议题"不同程度的显著性（Salience）的方式，影响着人们对周围世界的"大事"及其重要性的判断。"媒介特别是新闻、时事与评论的生产有能力将公众的注意力聚焦于一系列获得解释与受到限制的、经过选择的问题，同时忽略其他的问题。"① 也就是说，人们对于某一事件的看法和意见来源于自身的价值判断，大众传媒的信息传播一般不能直接决定人们的认识，不过，大众传媒往往可以通过设置一些与事件相关的议程，来引导人们关注事件的某些方面而忽略其他的方面，进而有效左右大众议论的先后顺序以及对事件重要性的判断。

大众媒介传播的议程设置功能理论适用于时效书的出版策划。基于报、刊与图书性质的不同，时效书较之于报纸、刊物在内容呈现上要更加全面、深刻一些，在时间上要相对延后一些，因而它的出版策划与大众媒介传播的议程设置功能，既有相同点又有差异处。

因为大众媒介设置了一种议程，受众就会重新形成对事物的认识。他们会对媒介提供的事件的重要内容首先予以关注，并进行认知和采取行动。这一理论，认可议程设置作为国家的或组织的主体作用，大众媒介的传播一般会受到政治的、意识形态关系的影响，因此议程设置的主体往往带有强烈的权力色彩，议程的设置也是在国家的或组织的权力支配下进行的。由此可知，议程设置的主体必定站在自身的立场上，以自我为原则，设置对自身有利的议程，以达到一种既定的目的。在这一点上，时效书与大众媒介传播的议程设置表现出高度的一致性。

而它们的不同则体现在对事物的认知是否全面、是否深入上。内容呈现时间的延后，客观上为时效书的出版策划提供了可以作出正确价值判断的条件。对一个社会热点、突发事件或新闻人物进行报道，尽管是在大众媒体设置的议程范围内表达观点，报纸、刊物的报道即时性、快捷性更强，时效书则会在即时性、快捷性的基础上呈现其全面性、深刻性，因而进一步强化议程的主导性、规定性。从这个意义上来说，时效书以图书媒介的特性，极大地丰富了大众传播的议程设置功能。

时效书大多是表现社会热点、突发事件、新闻人物等的纪实类图书，但也有阐释这些现象的知识普及类图书、文学创作类图书。无论哪一类图书，都要求一定的时效性，很难想象缺少了时效性的图书会被称为时效书。

---

① 郭庆光：《传播学教程》，中国人民大学出版社，1999 年版，第 131 页。

　　例如，2019 年 12 月武汉暴发新冠疫情以后，在抗疫一线涌现出大量可歌可泣的平民英雄和感人事迹。当医护工作者不顾个人安危，在抗疫最前线守护每一个平凡的生命时；当科研工作者夜以继日地研究分析病毒，以寻求预防、扼制病毒的良方时；当军人、警察用辛劳和意志筑起钢铁长城，为黎民百姓守护一份稳定安宁时；当媒体人快马加鞭以一篇篇文章、一帧帧图片、一段段视频记录报道疫情最新动态时；当环卫、快递、超市、社区工作者和志愿者们平凡朴素的身影及时出现在各自岗位上，最大可能地满足着百姓的需求、维持城市的秩序时……作为国家级的文学报刊社，也希望能在这场全民战役中尽到自己的一份责任、献出自己的一份力量！新冠疫情暴发以后，《文艺报》《人民文学》《诗刊》《民族文学》《中国作家》《小说选刊》和中国作家网等快速反应，纷纷围绕抗击疫情主题组织了很多文学活动，发表和推荐了大量抗"疫"主题的优秀作品。

　　为了尽快将这些优秀的抗"疫"主题作品结集出版，2020 年 2 月 20 日，作家出版社策划了"战'疫'之歌"这一选题。选题确定后，编辑人员立刻开始书稿的遴选、编审工作，经过几轮筛选，从近 50 万字的作品中优中选优，最终确定了 65 篇诗文作品。该书据此将作品分为两大板块："歌诗合为事而作"部分收录诗作 40 篇，包括单诗、组诗、组诗节选等类型；"文章合为时而著"部分收录文章 25 篇，包括报告文学、散文随笔等。这些作品或为征文，或为约稿，兼顾了内容的独特性和文学的审美性，富有正能量和感召力，全方位地展现奋斗在抗疫一线的平民英雄的感人故事与伟大精神。

　　从作者情况来看，该书汇集的 65 篇作品来自 66 位不同职业、不同年龄和身份的作者。他们的作品以各自不同的风格，充分显示了重大时事之下文学的魅力。这些作者来自五湖四海，展示了中华民族关注疫情、情系疫区、勠力同心、共克时艰的勇气，彰显了危急时刻万众一心全民抗疫的气势与决心。

　　从作品来看，有的作品集中讴歌了在此次战"疫"中英勇牺牲并被追授相关荣誉的医护人员、警察，如《谁的胸口，能不疼》《防疫路上的代步车和顺口溜》《春天里，远行的枣红马》等；有的作品展现了医疗、电力、铁路、社区等行业领域工作者临危受命、团结协作、同舟共济、共克时艰的精神，如《"新冠肺炎"治愈记》《特别的春天》《点亮火神山》《"疫"不容辞》《一线采访手记》等；有的作品讲述了"大后方"广大民众立足个人实际、全力支持抗疫的故事，他们或在海外火速募捐物资，或在家中默默付出，如《关山万里，赤心同在》《补天》《守城的日子》等；有的作品兼具情怀与理性、文采与格局，富有气魄与力量，让人看到光明与希望，如《死神与我们的速度谁更快》《这些高尚的人》《我们没有退路》《问世间情为何物》《第28天隔离了，这个时刻》等。

该书的编辑出版正值国内疫情最严重的时期，各工厂企业都还没有正常复工，排版校对、调纸印制、物流配送、宣传推广等都处于非正常状态。为了确保各出版环节的工作能无缝衔接、顺利开展，出版社各部门克服疫情防控期间隔离、出行等方面的诸多不便，全天待命、密切配合，确保该书得以快速顺利出版。3月14日，该书付梓印刷。与此同时，预售、推广工作有序展开。截至3月21日，已有《光明日报》、《出版传媒商报》、《北京青年报》、《南方都市报》、《现代快报》、《中国文化报》、《中国艺术报》、中国作家网、未来网等20多家媒体对该书进行了报道。新书问世后，市场反响强烈，多次印刷，不到半年销售逾10万册。

二、畅销书

畅销书一语发源于美国，是出版产业发展到一定历史阶段的产物。

1895年，The Bookman（《书人》）杂志刊登"按需求数量排序的图书目录"，该目录登载了美国19个城市的零售书店中最为畅销的6种新近出版的图书，可以说是世界上最早的"畅销书目"。1911年开始，美国著名行业杂志《出版商周刊》根据出版商的小说类图书销售数据分析当年在销量上领先的图书，每年出版一期专号，向读者发布。1912年，《出版商周刊》又将销量领先的图书范围扩大到非小说类图书。这种以《书人》杂志开其先河、以《出版商周刊》强势呼应的以订数多少为图书排序、为读者发布销售排行榜的模式，不久就为欧洲、亚洲等许多国家所效仿，并最终演变为现代畅销书制度。

根据《大不列颠百科全书》（国际中文版）定义：畅销书是"一个时期内，在同类书的销量中居于领先地位的书，作为表明公众的文学趣味和评价的一种标志"。畅销书体现着一段时期内读者群体的阅读趋向或审美时尚，契合并引导着这一时期读者的文化期许与精神追求，可以最大限度地满足读者的阅读需求。简单来说，畅销书就是具有广泛社会影响和巨大发行数量的大众图书。

从全球范围来看，第二次世界大战以来，畅销书大体上有四种类型，每种类型代表一个时期。第一个时期的畅销书为自然发生型。在这一时期，某图书内容恰好满足了读者需求，因而销量巨大，其中并无人为操作因素。第二个时期的畅销书为策划操作型。出版者通过市场调查，预测读者愿望，进行选题策划，再通过广告宣传和书评，促成图书畅销。第三个时期的畅销书为媒体广告宣传型。出版者利用电影、电视、广播、报纸、刊物等各种媒体展开广告宣传，造成广泛社会影响，形成文化热点，使得图书销量剧增。第四个时期的畅销书则为互联网条件下全媒体运营型。出版者集合线上线下各种媒体资源形成立体、融合的且能与读者即时互动的广告宣传效应、内容传播效应，不仅促成图书热销，而且实现图书 IP 赋能，获得超额利益。

随着科学技术的不断发展，物联网、大数据、云计算、人工智能、区块链、虚拟现实、增强现实、元宇宙等技术得到广泛应用，传统媒体与新媒体之间的融合愈来愈深入，全媒体这一概念的内涵在传播领域的实践中也日渐丰富起来。全媒体不仅包括新、旧媒体各类传播形态，调动了人们接受信息的视、听、触觉等各种感官，而且针对受众需求的不同、参与程度的差异，会与受众形成深度交流，提供细分化、最适合的信息服务，实现对受众需求的全面覆盖，达成最佳传播效果。针对不同媒体的传播特征进行营销模式的重构，可以促使信息形式和传播方式发生实质性变化，实现跨界人群的更广泛覆盖，使具有不同阅读习惯、收视习惯受众的信息需求都能得以满足。全媒体运营成为出版价值生成的重要手段，极大地提高了出版产品的传播力、影响力和竞争力。

上面所说的第四个时期的畅销书类型，正是在当前以互联网技术为支撑的全媒体环境下生成的。这些畅销书都是当今全媒体运营下的产物。这些畅销书形成一种亮丽的图书市场景观，人们从中不仅看到了文化的力量，也看到了技术的力量。

贾平凹的长篇小说《暂坐》以西安为背景，讲述了独立奋斗的 12 位单身女性在生活中相互帮助、心灵上相互依偎的故事。作品以暂坐茶庄的老板海若为中心，以环环相扣的命运展示出人物的生存状态和精神状态。茶楼里的世态炎凉正是社会的一个缩影。贾平凹在此书的后记中作者写到"七十岁之前，这可能就是我最后一部长篇小说"，给人一种印象——此书为该作家封笔之作。各个媒体和网站也抓住了这一点，在报道时纷纷打出此书为贾平凹 70 岁封笔之作的噱头，来吸引慕名而来的作家粉丝。

该书由作家出版社于 2020 年 9 月出版，一经上市便登上新书榜第 2 位，同年进入开卷畅销书榜 TOP30，上榜 2020 深圳读书月"年度十大好书"、京东 2021 年 3 月畅销榜榜单第 4 名。该书的畅销得益于全媒体、多方式的内容营销：为增加图书的曝光量和销售额，出版社与意见领袖合作，在微信、微博、抖音等内容平台开展营销；豆瓣、知乎、网易云音乐、B 站等成为该书营销的渠道；另外，淘宝、京东、拼多多等电商媒体平台也有渗透。《暂坐》在线上营销时，选择了意见领袖带货的手段，在抖音平台与多个读书领域的腰部意见领袖合作，如"听风者""文渊读书""如南"等，转评互动量皆过千人次。带货视频下方设有商品购买链接，图书购买途径通畅，有效缩短了用户的决策路径。如果用户在看完短视频后产生购物冲动，可直接获得购买链接，形成了从接触信息到购买行为的完整闭环。

内容吸引度代表吸引消费者关注、影响消费者情绪的能力。图书在短视频营销上常见的内容元素组合为"实体图书展示＋原文文本字幕"，短视频阅听者既能够感受纸质图书的质感，同时也能品读原文中的经典文本。另外，也有原文朗读、读书笔记、讲书等内容输出方式。《暂坐》在抖音平台上的短视频多为图书中经典语录的二次创作。比如，"岁月不堪数，故人不如初。不过在这人间暂坐，却要历经万千沧桑"。这类人生感悟的句子可以吸引中年用户。再如，"看起来光鲜亮丽的女人，精致的包里可能塞满了卫生纸，高档裙下内衬也被洗得泛黄，名牌的高跟鞋里的丝袜早就挂了丝"。这样的讲述使内容主题与阅读者产生连接，达到共情后完成图书推荐的实际效果。

短视频也成为《暂坐》重要的营销手段。与该书相关的短视频画面有贾平凹的访谈画面、主持人解读《暂坐》画面、与书中摘录语句相匹配的风景画面等，多样的画面内容丰富了短视频的吸引力。

在各个新媒体平台上检索《暂坐》，会发现它常常被与《红楼梦》相提并论，如："贾平凹新作《暂坐》，借鉴《红楼梦》笔法，以男性视角解读女人"《暂坐》，披着《红楼梦》的外壳，写出女人的无奈"。事实上也确实如此，在《暂坐》中，贾平凹将小说中的 12 位女性人物类比《红楼梦》的"金陵十三钗"，称为"西京十二玉"。《红楼梦》作为小说的一座高峰，拥有无数粉丝，《暂坐》在传播过程中或多或少地与《红楼梦》扯上关系，也是为了达到更好的营销效果。

借助新媒体营销，《暂坐》多次被推上畅销书榜，截至 2023 年 6 月，该书已销售 50 余万册；《暂坐》的同名有声书在喜马拉雅上播放共计超过 800 万次。

三、常销书

顾名思义，常销书就是具有长久市场生命力、在读者中已经有了口碑效应、品牌效益的图书。

在图书市场上，常销书与时效书、畅销书分别扮演不同的角色，它们各领风骚，独呈异彩，同时又相互联系，彼此渗透，从而形成多样而又活泼的出版文化景观。通过对这三种成功图书类型市场表现的分析，我们可以简要总结出三者各自具有的基本市场运行规律，进而通过比较，对常销书市场特征形成一个直观印象，进而为常销书的内容策划提供原则性指导。

设定一个坐标，横坐标轴表示销售时间（月），纵坐标轴表示每个月的销售量（设定一个月度平均发货量，坐标轴上表示的是每个实际销售量与月度平均发货量之比），那么，时效书、常销书和畅销书的市场表现如图 4-1 所示。

如图 4-1（1）所示，时效书的市场曲线呈单峰型，上市后销售势头立即上升，在一定时期内（大约 1 个月左右）急速上扬至顶点，之后开始下降，并且不再有反弹的机会。由此可见，时效书是速效型图书，过程简短，赢利快捷，如果对市场需求预测准确，在市场饱和的同时，图书恰好脱销，便能大功告成，大赚一笔。正因如此，时效书几乎没有再版的机会。

如图 4-1（2）所示，常销书的市场曲线一直保持着有规则上下浮动的态势，大体随季节变化（如节假日、新学期伊始等）周而复始，并且持续时间较长。常销书是具有长久市场生命力的图书，虽然赢利缓慢，却不会有特别的风险，再版可能性大，而且出版者可以较为理性地把握再版的时间和数量。

如图 4-1（3）所示，畅销书的市场曲线融合了时效书和常销书两种曲线的特征。畅销书在市场上首先表现出时效书的特征，立刻产生轰动效应，迅速赢得市场在到达某一时点后开始下滑。虽然下滑，却不像时效书那样直接降至最低点，而是下滑到一定时点时，又开始如常销书那样有规则地浮动，能够持续获得市场青睐。

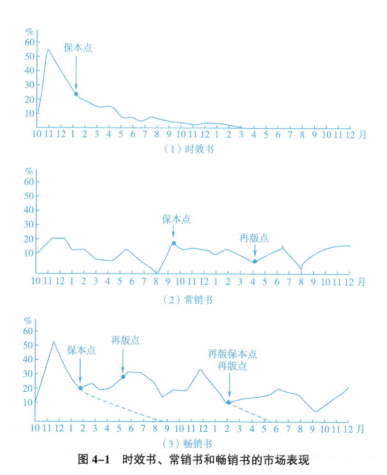

图 4-1　时效书、常销书和畅销书的市场表现

常销书有自己独特的市场运行规律。它与时效书没有任何相同之处，但与畅销书之间却可能存在一定的关联。也就是说，常销书既可以"自我"生成，也可以由畅销书转化而来。

所谓"自我"生成，是指在内容策划阶段就注重使图书内容的不可替代性和普遍适用性达至完美结合。这一类型的常销书不需要像畅销书那样在市场营销方面投入巨大力量，但是也不等于不作必要的宣传推广。这一类型的常销书能被不同时期、不同阶段的读者所接受或喜爱，已经形成良好的口碑效应，但面对新的读者群体的时候，还是应该开展相应的推广和跟进活动，尽可能地扩大常销书的影响力。

在中国当代出版史上，黄仁宇的《万历十五年》作为一部常销书，具有多方面的典型意义，对于智能时代如何进行常销书策划也有重要启迪。

这部书是一部研究明朝历史的学术著作。全书共分七章，分别描写了最高统治者万历皇帝、大学士申时行、首辅张居正、模范官僚海瑞、自由派知识分子李贽、抗倭英雄戚继光等。同时，也写了他们之间存在的重重矛盾，如皇帝与群臣的矛盾、保守派与自由派的矛盾、官员与官员之间的矛盾，等等。无论是皇帝还是官僚，是将军还是知识分子，都有自己的理想，又都有各自的局限，在相互制衡冲突中彼此消耗，最终导致了整个王朝的全面平庸与衰落危机，整个社会逐渐走向衰亡的趋向似乎不可避免。

此书写作历时七年，黄仁宇先后翻阅了大量史料，在明史研究方面有非常扎实的功底，虽然是横断面，但是非常严谨。另一方面，作者又用"梦幻般"的笔触，既敏感又客观冷静地在一定程度上还原了"历史"，使读者仿佛能够触摸到历史真实的脉搏，感受到一个朝代的呼吸。

完稿于1978年的英文版《万历十五年》，在美国寻找出版社的过程并不顺利。因此，黄仁宇决定将之翻译成中文，希望能在中国寻找到出版的机会。此时的中国文化界对来自远方的、新的、有着独特见解的著作有着急切的期盼。从文化人到出版社，无不试图以各种努力推开一扇又一扇窗，重新面对整个世界。就此而言，《万历十五年》中文版书稿来到北京，恰逢其时。

对于自己著作的出版，黄仁宇在他的《黄河青山》中回忆道：

1978年10月，在哈维的催促下，我用空运寄给黄一份书稿的影印本。但是，信虽然到了，这本超过五磅重的书稿，却不曾抵达终点。1月初，黄写信给我，建议我再给他一份，但这回由哈维的女婿亲自携带进大陆。这个年轻人卡尔·华特（Carl Walter）刚获得签证，可以到北京研究中国银行，这是他在史丹福的博士论文题目。我们还没见过对方，但在岳父母的要求下，卡尔慷慨承担起信差的角色，并没有仔细检查放在他行李中这一叠厚厚书稿的内容。在北京，第二次的书稿亲自交给黄本人。两个月后，哈维来电告知，北京出版历史图书的最大出版社中华书局，原则上同意出这本书。他无法理解，为何我接电话时一点也不热衷。原来，他打电话这一天，就是 1979 年 3 月 27 日，也就是考夫曼博士办公室来电的当天，邀请我次日和校长谈大学最近删减预算对教职员的影响。由传话的措辞和秘书的口气，再加上当时纷纷谣传纽普兹将裁掉十五到二十位教师，我毫无疑问将被解聘。那时任何消息都不可能使我高兴。这时电话铃响，就是哈维带来的好消息。

这个"好消息"就是中华书局接受了书稿，同意出版。1982 年 5 月，《万历十五年》由中华书局正式出版，立刻在史学界引起了极大反响，但它的销量并不多，每年大概只有万把册。在当时一本书动辄销售几万册、十几万册的改革开放初期，这个销量实在不算多。直到 1997 年，三联书店出了新版，加上之前积累的口碑，这本书开始销量大增。20 多年来，这本书累计销售超过 50 万册，最初每年可以销售两万册左右，此后不断增长，后来每年能够达到 3 万册，这样稳中有升的销量一直持续下来，使这本书成为名副其实的常销书。

所谓常销书由畅销书转化而来，是指在选题策划阶段就注重发掘、培育图书的畅销书特质；而当畅销书目标实现后，还必须采取积极行动，展开多渠道、多方位、多层次的宣传营销，稳固原有读者群，开发新的市场空间，尽量延续其市场生命力，使畅销书成为常销书。

路遥的长篇小说《平凡的世界》，其故事围绕陕北黄土高原双水村三家人的生活展开，时间线从"文革"后期开始，一直到改革开放初期。全书通过讲述孙少平、孙少安等人的生活与思想变化，铺展开一幅当时中国社会大背景的风貌图。小说情节充满矛盾和冲突，又层层递进，不仅深刻展现了中国农村改革开放的巨大变化，同时表现了书中主人公奋发向上、不屈不挠、为理想生活勤劳拼搏的理想主义激情，具有强烈的感染力，激励一代又一代奋斗者积极拼搏向上，创造美好生活。

优质内容是图书受读者欢迎的核心，有深厚内涵的图书可以使读者获得深刻启发，产生灵魂共鸣，从而成为畅销书。《平凡的世界》出版后，中央人民广播电台对这部小说进行了连播，在社会上引起很大反响，深受鼓舞的读者们争相购买这部作品。之后，《平凡的世界》连续获奖，并斩获中国文学最高奖——茅盾文学奖。近年来，影视、话剧的改编，各种新媒体营销，又进一步扩大了小说的传播。北京出版集团官网图书销售排行榜显示，从2014年底开始，北京十月文艺出版社出版的《平凡的世界》长期位于整个出版集团销售排行榜榜首，《平凡的世界》与《平凡的世界（普及本）》多次占据销售排行第一位和第二位。

先畅销，后常销，是一本书的荣耀；做出畅销书，再把畅销书做成常销书，是出版社的荣耀。对于出版社来说，常销书是品牌的象征，也是效益的保障，因此历来受到高度重视。常销书在文化积累和发展中扮演着举足轻重、不可或缺的重要角色，是丰富广大人民群众精神生活的重要力量。

把握畅销书转化为常销书的市场规律，是图书出版策划的一个大功夫。功夫到家，就会连续不断地打造出社会效益和经济效益俱佳的常销书。

第三节　品牌效益最大化原则

品牌效益有狭义和广义之分。狭义上的品牌效益是指一个企业的品牌产品所获得的效益；广义上的品牌效益是指品牌在产品上的应用而为品牌的使用者所带来的效益。就出版产业来说，品牌效益也可以分为狭义的和广义的。狭义上的品牌效益是指品牌出版物所获得的效益；广义上的品牌效益是指出版企业因其品牌影响力而使自己的产品受到社会公众喜爱而获得的效益。出版产业的品牌效益虽然都是由出版物生成的，但是狭义上的品牌效益和广义上的品牌效益有着本质上的不同，前者指向具体的品牌实物，后者则意味着一种品牌文化。

实现品牌效益，也是智能时代图书出版策划所追求的理想状态。历史上的一些成功案例为做好智能时代的图书出版策划提供了良好借鉴。

一、以品牌产品为核心

图书出版策划必然是以品牌产品为核心。品牌产品是企业品牌最基本的表现形式，或者说，企业品牌是由一种或一系列品牌产品造就的。就出版企业来说，品牌产品就是品牌出版物。出版物具有物质和文化的双重属性，而品牌出版物一经产生，则首先标志着出版企业核心价值观的形成。因为品牌出版物是出版企业文化精神的反映，一种或一系列出版物被社会公众普遍接受为标志性的特征，说明以它的内容和形式表现出来的文化价值获得了社会公众的一致认同，因而也就必然转化为物质上的丰厚回馈。

品牌出版物至少应该具有三个基本特征：

一是个性化。个性化是品牌产品的核心，品牌出版物的个性化主要是指出版物的内容和形式的独特性，它是"这一个"出版者不同于其他出版者的文化精神的外化，是读者给予的一种排他性的文化价值认同。因此，富有个性的品牌出版物在读者心目中的地位是无可替代的，即使面对高度同质化的出版物，读者也会很容易辨识出品牌出版物鲜明的个性，从而与其产生精神上的交流与共鸣。

二是创新性。品牌出版物必然是时代的产物，但同时要有历久弥新的思想价值和文化魅力。品牌出版物代表了一个时代思想、文化的最新成果；为适应新的时代要求，它还必须不断吸纳新的思想观念、运用新的创作手法，使出版物不断焕发出新的生命力，以满足广大读者不断增强的文化需求。具有创新意义的品牌出版物，也必然会使出版企业的核心竞争力得到不断增强。

三是经典性。严格来说，品牌出版物应该是既富有时代精神又具有经典意义的作品。每一个时代都会有品牌出版物，它们是这一时代的出版者对作家所表达的自己对生活的经验、对世界的认识的认同和共鸣。面对这一时代的读者，这些品牌出版物具有独特的文化价值，而在面向未来时，它们的文化意义和精神价值还可以不断地被延伸、不断地被创造、不断地被发现。这是"经典"的意义，同时也是品牌出版物的本质所在。

英国作家罗琳创作的"哈利·波特"系列虚构了一个魔法世界，塑造了一个充满正义、善良勇敢且能力突出的哈利·波特形象，非常契合儿童的阅读趣味。小说设置了悬念情节和对决场面，对白幽默风趣，想象力令人惊艳。小说诠释的正义、友情、亲情、诚实等人类社会亘古不变的主题，以及对于死亡、生命的价值与意义的理解，使小说主题更为丰富。1997 年，该系列第一部《哈利·波特与魔法石》在英国面世，由布鲁姆斯伯里出版社出版发行。小说一经面世，便备受瞩目、好评如潮，并获得多个奖项，其中包括英国国家图书奖儿童小说奖，以及斯马蒂图书金奖章奖。随后作者罗琳又分别于1998年与1999年创作了《哈利·波特与密室》和《哈利·波特与阿兹卡班的囚徒》，进一步轰动世界。2000年7月，第四部《哈利·波特与火焰杯》问世，世界范围的"哈利·波特"热持续升温，创造了出版史上的神话。2003年6月推出了第五部《哈利·波特与凤凰社》；2005年7月推出了第六部《哈利·波特与"混血王子"》，销售势头不断攀升，形成了一次次的"哈利·波特"飓风，成为出版界的一个奇迹，而"哈利·波特现象"也成为众多业界专家学者热烈讨论的一个话题。

"哈利·波特"系列作品的影响力持续了20多年，先后被翻译成73种语言，所有版本总销量超4.5亿本（截至2015年）。由其改编而成的电影票房则达77亿美元。毫无疑问，"哈利·波特"为布鲁姆斯伯里出版社带来了巨大的成功，将其推到全球知名出版社的前列。

在成都举行的由方所主办、《每日经济新闻》作为全媒介合作伙伴的"2018成都国际书店论坛"期间，每日经济新闻记者专访了布鲁姆斯伯里出版社（中国）总裁理查德·查金。

理查德·查金说："我们通过塑造一个品牌，让品牌吸引读者。这绝不仅仅是一到两个广告，而是不断地推广。"理查德·查金举例，在反复再版"哈利·波特"的过程中，布鲁姆斯伯里还在全球进行零售，制作相关周边产品，同时进行定制化推广，如组织家庭竞赛，奖品是去环球影城体验"哈利·波特"的魔法世界。"我们更是不断地利用多媒体平台去持续地进行推广。与Facebook合作经营官方账号，与Snapchat合作创造'哈利·波特的拍照滤镜'等。"理查德·查金认为，基于全球数亿的"哈利·波特"粉丝，这些营销推广共同促进了图书的销售。

与此同时，布鲁姆斯伯里出版社十分重视对未来读者的培养。"我们和'哈利·波特'这段情缘，最重要的一点就是我们从来没有忽视读者，这些孩子在未来会为人父母，也会有自己的孩子。"理查德·查金希望，大家能从"哈利·波特"的例子里找到一些答案，知道未来读者能带来怎样的能量。[①]

---

① 参见杜蔚：《世界畅销书"哈利·波特"出版商：我们将把重点放在中国市场》，《每日经济新闻》，2018年9月19日。

"哈利·波特"系列图书是真正的品牌产品，以这一品牌产品为中心，出版社打造出了一个出版的"魔法世界"，为人们带来了意想不到的惊喜。

二、与品牌战略相结合

品牌是企业综合竞争力的体现，是企业人格化的象征。发展出版产业，做好出版策划，要大力实施品牌战略，并且要将其放在头等重要的位置上。

从世界范围来看，一些出版强国都极为重视品牌建设，如日本政府就发表了《推进日本品牌战略》的研究报告，把动漫出版、游戏软件出版等当成国家文化建设工程，呼吁出版企业在这些领域增强品牌意识，通过塑造具有国际影响力的日本品牌来壮大日本的文化软实力。美国、英国等也都有这方面的国家战略。经过这些年来的改革发展实践，我国的一些出版企业也拥有了一批具有民族特色、拥有自主知识产权和原创性的出版品牌。

图书出版策划是与出版企业的品牌战略紧密结合在一起的。出版企业只有大力实施品牌战略，才能源源不断地推出品牌出版物，创新品牌文化。20世纪二三十年代是我国现代出版史上的黄金时代，那个时代诞生的出版物，历经岁月的淘洗，有些已是文化品牌、文化经典，成为中华文化的精粹。当我们捧读这些品牌出版物的时候，回想它们的出版历程，不由得就会对编辑名家产生无比的崇敬之情。当时的出版经营者，为了实现自己的文化理想，为了在市场竞争中占得先机，以战略思维进行出版策划，出版了一大批优秀文化成果，形成了影响深远的出版品牌，至今为人们所津津乐道。

现代书局的张静庐"为了复兴书局的地位和营业"，决定创办一种新的杂志，"他理想中有三个原则：（一）不再出左翼刊物，（二）不再出国民党御用刊物，（三）争取时间，在上海一切文艺刊物都因战事而停刊的真空期间，出版第一个刊物"[1]。有了这样的战略定位，他决定雇请施蛰存担任主编。在这种雇佣关系下，施蛰存服从现代书局的战略定位，采取中间立场，疏离文学的政治功利化，不仅实现了他"个人的理想"，而且把《现代》办成了"中国现代作家的大集合"，在培育壮大了中国现代派文学的同时，也使《现代》杂志成为现代书局的品牌。

---

① 施蛰存：《我和现代书局》，《沙上的脚迹》，辽宁教育出版社1995年版，第61页。

商务印书馆的《小说月报》1910年7月创刊于上海，主要刊登鸳鸯蝴蝶派文人的作品。随着五四新文化运动的兴起，《小说月报》的办刊宗旨和文学趣味受到社会上进步人士的强烈批评。从1920年1月第11卷起，由文学研究会成员沈雁冰主持新增设的"小说新潮"栏目的编辑工作，开始登载白话小说、新诗等，杂志面貌发生了一些变化，但仍然不能满足社会公众的期待。同年11月，商务印书馆决定由沈雁冰接任主编，对杂志进行彻底的、全面的改革。沈雁冰约请文学研究会同人作为主要撰稿人，使《小说月报》成为倡导"为人生"的现实主义文学的重要阵地，为中国新文学的发展作出了巨大贡献。

良友图书印刷公司自成立以来，主营的一直是《良友》画报。赵家璧大学毕业入职良友公司以后，受到经理伍联德的信任和支持，在《良友》画报之外另辟文学出版领域。短短几年时间，由他编定的"一角丛书""良友文学丛书""良友文库"等陆续出版，为良友公司赢得了新文学出版重镇的声誉。这时，赵家璧还是一个20来岁的青年。1934年，赵家璧向伍联德建议出版"中国新文学大系"，以此总结五四以来十年间的新文学成就。伍联德采纳了这一建议，并放手让赵家璧担当主编重任。年轻的赵家璧不负重托，分别约请胡适、鲁迅、茅盾、郑振铎、郁达夫、周作人、洪深、朱自清、郑伯奇、阿英等担任分卷主编，约请蔡元培作全书总序，历时三年，"中国新文学大系"出版问世，被誉为新文学出版的里程碑。

20世纪30年代虽然早已离我们远去，但那些著名出版家的雄才大略永远为人们所敬仰。智能时代的图书出版策划一定能从中受到诸多启迪，获得更大教益。

三、以品牌文化为支撑

所谓品牌文化，是指企业经营者通过实施品牌战略，以独特的品牌形象呈现出来的、能与消费者产生精神共鸣的一种价值观、世界观。它是企业在生产经营过程中由鲜明的品牌定位、个性化的产品相互渗透、融合而逐渐形成的一种文化积淀，能为企业创造出良好的社会效益和经济效益。

品牌文化是图书出版策划所依据的基本出发点和核心竞争力。出版策划的过程是出版企业品牌文化的孕育、形成的过程，出版企业的品牌文化又为图书出版策划提供了文化品位和战略思路。

一个出版企业的出版物，尤其是其中富有个性化、创新性、经典性的品牌出版物，既是一个个独立的物质存在，又是一个个独立的精神存在。它们各自呈现出来的看似相对独立的个性品质，其实相互之间又存在着一定的联系和融合，它们是代表着出版者文化价值选择的精神产品。由此说来，一个出版企业的出版物，既是作者世界观、人生观、价值观的物质外化，也是出版者世界观、人生观、价值观的物质外化。不同的出版物各有其文化的、经济的价值和意义，同时这些产品的集合又表现出大致同一的文化的、经济的价值和意义。这就是所谓的"各美其美"，又"美美与共"。出版品牌文化的孕育、形成，就是基于品牌出版物文化品格的丰富多彩，在相互渗透、相互融合中，逐渐凝聚提升为一种别具一格的文化品质这一过程中实现的。

出版品牌文化不同于一般的品牌文化，也不同于出版的企业文化，总体来说，它突出的特点表现为先进性、传承性和互动性。这些特点作用于图书出版策划，大致有以下三个方面的功用：

一是以品牌文化的先进性，引领图书出版策划的方向。品牌文化的形成是一个出版企业文化创造活力的体现，其丰富内涵昭示着这个出版企业代表了一个时代的先进文化。人们之所以认同、忠诚于一个特定的出版品牌，就是因为出于对其文化先进性的高度认可。品牌文化的先进性是出版策划文化自觉与文化自信的重要标志，它有助于增强策划者的荣誉感、责任感、使命感。

二是以品牌文化的传承性，规定图书出版策划的导向。品牌文化是出版企业文化精华积淀下来而形成的相对稳定的特色呈现。它一经形成，就成为出版企业文化精神的表征，而且为人们普遍接受和认同。它不仅是出版者自我的一种文化理想，更是社会公众对于这种文化理想的美誉。品牌文化的传承性自然规约着出版策划的目标，那就是必须创造更多符合出版企业品牌文化特征的图书精品，最大限度地满足社会公众的期待，而在品牌文化的传承中，策划者也会获得文化创造的成就感、自豪感。

三是以品牌文化的互动性，创新图书出版策划方式。品牌文化的塑造主体，既是出版者自身，也是广大的读者群体，还包括大量的品牌作者。读者群体、作者群体都是出版企业发展的重要资源。图书出版策划方式创新一个很重要的方面，就是如何才能有效地集聚、利用读者资源和作者资源。通过各种品牌营销策略、推广活动、广告宣传等，使读者群体认同品牌文化所体现的精神，然后使之形成忠诚于品牌文化的消费理念，这是创新图书出版策划方式的一个方面。另一方面，还要通过品牌文化的号召力，与品牌作者达成文化理想的互动，同时借助情感交流、无私礼遇以及文化创造的殷切期待，使他们在出版的大舞台上尽显才华。20世纪初叶的商务印书馆集聚了蔡元培、严复、康有为、陈独秀、梁启超、胡适、朱自清、郭沫若、徐悲鸿、钱穆、茅盾、冰心等一大批文化大家，他们的文化创造使商务印书馆在当时一枝独秀，声名显赫。胡适曾经感慨地说："得着一个商务，比得着一个什么学校更重要。"[1] 这一评价其实也是对商务印书馆品牌文化的高度赞誉。

品牌文化塑造一直是图书出版策划孜孜以求的理想境界，在过去是这样，在智能时代的当下也是这样。

---

① 《胡适日记全集》，第3册，香港联经文化出版公司2004年版，第4页。

第五章　图书选题策划

图书选题策划是图书出版策划的第一个环节，也是关系到图书出版方向、出版企业持续发展的决定性环节。编辑人员利用智能技术采集、分析各种信息，依托巨量数据源与智能模型训练，可以更精准地把握读者的阅读需求，了解图书市场的动向，不断策划出满足读者需要、引领阅读方向的选题。高质量的选题策划，对于出版企业在图书市场中保持强劲的竞争力，提高文化影响力，进而为国家文化建设作出贡献，具有重要的意义。

第一节　图书选题策划概说

一、选题和选题策划

（一）选题

选题，一般认为是一种创意、一个点子、一种知识与信息的综合，是一种判断、一种决策、一种针对诸多问题提出的解决办法，也可以是一种可行的设计方案。总之，选题是从创意到设计再到实施的系列构想。[①]

在出版领域，选题是编辑在对相关信息作综合研究的基础上，为适应读者需求而提出的图书生产创意；在经过多方面论证后，会成为出版计划中的

---

① 赵航：《选题论》，辽宁教育出版社，1998年版，第1页。

一个生产项目。选题一般以未来出版物的题目作为名称，因而在出版工作中，有时还用以指代出版物本身。编辑为满足读者需求而建议出版某种出版物时，首先要提出选题。

（二）选题策划

选题策划是编辑人员根据国家的出版政策及市场需求设计、开发选题的创造性思维活动。在出版活动中的作用是把握出版工作方向、落实出版工作方针、保障出版生产秩序、保证出版物质量、塑造出版机构品牌形象、满足读者需求等。

选题策划一般要明确以下要素：

1. 选题名称

选题名称既是一本书的名称，也是一套书的名称。如是一套书的名称，要在总选题名称下再列出具体的单个选题名称。

2. 内容简介

对书稿中的知识门类、范围、层次等，作出简要介绍。如果是文学类选题，则要说明作品的题材、主题、人物、基本情节等。

3. 作者情况

简要介绍已确定的作者，或拟选作者，包括作者的观点、学术水平、研究成果、已出作品的影响和写作能力等基本情况。

4. 目标读者

明确读者对象，更有针对性地满足这一群体读者的需求，以便赢得市场。

5. 主要特点

本选题有哪些特色，即与同类书相比有何不同之处。这是必须高度重视的问题。没有特色的选题不值得出版。

6. 写作要求

这主要是对作者的要求，既要保证书稿内容质量，又要达到思想性与表现形式相统一。

7. 装帧要求

这主要是对图书的封面设计、版式设计等提出的要求。

8. 出版时间

根据市场需求情况、重要事件纪念日等，确定出书时间。

9. 效益预测

策划选题时，对选题的社会效益和经济效益必须进行精心的预测和周密的评估。

10. 宣传营销方案

针对图书选题特点，要列出计划开展的一系列宣传营销活动，目的是促进图书的销售。

二、选题策划的意义

出版担负着文化创造与文化积累的历史使命，与之相适应，选题策划的意义在于创新和传承。

（一）文化创新

选题策划要关注那些适应时代需求、具有重要思想价值的文化创造，通过选题策划，将能够代表当代思想、文化、艺术的最新成果传播出去，传扬开来。

1. 艺术创作

艺术创作是指艺术家的文化创造活动。艺术家在一定的世界观指导下，通过不同的艺术呈现方式，表现生活，塑造艺术形象，完成艺术作品。

艺术创作分为文学、戏剧、绘画、音乐等多个门类。就文学创作而言，这是一种特殊的审美创造，即作家为现实生活所感动，根据对生活的审美体验，通过艺术思维，以语言为材料创造出艺术形象，形成可供读者欣赏的文学作品的精神活动。

"凡一代有一代之文学。"[1] 当前，中华民族伟大复兴的新时代迎来了中国文学发展的新阶段，翻开了中国文学史上新的壮丽篇章。新时代中国人民的伟大实践和伟大创造为文学创作提供了取之不尽、用之不竭的创作素材，鼓励和引导作家深入生活、扎根人民，讴歌奋斗人生，刻画最美人物，不断为人民奉献新时代文化精品，与新时代文学同声相应、同气相求，深度互动，携手并进，推动新时代文化精品不断涌现，这也成为选题策划的历史使命和责任承当。

---

[1]　王国维：《宋元戏曲史》，商务印书馆，1915年版，第1页。

2023 年 8 月 11 日，第十一届茅盾文学奖获奖名单公布，北京出版社出版的乔叶的《宝水》获奖。

《宝水》是一部现实题材的优秀之作，将乡土中国现代化的文学书写提高到一个新的境界。全书犹如一幅艺术长卷，生动呈现中国乡村发生的巨变。

宝水是一个小小村落，代表了当下中国的典型乡村样态，从这里可以看到新时代乡村建设的生动图景。地青萍是一位中年妇女，因患严重的失眠症，提前内退。朋友开了一家民宿，她便从象城来到宝水村帮忙。她参与村庄的具体事务，见证着新时代背景下乡村丰富而深刻的嬗变。在这个过程中，她精神上的痼疾被逐渐治愈，最后把宝水村当成了她的归宿。小说并没有设置一波三折、跌宕起伏的故事情节，而是深入农村的内在肌理，在四季流转、岁时节令的变化中，动情诉说乡村的日常生活，细腻真实地再现时代风貌。小到相邻之间的寒暄问候、农村社会里的礼数习俗，大到"美丽乡村"轰轰烈烈的建设改革，小说呈现了一个真实可感、生机勃勃的农村世界。在这里，乡民们巧妙化解旅游区停车难问题，从容应对无理取闹的游客，积极开发特色农产品，努力借助新媒体宣传新农村。小说中的乡村景观描写不同于以往的作品，既不是作为凋敝落后的存在来呈现作者的批判启蒙姿态，也没有被视为诗意田园来表现作者的挽歌情调。小说将故事的发生放置在农业乡村现代化发展的时代背景下，显示出一种强烈的现代气息和历史参与感，具有与乡村命运共呼吸、返璞归真的独特价值和意义。

新时代的伟大实践创造了无数波澜壮阔的伟大奇迹，孕育了无数可歌可泣的生动故事，广大读者迫切希望能够读到更多深刻反映新时代历史巨变、描绘新时代精神图谱的优秀文学作品。选题策划强调要聚焦于新时代现实题材文学创作，就是为了进一步强化文学出版记录新时代、书写新时代、讴歌新时代的使命担当。对于像《宝水》这样的紧扣时代脉搏、揭示时代精神价值的优秀作品，要重点关注，积极跟进，将选题策划与文学创作结合起来，以促进文化精品的生产和供给。

2. 学术成果

学术成果主要是指学者的原创性学术创造。学者针对某一重大理论或实践问题，通过深入研究、分析，提出自己的看法，对所讨论的问题找出解决方案，并在理论上、逻辑上与既有的研究成果形成内在的和批判性的关联。

一般而言，原创性学术成果不仅有助于理论问题或实践问题的解决，而且可以有效推进一个学术领域或学科实质性的发展，从而为社会进步作出贡献，有的甚至能够开启一个新的学科方向或领域。原创性成果一般要得到社会尤其是业内人士的承认及肯定，并获得历史的肯定性评价。

中华传统文化是中华民族五千多年文明史的基石，具有鲜明民族性和传承性。由于历史悠久、源远流长、包罗万象，中华传统文化既有精华，也有糟粕，需要后人以科学的态度对待，即所谓"去其糟粕，取其精华"。在当代，对中华传统文化中的精华部分，也就是优秀传统文化予以继承和发展，推动中华优秀文化创造性转化、创新性发展，成为推动新时代中国特色社会主义建设、实现中华民族伟大复兴的重要任务。

中华文化的优秀成分，如革故鼎新、与时俱进的思想，道法自然、天人合一的思想，天下兴亡、匹夫有责的思想，家国情怀、保家卫国的思想，见贤思齐、崇德向善的思想……这些思想在今天需要创新发展，古为今用。其实，这也就是对于中华优秀文化的继承与弘扬问题。创造性转化、创新性发展就是为了解决这一问题。

2015年3月，由生活·读书·新知三联书店出版的《中华文明的核心价值：国学流变与传统价值观》就是其中的代表性图书。这是一部优秀的原创学术著作。该书分为两个部分：一部分是讨论中国传统价值观的哲学基础、传承与发展；另一个部分是讨论国学的概念、流变，对于近代国学研究情况，包括国学名家、国学流派等都有涉及。该书高度概括了中华文明的核心价值，即责任先于自由，义务先于权利，社群高于个人，和谐高于冲突。该书揭示出中华文明具有的延续性、包容性、独特性、传承性特点。此外，作者针对国学的几个根本问题进行了历史性的考察与梳理，起到了解疑释惑的重要作用。

这本书入选多种推荐书目，广受好评。作者陈来也多次利用国际书展的机会，到国外介绍这部著作。截至2019年，该书共输出20个语种的版权，成为学术著作走向海外的典范之作。

（二）文化传承

文化是一个民族的根。一个民族、一个国家的延续和发展离不开文化的传承，否则，这个民族、这个国家就成为无本之木、无源之水，就会丧失根本、迷失自我。中华五千多年文明史，孕育了博大精深的优秀传统文化，传统文化是民族智慧的源泉、文化传承的载体，是铸造真正的中华民族精神的基础。对中华优秀传统文化进行多层次开发，不仅关系到出版社自身的发展，也关系到文化传承，关系到文化事业的繁荣。

在我国历史上，一些大型的编纂类图书为中华文化传承作出了巨大贡献，譬如南北朝时期有《文选》《玉台新咏》，宋代有三大类书《太平御览》《太平广记》《册府元龟》，明代有大型类书《永乐大典》，清代有《古今图书集成》《四库全书》。这些大型图书成为中国传统文化的宝库、古代典籍的渊薮，构成了中国数千年历史发展进程中独特的人文景观，都是值得我们珍视并且为之自豪的中华民族的珍贵遗产，也是今天智能时代图书选题策划需要学习的典范。

这里以《文选》为例，来说明编纂类图书的选题策划对于中华文化传承具有怎样的意义。

《文选》选录了先秦至南朝梁代八九百年间、100 多个作者、700 余篇各种体裁的文学作品。因是梁代昭明太子萧统（501—531）主持编选的，故又称《昭明文选》。

为什么要选编这样一部书？萧统在《文选》序中说，在政务之余，平日有许多空闲时光，他便广泛阅读各类文章。在阅读时，他一直在思考一件事。自从周、汉以来，年代久远，逾越千年，这期间词人才子，誉满文坛。他们才思敏捷，铺纸挥毫，创作的诗文，汗牛充栋，数不胜数。这么多的作品，如何才能读得完呢？于是，他决定，删除其糟粕，采集其精华，编选一部诗文总集，也就是《文选》。

为了便于阅读当然是编选《文选》的一个原因，然而，还有更重要的原因，那就是"观乎人文，以化成天下"。萧统在《文选》序开篇引述这句话，很明显就是在表明自己的政治意图，并认为编选一部堪称人文经典的诗文总集对当朝的"化成天下"具有深远的意义。

萧统的选章定篇有严格的标准。他认为，事物是发展的，与世间万物一样，文学由朴实而趋华美是历史的必然。这是萧统对文学发展规律的基本认识。那么，什么是文学呢？萧统认为，只有全面体现了儒学传统价值观、在艺术上有新发展、思想内容和艺术形式能够达至完美统一的诗文，才是真正的文学。所以，他认为周公撰写的那些典籍、孔子编订的那些图书，能跟太阳、月亮一起高悬空中，能与鬼神较量深奥玄妙，它们是道德方面的准则法式，是人伦方面的导师良友，但不是文学。《老子》《庄子》《管子》《孟子》等先秦诸子的著作以表达思想见解为宗旨，也不是文学。

萧统指出，圣贤的美好词句、忠臣的耿直言论、谋士的话语、雄辩家的言辞，像冰雪消融、泉水奔涌一样滔滔不绝，又像黄金为质、玉声铿锵一般文质兼美。古代辩士辩于狙丘，议于稷下，高谈阔论，折服众人，鲁仲连的辩才迫使秦军退兵五十里，郦食其的劝说降服了齐国七十余城，张良一连提出八大难题，陈平献出六条奇计，他们的事迹美显于当时，言辞流传千载，大多都已见于典籍，或出自诸子及历史著作。这一类的事迹，虽记载在图书中，但是与文学作品毕竟有所不同。

还有，那些记事和编年的史书是用来褒贬是非、记清历史事件发生时间的，与文学作品也有所不同。

萧统认为，史书中的一些"赞论"综合联缀华丽的辞藻，"述赞"组织安排漂亮的文辞，因为事迹、道理出自深刻的构思，表现为优美的文采，所以算得上文学作品。

萧统将文学从经、史、子中独立出来，这是他一贯秉承的文学主张所要求的。他的文学主张决定了《文选》的选录标准，由此遴选出来的文学经典真正展示了文学的自觉与独立的风采。

《文选》收录作品700多篇，时间跨越周至六朝，各种文体的重要代表作品基本齐备。它的编排体例为：先按照辞赋、诗、杂文三大门类，划分为赋、诗、骚、七、诏、册、令、教、文、表、上书、启、弹事、笺、奏记、书、檄、对问、设论、辞、序、颂、赞、符命、史论、史述赞、论、连珠、箴、铭、诔、哀、碑文、墓志、行状、中文、祭文等38类；每类之下又有子类，如诗分为补亡、述德、劝励、献诗、公宴、祖饯、咏史、百一、游仙、招隐、反招隐、游览、咏怀、哀伤、赠答、行旅、军戎、郊庙、乐府、挽歌、杂歌、杂诗、杂拟23个子类。

在全部作品中，诗歌类有434篇，辞赋类有99篇，杂文类有219篇。"作者之致，盖云备矣！"上起周代，下迄梁朝，七八百年间各种重要文体和它们的演变大致完备于《文选》。一部《文选》，就是一部用文学经典联缀而成的文学发展史。

《文选》作为我国现存最早的一部诗文总集，自隋唐以来的一千多年间一直备受重视，以至对《文选》的注释和研究发展成"文选学"。唐宋时，《文选》就是文人学习写作的范本：李白曾三次拟作《文选》的诗文，诗圣杜甫告诫儿子要"熟精《文选》理"，宋代陆游在《老学庵笔记》有"文选烂，秀才半"之语。

三、选题策划的目标追求

选题策划的水平直接关系到图书的社会效益和经济效益。当断定某一选题具有"双效"潜质时，就要通过各种手段使作者能够在预定的时间内，创作出达到预期质量的作品，这样就能够为作品的顺利出版并成为市场热点图书创造前提条件。可以说，没有高水平的选题策划，就不可能有"双效"俱佳的图书。选题策划的目标就是实现图书的"双效"统一，同时，在这一过程中实现文化理想、推动社会进步。

（一）打造文化精品，引领阅读风尚

什么是文化精品？文化精品就是那些"思想精深、艺术精湛、制作精良"的文化创造。

文化精品，既是时代的产物，富有时代精神，又具有文化史意义。每一个时代都会出现文化精品。这些文化精品在这一时代具有独特的美学意义，而在面向未来时，它们的意义还可以不断地被延伸、不断地被创造、不断地被发现。时代性与史学性的统一正是文化精品的要义之所在。

文化精品存在的意义就是引领社会阅读风尚。改革开放伊始，以《班主任》为代表的一批伤痕文学作品横空出世，引领了一代阅读风尚。

伤痕文学是新时期出现的第一个全新的文学思潮。伤痕文学的作者们以清醒、真诚的态度思考生活的真实，直面惨痛的历史，他们的作品呈现了一幅幅十年浩劫时期的令人不堪回首的生活图景。彻底否定"文化大革命"，正是伤痕文学的精神实质。伤痕文学之所以受到人们追捧，正是因为人们从作品中得到了情感的共鸣，这是觉醒了的一代人对刚刚逝去的噩梦般的苦难岁月的强烈控诉。

《班主任》是中国青年出版社策划出版的一部小说集，以其中一篇短篇

小说《班主任》为书名。《班主任》以北京某中学班主任张俊石接收一个小流氓插班生宋宝琦为线索展开情节，以"批判与启蒙"及对真实性的追求率先在文学作品中揭露了"四人帮"文化专制主义对青少年造成严重后果、给青少年留下心灵创伤的社会问题。小说首先发表在1977年第11期《人民文学》的"短篇小说特辑"头条位置上，引起极大轰动。1979年6月，中国青年出版社将《班主任》和刘心武的另一篇短篇小说《我爱每一片绿叶》、中篇小说《立体交叉桥》合在一起，以《班主任》作为书名结集出版，成为当年的一部超级畅销书。

（二）满足市场需求，创造经济效益

一般来说，成功的市场图书类型有三种，即时效书、畅销书和常销书。畅销书兼具时效书和常销书两者的市场特征，它在市场上的表现是以时效书的特征开始，又以常销书的特征结束。它把时效书、常销书市场表现的优良品质集于一体，可以说是出版经营中成功程度最高的类型。为了打造家喻户晓的畅销书，选题策划需要在了解市场走向、满足市场需求方面下足功夫，做足文章。

2014年始，电视节目主持人大冰以自己所遇到和交往过的各色人物为主题写成文章，并将这些文章整理成册陆续出版。至2021年，大冰陆续出版了《乖，摸摸头》《阿弥陀佛么么哒》《好吗好的》《我不》《你坏》《小孩》《啊2.0》等七部作品，总名为"大冰'江湖故事'系列作品"。作品以非虚构写作的方式描绘出了一个多元、温暖、感人的"江湖世界"。这套书在行文构思、内容创作等方面形成了大冰自身的独特风格，描绘了一种鲜活可感的文艺生活方式，影响了许多当代社会青少年。

大冰所著的图书都有明确的受众定位。"大冰'江湖故事'"系列作品的读者大多数是尚未经事的青少年学生，另外也有大量在劳动岗位上兢兢业业的普通人。

在国内，大多数青少年从小就经历规律的学校教育，大部分的时间都在固定的校园里与书本知识打交道，而真正接触、感受和体悟真实社会的机会较少。因此，青少年学生有一种天然的对于自由生活的向往，而大冰作品所展现的其丰富的人生经历，以及在"江湖""流浪"过程中所记录下来的打动人心的故事，正契合了青少年学生的需求。

而对于社会中大多数勤勤恳恳工作的普通人来说，大冰的作品同样描绘出了一个自己从未真正经历过的世界，一个与自己的日常生活实践大相径庭的"江湖"世界。大冰的作品为他们提供了一个观察另一种截然不同的生活方式的可能性，一个看起来能够找到自己真正主体性和生命价值的生命实践。利用叙事输出情感，寻求共鸣，展现多样生活，传达价值，不断调动读者的阅读情绪，正是大冰作品的显著特点。

因此，大冰的作品在实践上是超脱主流的，但在价值上并不偏离主流，这充分满足了社会大众对于自身情感价值的想象，并把这种想象投射于对大冰作品的想象之中。大冰作品的走红，与其说是一个情感励志作品的走红，不如说是一种生活方式的走红。情感价值的表达一直是贯穿其全部作品的主要线索。由人物故事出发，展现人性的价值，进而达到传达价值的目的，吸引年轻人寻找探索这种价值的渴望，这是大冰作品背后打动人心的核心逻辑。

公开资料显示，大冰出版的系列图书，每本销量均在 200 万册以上。2017 年，《我不》出版，不到 1 个月就销售 150 万册。2019 年，《小孩》上市，5 分钟销售 6.3 万册，30 分钟销售 12.4 万册。2020 年 8 月，《啊 2.0》出版，上市 3 个月，在当当网的销量就超过 100 万册。多年来，大冰的作品始终都能保持着高销量与高受众黏性的统一。

作品销量的蹿升也给大冰本人带来了前所未有的曝光度与知名度。2016 年，大冰荣获第十届作家榜"年度畅销作家"。2019 年 4 月，"书香中国二十年——中国图书零售市场发展历程分析 2019"报告发布，大冰及其作品分别位列最受欢迎的作家及图书前十名。

大冰系列作品在中国图书销售市场上一直有着极高的销量。与此同时，大冰图书的热销也引发了大量的争议，许多人对这种充满新鲜感的轻阅读作品提出了自己的疑问。大冰系列图书在近 10 年间长期位列各类图书销售渠道销量榜单，对其进行营销领域的案例分析，探析其火爆的市场表现背后的作品营销策略，对于探索畅销书出版的客观规律具有较高的实践意义和价值。

正如大冰的那句"去天南海北，遇见形形色色的人"，文字背后倡导的是一种超越世俗但又不自我封闭的生活状态，其中既有个人的奋斗，又有价值的追寻，归根结底是在与他人的互动过程中寻找自我的主体性之所在。并不是所有人都能像大冰一样走遍大半个中国，能够用心去体悟遇到的人和事，能够有推翻一切重新开始全新生活的勇气和胆量，但大冰给这些没有实际能力但心存流浪幻想的普通人提供了一个能够感知到的异类世界。情感可以温暖人心，价值能够跨越山海，从这种意义上来讲，"大冰'江湖故事'"系列作品的情感与价值表达保证了其能够成为一部合格的励志情感类图书。[①]

（三）实现文化理想，推动社会发展

出版是一项有理想的事业。无论是公益性的出版，还是经营性的出版都充满着一种文化理想。所谓出版的文化理想，是指在选题策划之中蕴含的文化目标，选题策划的过程其实也是文化追求的过程。每一个充满文化理想的选题都是文化发展、社会发展所需要的。

1935年，文化生活出版社成立，巴金出任总编辑，他把编辑活动当成"把理想变成现实"的一条途径，把自己定位为"理想事业的实践者"。正像巴金所说："我们谈理想，是要努力把理想变成现实；我们要为理想脚踏实地地做些事情。"[②] 晚年巴金曾对自己在文化生活出版社的工作有过回顾："我在文化生活出版社工作了十四年，写稿、看稿、编辑、校对，甚至补书，不是为了报酬，是因为人活着需要多做工作，需要发散、消耗自己的精力。我一生始终保持着这样一个信念：生命的意义在于付出、在于给与，而不是在于接受，也不是在于争取。所以做补书的工作我也感到乐趣，能够拿几本新出的书送给朋友，献给读者，我以为是莫大的快乐。""我们工作，只是为了替我们国家、我们民族作一点文化积累的事情。这不是自我吹嘘，十几年中间经过我的手送到印刷局去的几百种书稿中，至少有一部分真实地反映了当时我国人民的生活。它们作为一个时代的记录，作为一个民族发展文化、追求理想的奋斗的文献，是要存在下去的，是谁也抹煞不了的。这说明即使像我这样不够格的编辑，只要去掉私心，也可以做出好事。那么即使终生默默无闻，坚守着编辑的岗位认真地工作，有一天也会看到个人生命的开花结果。"[③] 从巴金的回忆中，很容易使人感受到他对于编辑事业的热爱，以及从

---

① 参见秦艳华编著：《数字出版畅销书商法》，研究出版社2022年版，第163–173页。

② 田一文：《我忆巴金》，四川文艺出版社1989年版，第5页。

③ 巴金：《上海文艺出版社三十年》，《巴金全集》（第16卷），人民文学出版社1991年版，第412–415页。

中所感受到的快乐与充实。他的无私奉献来自实现"理想"的追求，他是把编辑职业视为"替我们国家、我们民族""做好事"的机遇，这是一般的编辑所难以达到的境界，由此也可以体现出巴金作为文学编辑所具有的力量和意义。

有计划地策划出版大型丛书，正是巴金实现"理想出版"的一种重要途径。从 1935 年 5 月开始至 1937 年七七事变，短短两年多时间里，文化生活出版社就出版了 9 套丛书，即"文学丛刊""译文丛书""文化生活丛刊""新时代小说丛刊""现代日本文学丛刊""新艺术丛刊""少年读物丛书""战时经济丛书""综合史地丛书"等。

20 世纪 30 年代，新文学文坛上流派纷呈，社团众多，阵营分明。但巴金不画地为牢，以海纳百川的包容性，使文化生活出版社的文学出版形成多样化融合的态势，最大限度地展示了不同流派与风格作家作品的风貌，成为新文学图景的"重构者"。以"文学丛刊"为例：其作者阵容庞大，涵盖面广，极具包容性，吸纳了当时聚集于京沪两地的文学主力军，既有左翼作家，也有巴金在北京办《文学季刊》、《水星》杂志时结识的京派作家，还有在上海团结的一些作家朋友，如丽尼、朱洗、吴朗西、陆蠡等。"文学丛刊"为这些不同流派、不同创作风格的作家提供了宝贵的发表作品的园地，不仅使"文学丛刊"更加丰富多彩，而且为当时的文学创作营造出一个活跃、宽松的空间，客观上促进了 30 年代文学的发展。"文学丛刊"自 1935 年 11 月至 1949 年 6 月，历时 14 年，共出版 10 集 160 册，是文化生活出版社出版的最重要的、最具代表性的一种文学丛书，也是中国现代文学史上规模最大的一套文学丛书。其中包括 20 世纪三四十年代 86 位作家创作的小说、诗歌、散文、戏剧、杂文、书信以及电影（文学脚本）等，许多作品多次重版：《雷雨》1936 年 1 月初版，至 1943 年 6 月已再版 19 次；《故事新编》1936 年 1 月初版，到 1947 年 5 月已再版 15 次；《秋花》《江上》《画梦录》《鹰之歌》等都是出版 1 个月后即再版。"文学丛刊"以其内容之丰、销量之大、影响之广，堪称中国现代出版史上文化性与商业性结合得最好的出版工程之一。陈荒煤曾高度评价"文学丛刊"："从 30 年代到 40 年代由巴金主编的《文学丛刊》大约出了百部各种文体作品……团结作家的面很广，也有不少共产党员和左翼作家的作品。这套丛刊实际展示 30 年代开始了一个创作繁荣的新时代，这是现代文学史异常光辉的一页，是任何人也无法抹杀的。"①

"理想出版"体现了巴金的文化追求和文化抱负，使自身特殊的自主性得以表达，积累了品牌效益，出版社的文化形象和品格得到不断提升，反过来又最大限度地获取到经济上的效益。巴金的"理想出版"启示我们：出版社只有首先坚持崇高的"理想"，才能为国家的文化建设、为社会的发展进步作出贡献。

"理想出版"也应是当今智能时代的图书选题策划所追求的一种境界和目标。

第二节　从信息到选题

信息即选题。编辑人员应具有高度的职业敏感，通过各种途径获取了信息，首先要想到的就是信息能否变为选题。编辑需要对信息作分类整理分析研究，对消费者需求、市场前景、出版单位自身条件等诸方面因素进行周密思考，这样一来，一个个具体的选题就会在头脑中渐渐成形。对于成形的选题，还需要从主客观条件出发，反复思考选题的总体设计方案，并在深入论证的基础上不断优化。

一、国家规划指南

在我国，与出版有关的国家规划主要有国家出版基金资助项目、国家社会科学基金项目、国家自然科学基金项目、国家古籍整理出版资助项目、中宣部主题出版重点选题等，各地区也有类似的规划项目。这些规划项目的申报指南是图书选题策划信息的重要来源。以下仅举国家出版基金资助项目、中宣部主题出版重点选题加以简要说明。

（一）国家出版基金资助项目

国家出版基金的前身"重大出版工程专项资金"，是以国家名义设立的专项基金，旨在资助优秀公益性出版项目的出版。国家出版基金主要用于对不能通过市场资源完全解决出版资金的优秀公益性出版物的补助，限于出版

---

① 陈荒煤：《我所认识的巴金老人》，《冬去春来》，江苏文艺出版社 1994 年版，第 147 页。

物的编辑、稿酬、版权费、校对、排印装、复制、原辅材料及资料购置等直接成本费用支出。

2007年国家出版基金设立。自设立以来，有7 000余个优秀出版项目被列入资助范围。据不完全统计，在这7 000余个项目中，有600多项成果获得全国精神文明建设"五个一工程"奖、中国出版政府奖、中华优秀出版物奖等。如今，国家出版基金已成为与国家社会科学基金、国家自然科学基金鼎立的三大国家级基金之一。

国家出版基金管理办公室每年都会发布当年度国家出版基金项目申报指南，明确列出资助重点，资助重点一般包括六个方面：习近平新时代中国特色社会主义思想的研究阐释；主题宣传教育；经济社会发展；哲学社会科学；自然科学与工程技术；文化建设和中华文化传承发展。

列为国家出版基金资助项目都会得到一定金额的资助，有的高达数百万元。对于一些资金投入较大、市场效益不甚明显但社会效益突出的选题，就可以通过申报国家出版基金资助项目，使其顺利出版。这就需要编辑在进行选题策划时，高度关注国家社会科学、自然科学研究的最新成果。申报通知要求，图书项目应提供不少于60%的书稿。辞书类项目应提供不少于40%的书稿。丛书类项目提供书稿总量不少于60%，其中各单册图书均应提供部分书稿。编辑人员要掌握研究的最新进展，适时申报这一资助项目。

从2023年公布的评审结果来看，一批深入研究阐释习近平新时代中国特色社会主义思想的精品读物，一批深入宣传阐释党的二十大作出的重大判断、重大战略、重大部署的优秀项目，一批传承弘扬中华优秀传统文化，推动创造性转化、创新性发展的优秀项目，一批围绕新时代党和国家事业发展重大理论和实践问题，推进知识创新、理论创新、方法创新的哲学社会科学学术精品，一批反映科学研究前沿、代表国家科技实力、弘扬科学精神的学术著作和普及读物成功入选。此次评审充分体现了国家出版基金服务党和国家工作大局、引领出版高质量发展的导向示范作用。[①]

中国林业出版社策划的《中国沙漠志》就是2023年国家出版基金资助项目。这部书由国家林业和草原局组织、中国林业科学研究院牵头编纂。这是

----

① 韩塞：《国家出版基金圆满完成2023年度项目评审》，《光明日报》，2023年3月4日第11版。

我国继《中国植物志》《中国树木志》之后的又一大型工具书。

　　沙漠、沙地、戈壁与森林、草原、湿地等一样，是我国陆地生态系统的重要组成部分。我国沙漠、沙地、戈壁和海岸沙地面积超过 170 万平方公里，占陆地国土面积的近 1/6，其影响范围则超过 1/2 的国土面积。我国荒漠研究成果和荒漠化防治成就举世瞩目，所积累的海量基础资料可满足出志的基本要求。《中国沙漠志》填补了国内外荒漠研究领域志书编写的重大空白，作为新时代开展荒漠研究和荒漠化防治工作的基础性文献巨著，可为国家整体战略布局和区域发展提供科学依据与决策支持，进而推动我国荒漠地区和荒漠影响地区的生态文明建设。

（二）中宣部主题出版重点选题

　　主题出版是围绕党和国家的工作大局，高举旗帜、引领导向，围绕一些重大活动、重大事件、重大题材、重大理论问题而进行的出版活动。主题出版发挥着出版记录历史、宣传真理、资政育人的功能，也是唱响主旋律、传播正能量的有效渠道。主题出版既满足了群众的阅读需求，又有利于营造良好的文化环境和舆论氛围。围绕党和国家重点工作和重大活动、重大事件等，不断推出一大批优秀主题出版物，巩固壮大主流思想阵地和舆论，动员全社会团结一心共同谱写实现中华民族伟大复兴中国梦的历史新篇章，是时代赋予出版的历史使命。

　　原新闻出版总署从 2003 年开始实施主题出版工程，围绕党和国家重点工作和重大会议、重大活动、重大节庆日等确立特定"主题"作为出版对象、出版内容、出版重点，集中开展重大出版活动。其基本作用是服务党和国家工作大局，巩固壮大主流思想阵地，提升国家文化软实力。

　　自 2003 年以来，中宣部每年都下发关于做好本年度主题出版工作的通知，通知中明确列出年度选题重点。例如，2020 年的选题重点有六个方面：

　　一、着眼为党和国家立心，加强习近平新时代中国特色社会主义思想的研究阐释。把推动习近平新时代中国特色社会主义思想入脑入心、落地生根作为出版工作首要政治任务，认真做好文献精编、权威读本、理论专著、通俗读物等多层次、高质量作品的出版。深化党的十九届四中全会精神学习宣传，推出一批理论读物。

二、聚焦聚力工作主线，营造全面建成小康社会、打赢脱贫攻坚战的浓厚氛围。把记录好、呈现好彻底摆脱绝对贫困、实现全面小康这个伟大壮举，作为贯穿全年工作的主线和必须把握好的主基调，高质量打造一批标志性作品，深入宣传党带领人民脱贫攻坚的伟大成就和成功经验，充分展示全面小康的美好图景和历史意义。

三、大力弘扬科学精神，普及科学知识，加强健康安全和生态保护教育，培育公民文明习惯。全力做好新冠肺炎疫情防控出版工作，出版一批疫情防控、心理疏导的权威普及读物，出版一批加强健康理念和传染病防控知识教育的科普读物，出版一批宣扬生态保护理念、革除滥食野生动物陋习、倡导健康文明生活方式的大众读物，出版一批讴歌一线医护人员和科研人员、展现广大党员干部和社会各界万众一心抗击疫情的优秀作品。

四、紧紧围绕宣传阐释党中央精神和决策部署，唱响中国经济光明论。精心做好形势政策宣传读物的出版，准确阐释党中央关于经济形势的科学判断和决策部署。组织推出一批重点研究著作和通俗读物，全面准确解读新发展理念的科学内涵和实践要求。

五、立足培养担当民族复兴大任的时代新人，深化社会主义核心价值观宣传阐释。加强爱国主义、集体主义、社会主义宣传教育，深入推进社会公德、职业道德、家庭美德、个人品德建设，推出更多启迪心智、温润心灵、文质兼美的优秀读物。

六、提早谋划、提前启动，认真组织做好庆祝中国共产党成立100周年选题编写出版工作。确定一批重点选题，确保如期推出一批扛鼎之作。围绕恩格斯诞辰200周年、列宁诞辰150周年、中国人民抗日战争胜利75周年等重要时间节点，策划推出一批精品力作。

主题出版选题策划必须紧紧围绕中宣部通知中的选题重点，根据自身条件，发挥优势，认真谋划，顺势而为。如2020年，党和国家的工作主线是全面建成小康社会、打赢脱贫攻坚战，主题出版就要聚焦聚力这一工作主线，把记录好、呈现好彻底摆脱绝对贫困、实现全面小康这个伟大壮举，作为贯穿全年主题工作的主线和必须把握好的主基调，高质量打造一批标志性作品，深入宣传党带领人民脱贫攻坚的伟大成就和成功经验，充分展示全面小康的

美好图景和历史意义。^①

　　作家出版社出版的《十八洞村的十八个故事》就是一部脱贫攻坚题材的优秀报告文学。选题确立以后，立即被中宣部列为 2020 年度主题出版重点选题，2021 年被评为 2020 年度"中国好书"。

　　十八洞村位于湖南湘西，是一个青山环抱、绿水环绕的苗族村寨。2013 年 11 月 3 日，习近平总书记来到十八洞村，第一次提出精准扶贫重要方略。沉睡在贫困中的十八洞村自此蝶变，张开彩色的翅膀，奋力飞翔在脱贫奔小康的春风里。2019 年初冬，作家李迪来到这里，每日早出晚归、翻山越岭、走村串寨，在村民家中烤火塘、喝热茶、聊家常、听故事……这部书讲述的就是李迪在十八洞村听来的脱贫故事，语言质朴无华，情感真挚深长。

　　李迪将村民讲的故事进行恰如其分的剪辑整理，用 18 个故事展现十八洞村发生的深刻变化，从小切口进入，真实反映脱贫攻坚这一人类历史上的伟大壮举，为历史存照。脱贫攻坚战中，十八洞村是一个样板，也是一个缩影，它的故事是中国特色社会主义制度优越性的生动注脚。十八洞村的精准扶贫经验，不仅是一曲改变命运、迈向全面小康的壮丽凯歌，更是世界反贫困领域具有标志性意义的生动中国故事。^②

二、社会热点问题

　　人类社会每天都发生这样那样的事情，但选题策划关注的是那些足以引发高度关注的社会热点问题。这类选题从已经发生或将要发生的重大事件中来，又服务于处在这类重大事件中的人们，或为他们的迷茫解忧释惑，或为他们的激情加油鼓劲，或为他们的苦恼送来慰藉，或为他们的欢乐锦上添花……从社会热点中源源不断地策划出为读者所喜欢的选题，是编辑的一项重要基本功。

（一）重要政治事件

　　重大政治事件容易形成选题，而且因为社会影响大，选题的成功率也较高。这类选题需要敏锐的政治意识，在保证正确出版导向的前提下，编辑可

---

　　① 孙海悦：《中宣部办公厅下发通知 2020 年主题出版明确六方面选题重点》，《中国新闻出版广电报》，2020 年 2 月 21 日第 1 版。

　　② 参见路英勇：《温暖明亮，情深意长》，《人民日报》，2021 年 8 月 3 日第 20 版。

以大展身手。

2008 年是美国的总统大选年，希拉里在总统候选人中人气最高。美国大选历来受到全球重视，但这一届有很大可能会诞生美国历史上第一位女总统，因而格外受到关注。这一年，国内出版界也与世界各地一样，把这届美国大选、候选人希拉里当成选题策划的重点。

2015 年，华中科技大学出版社策划出版了《为政治而生的女人——希拉里传》一书。这本书的作者是畅销书《我把一生献给你：曼德拉传》的作者杨帆。这部记录希拉里从出生到在美国政坛叱咤风云全程的传记作品，详尽讲述了希拉里青年时代接触政治的契机、中年时期成为美国"第一夫人"时的参政历程，以及后来临危受命担任奥巴马政府国务卿所展示的政治手腕。在该书中，作者把纠缠了克林顿和希拉里长达近 8 年的"白水案"的始末、希拉里在促进医疗保健改革上的受挫、作为美国首席外交官的希拉里如何替奥巴马政府修复千疮百孔的外交关系等一一道来，资料详尽，语言生动。看完此书，一个在权力的游戏之中缔造传奇、在复杂的政治棋盘上指点江山的巾帼强人形象跃然纸上。

2015 年是庆祝世界反法西斯战争胜利 60 周年，是一个重大政治事件，当年人民文学出版社策划出版了王树增的《抗日战争》一书。这是王树增历时 6 年完成的作品。该书作者站在整个中华民族的高度上看待抗日战争，而不拘泥于国共两党党派之争，全景式展现了中国人民奋勇抗战的壮阔画卷。该书既描写了敌后战场，也描写了正面战场，突出表现了拯救民族危亡，不甘沦为异族的奴隶，保持民族自尊和生存权利的主题。该书帮助读者理解了这场战争真正的意义，那就是建立起强大的民族自信心。该书出版后，深受读者欢迎，多次再版。2017 年 9 月，该书获第十四届精神文明建设"五个一工程"优秀作品奖。

（二）重大突发事件

2020 年初，突发的新冠疫情很快席卷了全国、蔓延至全球，让所有人猝不及防。在史无前例的严峻疫情形势下，党中央高度重视并迅速作出重要指示和部署，一场保卫人民生命安全的特殊战斗迅即在全国打响。对这样的突发公共卫生事件给予高度关注，服务于广大人民群众的迫切需要，策划有分量、有深度的选题，考验着编辑人员的水平。

为此，北京出版社策划了《新型冠状病毒肺炎家庭自我防护手册》，作者是北京大学人民医院呼吸与重症科主任医师曹照龙，他曾亲临武汉一线，有大量第一手资料，保证了内容的权威性、专业性。该书介绍了新型冠状病毒感染基础知识、最新研究进展、家庭自我防护等，在普及新型冠状病毒感染基本知识的同时，还重点介绍了家庭自我防护知识。该书策划及时，出版后反响很好，在当时全国防疫的形势下，对于有效减少病毒传播、维护社会稳定发挥了积极作用。

北京出版社还策划了《动物与人——从野味病毒之源谈起》。作者郭耕系北京麋鹿生态实验中心研究员，与动物相伴 30 多年，出版野生保护动物的图书 20 余部，每年各地巡讲近百场。书中的故事、案例均由实践和亲身经历而来，内容丰富、引人入胜，可使读者尤其是青少年通过这些生动的故事树立爱护野生动物、从善护生的理念。

（三）社会文化热点

人们的饮食习惯、穿着打扮、表达方式等都可称为文化现象。文化现象多种多样，从一定程度上反映了人们某个时期的生存方式、生活习惯，以及文化的发展方向。文化热点是文化发展中带有典型和标志作用的文化现象。

利用文化热点进行选题策划，有着广阔的发挥空间和令人期待的前景。反映文化热点的优秀选题，是编辑人员对重要文化现象的感受上升到理性认识的产物，是在适应广大民众共同需求基础上生成的，因而具有较大的市场潜力。

2006 年，易中天在央视"百家讲坛"通过电视媒介讲解小说《三国演义》与史书编撰之异同得失，观点新颖，通俗易懂，很快获得很高的收视率，社会上一时出现了学习历史文化的热潮。不久，易中天的《品三国》由上海文艺出版社出版，一时间疯狂热销，创造出一个销售神话。此后，"百家讲坛"与出版社合作，接连不断地推出了《明亡清兴六十年》《马未都说收藏》等图书，它们都顺理成章地成了轰动一时的畅销书。这些图书有一个显著的特点，那就是图书的内容正好契合了读者的内在文化需求，而其叙述方式的口语化又呈现出亲切生动的特征，符合读者阅读趣味。

利用文化热点策划选题，图书出版后能够畅销，这对于这一家出版社来说自然是好事，但因为容易引发其他出版社纷纷模仿，于是就造成"跟风书"一时泛滥成灾的现象，从而既搅乱了市场，也浪费了资源。

1998 年，中信出版社出版了《谁动了我的奶酪》，该书极为畅销，于是便引来了十几本跟风出版的类似图书。各式各样的"奶酪书"出现了，如《谁敢动我的奶酪》《谁也动不了我的奶酪》《我不想动你的奶酪》《我要动谁的奶酪》《我能动谁的奶酪》《就动你的奶酪》《奶酪够了》《学会做自己的奶酪》《高考奶酪：和清华状元一起分享》《奶酪的 52 个管理忠告》，还有个乡村版的《谁动了我的稀饭？》……"奶酪书"层出不穷，北京西单图书大厦里书店干脆摆出一个书架，称其为"奶酪的哲学"。

"跟风书"大量出现的直接动因无非就是希望获取高额的利润。畅销书之所以畅销，与出版社前期投入有很大关系，而"跟风书"借助别人开发的市场影响，不用承担多大风险就轻而易举地获得经济利益，这其实是一种不道德的商业行为。不仅如此，策划"跟风书"还反映了策划者缺乏自己独特的创新理念。"跟风书"仅是表层的模仿，选题雷同，内容重复，胡乱拼凑，低劣的图书质量会损害自己的声誉，伤及出版社的品牌和口碑。

对于成熟的选题策划而言，应该是人无我有，人有我优。别人策划了一个好的选题，其他人不是不可以再来涉足这一选题领域，可以将别人成功的经验作为借鉴，但决不可唯利是图地低水平模仿。

选题策划贵在创新，但我国每年出版十几万个品种的图书，要做到本本创新也绝对是不可能的。受人启发的选题策划，在别人的基础上有所前进，就值得肯定。也就是说，"跟风"不是不可以，但关键在于能否"超越"。有些编辑就很善于做跟风书：他们一旦发现市场上出现了畅销书，立马就拿来认真研究，多方面分析这本书畅销的原因，然后确定与之相类似的更好的选题，请来更好的作家，投入更多的成本，从各个方面实现超越，结果是后来居上，无论内容还是销量都超过了原先的那部畅销书。

三、公版书

公版书，是指不受著作权法限制的作家、艺术家及其他人士发布的作品，使用不会侵犯作者的版权。

关于版权限制的时间，世界各国的规定不尽一致。美国版权法规定，1923 年前出版的书，版权为 75 年，即自 1998 年以来，凡 1923 年前出版的都已进入公共领域；1977 年前出版的书，版权为 95 年，即 1924 年的版权在 2019 年将会失效；1978 年之后的版权，于作者死亡后 70 年失效，即假设 1979 年作者死亡，2049 年版权失效。

根据《中华人民共和国著作权法》法规定，除了署名权、修改权和保护作品完整权之外，一般公民的作品，其发表权和著作财产权的保护期为作者终生及其死亡后 50 年，截止于作者死亡后第 50 年的 12 月 31 日，如果是合作作品，截止于最后死亡的作者死亡后的第 50 年的 12 月 31 日。法人或者其他组织的作品、著作权（署名权除外）由法人或者其他组织享有的职务作品，其发表权和著作财产权的保护期为 50 年，截止于作品首次发表后第 50 年的 12 月 31 日，但作品自创作完成后 50 年内未发表的，不再受到著作权法的保护。

一些图书经过几十年以后进入公共领域，仍然被人们重视，说明这些书具有超越时代的文化价值，有些甚至堪称经典，依然具有良好的社会效益和经济效益，于是公版书便成为选题策划的一个重要资源。凡属比较知名的作家，无论是国内的还是国外的，其版权保护期一过，这位作家的作品就会被出版社径直拿来出版，市场上会出现各式各样的版本。

（一）公版书的性质

公版书由于不用支付版税，大大降低了生产成本，获利的空间增大，尤其是那些公认的经典类著作，畅销不衰，能为出版社带来可观的、持续的经济利益，因而历来受到高度关注，成为选题策划的重点领域。但是，公版书毕竟有其特殊性，它的特殊性是由著作权法规定的。著作权法既要保护作者的人身权利和财产权利，又要照顾社会公众的利益，满足他们的文化、精神需求。从法律上规定著作权的保护期，以平衡作者和社会公众两方面的要求，正是著作权制度建立的基本出发点。由此说来，公版书出版是否具有意义，首先要看出版者是不是将优秀的文化产品惠及了广大社会公众，优良的版本、低廉的价格应是公版书的基本特征。

20 世纪二三十年代，商务印书馆出版了一套大型的综合性丛书"万有文库"。该丛书分两集出版，共收书 1 710 种，4 000 册。当时的总经理王云五任文库总编纂，分编纂人有梁启超、王国维、叶绍钧、吕思勉、何炳松、李泽章等。王云五在印行缘起中说："本文库之目的，一方在以整个的普通图书馆用书贡献于社会，一方则采用最经济与适用之排印方法，俾前此一二千元所不能致之图书，今可三四百元致之。"所谓"以整个的普通图书馆用书贡献于社会"，是指"万有文库"充分利用了东方图书馆的馆藏资源。东方图书馆是商务印书馆自己的图书馆，藏书量大，汇集了古今中外精品近50万册。利用馆内已有资源以成"万有文库"，显然既能保证质量，又能省时省力。不仅如此，文库中所收古籍及外国图书基本都是我们现在所说的公版书，对古籍整理评注、对外国作品进行翻译需要一定费用，但不用支付著作者版税，再加上"采用最经济与适用之排印方法"，这就大大降低了生产成本，定价可以低到当时一般图书的五六分之一。"万有文库"总销售量达8 000套，共计3 200万册，获得了巨大成功。在当时，它的出版对于开启民智、传播文化、普及知识起到了重要作用，就其社会影响和文化贡献来说，至今未见能够与之比肩者。

"万有文库"以其优质的版本、低廉的价格赢得了市场，可称为公版书出版的典范。

（二）公版书选题策划原则

作家的作品一旦成为公版书，就是人类共同的精神财富，当代读者可以从那些经过了时间淘洗和历史检验的、承载着优秀文化基因的公版书中汲取精神滋养。面对现实需求，出版者有责任把这个宝贵资源整理好、开掘好、利用好。通过出版公版书而获取一定的商业利益本无可厚非，但如果不能处理好公版书所特有的商业性与文化性的关系，就容易陷入认识误区，甚至被指斥为唯利是图。

那么，公版书选题策划应该遵循什么原则呢？

第一，要有坚定的信念、远大的理想，立志把蕴含人类文明基因、民族精神财富的优秀文化传承下来，为国家立心，为民族铸魂。历史和现实都表明，公版书尤其是其中那些对人类文明影响深远的经典之作，为中华民族生生不息、发展壮大提供了强大的精神支撑。面对浩如烟海的公版书资源，出版者首先要做的就是取其精华、去其糟粕，把那些具有当代价值、世界意义的公版书精品遴选出来，展示出来。不仅如此，还要坚持创造性转化、创新性发展，赋予公版书以新的时代内涵和现代表达方式，使其焕发出全新的生命力和强大的影响力。有没有崇高的理想抱负，有没有强烈的文化使命感、责任感，对于能否做好公版书显得尤为重要。

第二，要敬畏读者，尊重社会公众公版书阅读的权利，最大限度地满足读者的精神需求。图书是特殊商品，要把社会效益放在第一位，公版书则更应如此。而前面列举的种种公版书出版乱象散发着浓烈的铜臭气，实在令人不齿。社会公众的公版书阅读权利不容肆意亵渎，"心有敬畏，行有所止"，对读者有了敬畏之心，就不会唯利是图，就不会见利忘义，就会在打造公版书精品的同时，最大限度地让利读者，让更多的人买得起、看得上。薄利才能多销，多销才能常销。当然，并不是说所有的公版书都要低价，但为了打造常销书、看家书，是为了获得最大的市场份额和长远利益，那出版社就一定要敬畏读者、服务阅读，让世代传承下来的文化创造，更方便、更快捷、更广泛地惠及社会大众，真正成为读者们的知识滋养、精神食粮。

第三，要有创新精神、精品意识，结合出版社发展规划、专业特点，精心策划公版书选题，做到人无我有、人有我精。公版书出版也可以说是出版者实施的一项优秀传统文化传承发展工程。文化的传承发展，贵在继承，重在创新。别的不说，单就古今中外经典作品来说，它们是公版书，谁都可以出版，但以什么样的面目呈现、如何使其发挥当代价值，这才是关键，也是最重要的。1997年，山东文艺出版社策划出版了一套"外国文学名家精选书系"。出版这样一套书，正是基于出版社"选本出版"的战略思考，遴选了40位进入公共版权领域的外国文学名家，每人一卷。编选原则确立为"名家、名著、名译、名编选"。主编是柳鸣九先生，各卷编选者都是著名学者、翻译家。每卷卷首都有一篇万字前言，对这位作家及其作品作出全面评价。对作品或全收或节录，以求整体展现每一位作家的创作成就。封面采用牛皮纸折叠式设计，新颖、厚重、大气。"外国文学名家精选书系"出版后获得了第十二届中国图书奖、第五届全国图书装帧艺术奖。

四、引进版图书

顾名思义，引进版图书就是需要购买版权才能在国内出版的海外图书。我们通常意义上所说的引进版图书，除世界各国出版的图书外，也包括我国港台地区出版的图书。

图书版权引进是一个国家、一个地区与世界开展文化交流的重要手段。对于一家出版机构来说，图书版权引进可以丰富自己的图书出版结构，有利于社会效益和经济效益的提高。同时，还可以通过版权引进，了解世界文化、科技潮流，对世界范围内最前沿的出版成果作出选择，引入国内会有助于我国文化、科技的发展。

（一）图书版权引进的法律条件

图书版权引进的法律条件有两个：一是有完备的国内版权法，二是加入国际性版权公约。

版权，在我国指著作权。著作权是指自然人、法人或者其他组织对文学、艺术和科学作品享有的财产权利和精神权利的总称。1990年9月7日第七届全国人民代表大会常务委员会第十五次会议通过，1991年6月1日实施的《中华人民共和国著作权法》是我国关于版权的国家法律文件。

"著作权"这一概念通常有狭义和广义之分。狭义的著作权是一种作者权，主要保护作者及相关主体基于各类作品的创作依法享有的权利，具体表现为《中华人民共和国著作权法》所明确规定的17项权利和应当由著作权人享有的其他权利：

《著作权法》第九条规定了著作权人的范围，包括：

（一）作者；

（二）其他依照本法享有著作权的自然人、法人或者非法人组织。

第十条规定了著作权的内容，包括下列人身权和财产权：

（一）发表权，即决定作品是否公之于众的权利；

（二）署名权，即表明作者身份，在作品上署名的权利；

（三）修改权，即修改或者授权他人修改作品的权利；

（四）保护作品完整权，即保护作品不受歪曲、篡改的权利；

（五）复制权，即以印刷、复印、拓印、录音、录像、翻录、翻拍、数字化等方式将作品制作一份或者多份的权利；

（六）发行权，即以出售或者赠与方式向公众提供作品的原件或者复制件的权利；

（七）出租权，即有偿许可他人临时使用视听作品、计算机软件的原件或者复制件的权利，计算机软件不是出租的主要标的的除外；

（八）展览权，即公开陈列美术作品、摄影作品的原件或者复制件的权利；

（九）表演权，即公开表演作品，以及用各种手段公开播送作品的表演的权利；

（十）放映权，即通过放映机、幻灯机等技术设备公开再现美术、摄影、视听作品等的权利；

（十一）广播权，即以有线或者无线方式公开传播或者转播作品，以及通过扩音器或者其他传送符号、声音、图像的类似工具向公众传播广播的作品的权利，但不包括本款第十二项规定的权利；

（十二）信息网络传播权，即以有线或者无线方式向公众提供，使公众可以在其选定的时间和地点获得作品的权利；

（十三）摄制权，即以摄制视听作品的方法将作品固定在载体上的权利；

（十四）改编权，即改变作品，创作出具有独创性的新作品的权利；

（十五）翻译权，即将作品从一种语言文字转换成另一种语言文字的权利；

（十六）汇编权，即将作品或者作品的片段通过选择或者编排，汇集成新作品的权利；

（十七）应当由著作权人享有的其他权利。

广义的著作权，除了作者权以外，还包括著作邻接权和其他与著作权有关的权利。而著作权法是调整文学、艺术和科学技术领域因创作作品而产生的各种社会关系的法律规范的总和。

关于著作权的客体，《中华人民共和国著作权法》第三条规定：

本法所称的作品，包括以下列形式创作的文学、艺术和自然科学、社会科学、工程技术等作品：

（一）文字作品；

（二）口述作品；

（三）音乐、戏剧、曲艺、舞蹈、杂技艺术作品；

（四）美术、建筑作品；

（五）摄影作品；

（六）电影作品和以类似摄制电影的方法创作的作品；

（七）工程设计图、产品设计图、地图、示意图等图形作品和模型作品；

（八）计算机软件；

（九）法律、行政法规规定的其他作品。

国际版权公约中较为重要的有《世界版权公约》和《伯尔尼公约》。

《世界版权公约》是在联合国教科文组织的主持下于 1955 年 9 月 16 日生效的一部国际版权法。该公约 1971 年在巴黎修订，修订后的《世界版权公约》于 1974 年 7 月 10 日生效。

《世界版权公约》规定：

（一）双国籍国民待遇。双国籍是指作者国籍和作品国籍。双国籍国民待遇是指如果作者为一成员国国民，不论其作品在哪个国家出版，或者如作品首次在一成员国出版，不论作者为哪国国民，在其他成员国中均享有各成员国给予其本国国民的作品的同等保护。

（二）著作权保护的特别手续。作者或著作权所有人授权出版的作品所有各册，自初版之日起，须在版权栏内醒目的地方标有的符号，注明著作权所有人的姓名、初版年份。只要履行了上述手续，就认为已履行了成员国国内法规定的手续，在所有成员国受到公约的保护。

（三）独立保护。一成员国的作品，在另一成员国依该国法律受到保护，不受作品在其本国的保护条件的约束。

（四）给予发展中国家作品翻译和复制权的"优惠待遇"。发展中国家国民，为教学和学术研究目的，可在作品出版一至七年后，申请发给翻译和复制强制许可证，出版他人有版权的作品。

《伯尔尼公约》，全称为《伯尔尼保护文学和艺术作品公约》，是世界上第一个国际版权公约。1886 年 9 月 9 日在瑞士的伯尔尼缔结。

《伯尔尼公约》的主要内容包括：

（一）基本原则：国民待遇原则、自动保护原则、独立保护原则；

（二）最低限度规定：受保护的作品、保护权利的内容、保护期限；

（三）对发展中国家的特殊规定：优惠条款，即翻译权和复制的强制许可。

1992 年 7 月 1 日，第七届全国人民代表大会常务委员会第二十六次会议通过了关于我国加入《世界版权公约》《伯尔尼保护文学和艺术作品公约》的决定。

我国加入这两个公约是为了适应现代化建设的需要，也是为了进一步促进我国与世界各国的文化、科技交流。加入这两个"公约"后，在一定程度上为我国出版"走出去""引进来"获得了一些便利条件。对内和对外的双重需要推动我国加入了国际性版权公约，实现了对外版权关系正常化，这对于促进我国的对外交流、加快我国科技、文化发展步伐，既具有重要的现实意义，也具有长远的战略意义。

目前，世界上大多数国家和地区都加入了这两个公约，这就为我们在世界范围内引进图书版权创造了良好条件。

只要具备相应的法律条件，并且在实际操作中严格遵守这些法律和公约，版权引进就能在国际公认的法律框架内顺利进行。

曾经发誓死后 150 年都不会把自己的作品授权在中国出版的哥伦比亚作家马尔克斯，最终同意自己的作品进入中国市场，就是一个很好的例子。

马尔克斯的代表作《百年孤独》讲述了布恩迪亚家族的百年历史，是一部伟大的魔幻现实主义小说，更是一本启迪了中国众多作家的经典巨作。在没有得到作者授权的情况下，国内已有好几家出版社翻译出版了多个版本的《百年孤独》。1990 年，马尔克斯来到中国访问，在北京和上海的书店中看到自己的《百年孤独》被堂而皇之地摆放在书架上，于是发誓自己死后 150 年都不会把自己作品的翻译版权授予中国。而当时的中国还没有加入国际版权公约。

1992 年，中国加入《世界版权公约》《伯尔尼保护文学和艺术作品公约》以后，因为没有版权，马尔克斯的《百年孤独》在市场上消失了。为了能取得这本书的授权，国内出版社想尽办法与版权方联系，都未能得到回应。直到 2010 年，在新经典出版公司的不懈努力下，马尔克斯最终改变了自己的决定，将《百年孤独》的版权授予中国。除了新经典出版公司的不懈努力以外，更重要的是此时中国在法律环境等各个方面都取得了巨大的进步，因而获得了马尔克斯的认可。

（二）引进版选题策划策略

面对庞大的海外出版市场，为了做好引进版选题策划，不仅要全面地、深入地了解海外出版市场信息，而且要坚持以"我"为主的原则，将海外市场和国内市场结合起来，努力实现出版效益的最大化。

1.要密切关注海外图书信息

一部书在海外成为畅销书，一般意味着在国内也具有一定的市场潜力，为做好引进版图书选题策划，需要高度关注、认真研判海外畅销书排行榜。

畅销书是一个时期内，在同类书的销量上居于领先地位的图书，在一些国家，各大报刊或书店会对该国出版社在某个时段（通常以一周、一月为一个时段）内出版的图书销量进行排序，排名靠前的图书就被列为畅销书。畅销书实际就是销量大的图书，也代表着这是读者喜欢的图书，从畅销书可以看出一定时期的大众阅读需求、文化风尚，乃至社会发展方向。在市场充分竞争的环境下，这些图书的读者面较广，文化性、时尚性较强，具有广泛的社会影响和巨大的发行数量。

一般来说，通过一些知名报刊、网站图书排行榜就可以了解到海外畅销书的信息，《纽约时报》、亚马逊网站定期发布的畅销书排行榜具有一定的权威性和代表性。这些机构发布的畅销书排行榜，有总榜也有细分领域排行榜，譬如文学图书榜、儿童图书榜等。这些细分领域排行榜，从某种意义上说，比总榜更具有参考价值。在细分领域排行榜上排名靠前的图书，引进的价值更大，因为市场定位更准确。2012年，北京科学技术出版社从美国引进出版了《美国儿科学会育儿百科》，该书英文版在《纽约时报》、亚马逊网站畅销书榜排名居于前列，共计销售450万册，中文版出版后销售达到20万册以上。

另外，还可以参考国际奖项。一些具有国际影响力的国际奖项，如诺贝尔文学奖、国际安徒生奖、英国布克奖等。获奖作品都具有较大的社会认同度和市场号召力，引入这些奖项的获奖作品，可作为各出版社选题策划的重点之一。

我国新蕾出版社的"国际大奖小说"系列旨在为孩子呈现世界优秀儿童文学获奖作品，收入书系的图书以获得"国际大奖"（如国际安徒生奖、美国纽伯瑞儿童文学奖、英国卡内基儿童文学奖、德国青少年文学奖等）为依据，保证了这套书的内容质量。自 2002 年开始出版以来，15 年内实现销售收入 5 亿多元，成为国内当代童书出版的一个亮点。

除此之外，还要了解与引进图书密切相关的一些信息，如作者信息、作品影视改编信息、版权输出信息等。这些信息可以在一定程度上帮助编辑人员作出是否引进该书的决定。

2. 要坚持以"我"为主的原则

引进海外图书版权，其实就是面对人类文明创造的一种文化选择。每年海外出版的图书数量庞大、良莠不齐，如何从中选出适合国内出版的图书，的确需要一种文化的判断力。做好引进版选题策划，必须坚持以"我"为主的原则。

在当今全球化语境中，以"我"为主，主要体现的是文化自信。文化自信是一个国家、一个民族文化基因中所蕴含的精神力量，必将对世界的未来产生积极而重大的影响。对于当今中国而言，文化自信将为实现中华民族伟大复兴提供强大的精神力量和智慧源泉；另一方面，在全球化过程中，文化自信可使我们更理性地看待和吸收外来文化，使之能够为我们系统建立中国风格、中国气派的文化体系提供借鉴和助力。

下面以外国文学图书的翻译出版为例加以说明。早在 19 世纪末，我国译介外国文学作品的工作即已开始，但数量极少，直到 1899 年林纾翻译的《巴黎茶花女遗事》出版，引发了文学翻译的第一个热潮。回眸整个 20 世纪，五四新文化运动前后、新民主主义革命时期、新中国成立后"十七年"间、"文革"以后……翻译文学的热潮一个接着一个。这些翻译文学作品在与我国传统文化的交流、碰撞的过程中，充实和丰富了我国的文化建设，创作与译作的并存并生状态，成为我国新文化发展上的一个重要表征，它开辟了中国文学向世界化发展的道路，其意义不可低估。

鲁迅先生说过："总之，我们要拿来。我们要或使用，或存放，或毁灭。"现在，"拿来主义"依然具有指导性意义，也就是说，我们要对外国文学图书进行历史性的评判与选择：把是否具备世界意识，作为衡量外国作家的标志；把是否代表人类文化品格，作为衡量外国文学作品的标志；把是否有助于我国的文化发展，作为衡量引进文学图书的标志。

以"我"为主的原则，在外国文学翻译出版的过程中，体现为一种文化选择和历史责任，这已是为实践所证明了的。

3. 要增强市场意识

引进版选题策划，要高度关注这部书出版后的经济效益。引进版图书的经济效益与版税的高低、销量的多少息息相关，因而从一开始就要做好各种预判，以免造成重大亏损。

人民文学出版社引进出版的《偶发空缺》就是一个这方面的例子。

《偶发空缺》是 J.K. 罗琳在畅销书"哈利·波特"系列完结后的第一本书，也是她创作的第一部针对成年读者的作品。

罗琳在《偶发空缺》中写了一个完全不同于"哈利·波特"系列的故事：在一个优美恬静的英国小镇，一位教区议员突然死亡，引发了围绕议会空缺席位的争夺战，貌似平和的小镇一时间烽烟四起，富人与穷人、青少年与父母、妻子与丈夫、老师与学生之间种种潜滋暗长的矛盾浮出水面，一波一波令人骇然的意外接踵而至。

该书发布出版消息后，预售销量达到了 100 万册。2012 年 9 月 27 日，该书上市发售，先后在英国、美国、德国、加拿大、澳大利亚、新西兰的书店上市，很快成为畅销书。在中国，对《偶发空缺》也形成了版权争抢潮，有的出版社甚至将预付款开到了 200 万美金。

最终，这本书的版权由上海 99 读书人出版公司获得，版税创下中国引进外版书的新纪录。这本书起印 60 万册，但后来的销量与预期有很大差距。在开卷畅销书排行榜上，《偶发空缺》位列 30 位。有关数据显示，该书市场销售情况一般，上市两个月售出 5 万册，与 60 万册的开机印量相去甚远。

4. 要慎重选择译者

对于引进版图书来说，评选一本书的优劣，翻译质量是关键。那么该如何选择译者呢？一要看翻译水平，二要看合作意识。

翻译是一种语言向另一种语言的转换。翻译外国文学作品，译者需要很高的外语和中文造诣，还要有很高的文学素养，在外国文学研究方面也要有一定的功力，只有这样，译出的文学作品才能准确地传达原作的神韵。20 世纪以来，傅雷之于巴尔扎克、朱生豪之于莎士比亚、冯至之于歌德、郝运之于莫泊桑、顾蕴璞之于普希金、王了一之于左拉等，构成了一道道"名家""名译"珠联璧合的景观，令人赞叹不已。当代也有一些优秀译者，虽然他们一直默默无闻，但翻译的作品也受到了读者的喜爱。

合作意识则体现了译者与作者、出版者为了一个共同目标——为读者出好书，而相互之间形成的一种信任关系和默契程度。良好的合作基于积极的交流沟通。译者为了加深对所译作品的理解，有必要与作者进行交流沟通。在翻译进展中，译者、出版者就翻译进度等事项要达成共识，图书才能得以按时出版。这种合作意识还是译者与出版者长期合作的重要基础，因而受到双方的高度重视。

五、影视同期书

影视同期书特指那些在影视播出的同时而首次出版的小说图书。

相较于整个文学出版而言，影视同期书因为有了影视的带动，频频在图书市场上脱颖而出。正因如此，影视同期书受到了编辑的普遍关注。为了借助影视媒介强大的社会影响力而获得巨大的经济回报，编辑越来越主动地寻找相关资源，策划出版影视同期书。

（一）影视同期书的策划价值

一般说来，影视同期书有两种文本：一种是具有原创性的首次出版的小说文本；另一种则是影视文学的"脚本"或者由"脚本"改编而成的"小说版"。对前者来说，一部文学作品完成以后并不急于出版，而是首先改编成影视，编辑对影视的播出造成轰动效应有很高的预期，认为影视能够带动图书的畅销。对后者来说，作家创作的首先是影视脚本，编辑同样对影视的播出造成轰动效应有良好预期，于是便策划出版该影视脚本，或者在影视脚本的基础上增加一些小说元素，出版"同名小说"，以期制造一部畅销书。

文学可以呈现多元价值，文学商品化的一面已经为人们所普遍认同。任何商品必然要进入市场，而且市场流通量越大，其影响就越大，所具有的社会价值也随之扩大。文学图书也是一样。在消费时代，人们在许多商品中选择特定的一种，对消费者来说，选择的是审美快感。作为面向市场的文学图书，只要能给人以快感和娱乐，就能够体现它应有的意义。一般地说，符合大众趣味的艺术作品，在其所处时代，登不上那一时代艺术的大雅之堂，不被那一时代的精英文化群体所接受，是一种普遍现象。大众趣味永远是时下的，因为它总是与现实生活密切相关。当前，智能技术的发展为影视视觉文化的广泛传播提供了可能性，使影视文化日益成为审美文化的主流，从而促成了消费时代的人们从理性愉悦到感性愉悦的转变。影视造就了人们的感性愉悦，它的功能就是把大众乐于谈论、乐于接受、乐于玩味的现实内容和过程展现出来，当然不同于某些雕琢的形态。由影视带来的小说的通俗化，为文学的娱乐功能的充分发挥创造了条件。影视同期书作为一种新的小说类型，使读者在阅读过程中可以享受到轻松的快感，文化历史感的深沉和厚重则无法形成。这正好说明现时的人们没有耐心去等待、去思索，精神生活必须服务于一种短暂的快乐。消费时代的文学和文学的消费，从正反两个方面共同印证了文学图书的娱乐性意义。影视同期书借鉴甚至保留了影视的诸多艺术表达方式，促使文学进一步开掘语言表达的大众化追求。这种跨门类的艺术交融所形成的审美形态，无疑是为适应大众化、娱乐化的要求而出现的。

影视同期书在一定程度上也体现了文学出版的理想追求。文学出版的理想是：一方面是要塑造和高扬文学精神，通过深邃哲理和思想的启迪，引导人们深入思考社会人生，为文学意义的丰富和文学本体的发展作出贡献；另一方面又要贴近实际，贴近群众，贴近生活，不论在内容上还是在形式上都为广大读者所喜闻乐见。把文学作为象牙塔里的营生，或者把文学单纯作为谋利的手段，都不是文学出版理想的实现形式。可以肯定的是：随着媒介技术的不断提高，影视与小说图书将在未来创造出更大的出版奇迹，说到底，这种出版奇迹就是文学出版理想的真正实现。[①]

（二）影视同期书策划的原则

编辑加工策划影视同期书，本意是通过影视的轰动效应来带动一本图书成为畅销书，因此常常被人指摘为过于看重文学出版的商业性。为此，影视同期书的策划需要高度重视作品的文学性、思想性，同时把握好文学出版文化性与商业性的平衡。

1. 防止文本叙事的类型化

影视的市场实践证明，只有满足数量最大的一类观众群的需求，才能获得最佳的收视率和经济效益，因而影视的类型化便成为规避商业风险的有效手段。为影视度身定制的小说，以剧本化的艺术形式迎合影视趣味，会形成

---

① 参见秦艳华、路英勇：《"影视同期书"出版热的文化反思》，《中国出版》，2006年第12期。

一种时髦的"影视八股"。比如，一些作为影视同期书的反腐小说，作品的结构带有明显的分镜头痕迹，故事情节也大同小异：腐败分子多是居于高位的实权人物，又与黑恶势力纠结在一起，反腐败英雄则往往历经磨难，甚至遭到生命威胁，最后将腐败分子绳之以法。还有许多影视同期书在表现人物的内心情感时，常常使用"微笑""大哭""愤怒地吼叫"等干巴巴的语词，缺少有感染力的语言描写，导致语言的审美功能尽失，剥夺了读者想象的权利，不能感受到思想在诗意的描述中带给人的心灵震撼。这些小说，影视叙事特点过于明显，但缺少了文学作品的艺术个性，平庸的大众化趣味淹没了独特的个人化追求，显露出枯燥乏味的单调和浅俗。优秀的影视同期书要防止影视化叙事在小说里成为压倒性、主导性的表现方式，不能让小说的文学性、思想性被直接的视觉感知所驱使，否则，影视同期书可能会沦为冒称小说的影视剧本。

2. 出版文化性与商业性并重

从出版的角度来说，出版影视同期书其实和出版其他类型的图书一样，首要的就是掌握好出版的商业性与文化性的平衡问题。对于影视同期书这一出版现象，有人认为，影视会削弱小说文体的文学性、思想性，故而影视同期书不能称为文学图书，而出版社却争相出版，这是片面追求经济效益的表现。影视作为娱乐性的快餐文化，有其浮光掠影的一面，若出版一味跟从影视，难免会迷失方向。更有甚者把文学由于受到多元价值的冲击，意义和思想趋于贫弱化、平面化、低俗化，只重娱乐性，丧失批判性，归咎于出版文化功能的衰退，而影视同期书的泛滥就是出版文化功能衰退的重要表现。

以上观点当然有其片面性，但影视同期书不能只注重畅销，否则就难免被人指摘。事实证明，并不是任何一部影视同期书都能由影视带动起来，进而获得良好的经济效益。影视同期书的畅销必须同时具备这样几个条件：影视剧有轰动效应、小说文本的整体质量较高、出版运作市场意识较强。这些条件缺一不可。而为满足这些条件，则必然要对影视同期书的文化性和商业性做到平衡把握。

六、网络文学图书

网络文学现已成为图书选题策划的重要资源，但是不少网络文学图书的质量并不高。

一些网络文学作品虽然受到网民追捧，但因为作者文学素养参差不齐，再加上缺乏专业编辑的严格审校，部分网络文学作品质量与图书出版质量要求之间存在较大差距，这对网络文学图书选题策划提出了更高的要求。

（一）网络文学的发展

网络文学，简单说来就是网络上生成的一种文学形态。从创作主体来讲，它是网民参与创作的结果；从呈现方式来讲，它是互联网技术下的产物。随着人工智能技术的发展，网络文学的生成方式和社会功用也在发展变化。

我国网络文学市场发展历程可分为四个阶段：萌芽阶段、付费兴起阶段、过渡转化阶段、移动互联阶段。1998年蔡智恒发表《第一次的亲密接触》，拉开了网络文学兴起的大幕。2002年起点网开启VIP付费模式，标志着网络文学进入第二阶段。到了第三阶段，随着平台整合，形成阅文、掌阅、中文在线等几大阵营。阅文依托腾讯强大的技术支撑和市场号召力，在网络文学领域占据着最大的市场份额。第四阶段则是2015年至今，网络文学IP全产业链开发模式逐渐成熟，网络文学平台资产证券化加快，海外输出规模持续扩张。

我国异常丰富的社会体验为网络文学的发展创造了条件。网络文学的表现类型丰富多样，军事、言情、武侠、侦探、历史等类型自不必说，悬疑、国术、穿越、架空、盗墓、玄幻等新类型更是拓展了网络文学的表现空间，既表现了近几十年科学技术对世界的改变，也显示了传统与现代、西方与中国多重因素下，中国文化想象的多样性与开放性。

（二）网络文学图书选题策划策略

面对网络文学进行图书选题策划，需要综合考虑网民的点击率、内容的导向性和文本的文学性，三者的有机统一是网络文学图书选题策划成功的关键。

一部网络文学的点击率、收藏量、留言数、打赏量等读者行为组成的大数据，决定了一部网络文学作品能否为出版社编辑所关注。但是，出版社编辑在选择把某一网络文学作品作为图书出版对象时，还会综合考虑这部网络文学作品的思想价值和艺术价值。以传统文学观念考量网络文学，会让网络文学图书更为靠近和贴合传统文学的标准。也就是说，网络文学图书，既要有可读性也要有思想性，网络文学图书选题策划也必须兼顾经济效益和社会效益。

传统的文学出版代表着一种文学的评定标准，以图书形式面世的文学作品必然要经过编辑的文学价值评判，而这种评判是在一种公认的文学审美经验下完成的。网络小说的读者更多地追求一种阅读快感，对作品的思想性、艺术性关注较少，因而，网络小说读者认可和追捧的作品，不一定就是思想性、艺术性相统一的作品。网络文学成为图书选题策划的目标后，必须经过出版社编辑的精心挑选、修改打磨。

2021 年，江苏凤凰文艺出版社出版了一部网络文学图书《蹦极》。

《蹦极》是一部以外交官生活为背景，讲述我国驻外工作人员临危不惧、出色完成国家任务的长篇小说。这是一部地地道道的网络小说，因小说反映现实题材，又是外交题材，故而获得了较高的点击率，并且在第三届扬子江网络文学大赛中受到评委高度认可，获得二等奖。

江苏凤凰文艺出版社购买了《蹦极》的版权以后，按照图书出版要求对作品进行了认真编辑加工。由于《蹦极》涉及外交题材，编辑在拿到稿件后组织专人审读，并与作者多次沟通协商修改稿件，删改了其中的某些表述，润色了人物对话，强化了故事冲突。与网络小说原作相比，作品的思想性、艺术性有了较大幅度的提高。这部书出版后，读者反映良好，不仅成了一部畅销书，而且入选 2021 年度的"中国好书"。

第三节　从稿件到选题

编辑人员每日都会面对大量稿件。这些稿件有的是自然来稿，有的是出版社的征稿，还有的是向作者约写的样稿。一个好的选题，有时就会在处理这些各式各样的稿件中被发现，而发现好选题的过程也是选题策划的一种方式，与"从信息到选题"相比较，这种方式的成功率会更高一些。

一、自然来稿

自然来稿是作者自行投寄或发送到出版社的稿件。出版社收到这类稿件后，会按照一定程序作出处理，一般"分三步走"：一是编辑进行审读，写出审读报告，按质量分类；二是编辑将拟留用稿件形成选题策划方案，将其他稿件作退稿处理；三是拟留用选题经选题论证通过后，对稿件进行编辑加工，直至达到出版水平。

20世纪50年代中期，龙世辉在人民文学出版社当编辑时，在一大堆自然来稿中发现了曲波寄来的一部长篇小说，书名叫《林海雪原荡匪记》。龙世辉一眼就看出作品的先天不足，同时又敏锐地发现这个题材很好，有改写的基础。确定选题后，龙世辉热情地邀请作者来北京，和他一道商量如何修改，有时亲自改写。《林海雪原》出版后，曲波一举成名。

当时，国内的出版社不多，人民文学出版社每年收到大量的自然来稿，但编辑人手少，难以及时审阅每一部来稿。一天，年轻编辑龙世辉从稿件登记处领走了几部稿件，打算抽空审阅一下。

他打开一部稿件，只见第一页上写着"林海雪原荡匪记"，这大概就是书名了。稿纸有大有小，每一叠用各种不同的毛线拴着，字写得不正，扭扭歪歪的，很不好认，当时龙世辉并没有抱着太大希望去读这部稿件。但是，当他耐心地一页页翻下去后，却完全沉浸在小说的故事当中了。奶头山和威虎山的故事深深吸引着他，杨子荣和少剑波的英雄事迹激荡着这位年轻编辑的心。读罢全稿，龙世辉马上向出版社副社长楼适夷作了汇报，提出了一个选题策划方案。

龙世辉为发现一部有潜质的长篇新稿感到很兴奋，同时也知道需要下大功夫才能使这部稿子达到出版水平。小说在语言结构上存在不少问题，文学性也不强，严格地讲只是一堆素材。但这个题材很棒，作者的生活底子厚实，有改写的基础。于是，龙世辉热情地邀请作者曲波来出版社，一道商量如何修改书稿。

曲波如约而至，龙世辉向他讲了如何架构文章，如何剪裁取舍。曲波很虚心，说愿意按照编辑意见进行修改。原稿中没有对爱情的描写，龙世辉觉得一部长篇小说全是男人打仗不容易吸引读者，便别出心裁地进行了新的艺术构思，并把自己的想法告诉了曲波。

但要业余作者把编辑的想法转化为优美的文字，却并非易事，曲波修改过的稿子仍然没有达到要求。

龙世辉索性亲自动笔，几个月下来，他几乎把小说重新改写了一遍。其中，小白鸽白茹这个人物就是龙世辉加上的，"少剑波雪夜萌情心"等情节大大丰富了原稿的内容。设计小白鸽白茹这个人物的目的有二：一是鸽子象征和平，设计一个救死扶伤的白衣天使白茹，可以表达共产党人"战争为了和平"的思想；二是用小白鸽的活泼、美丽冲淡战争的恐怖气氛，可以避免故事过于单调。白茹除了作为少剑波的"歌颂者""崇拜者"出现以外，还是整个战争丑陋、血腥的对立面，她以一个护士的身份履行着救死扶伤的职责。在"小白鸽彻夜施医术"这一章当中，白茹的医疗经验有效防止了战士们被冻伤。

经过 3 个多月废寝忘食的修改，终于定稿，书名最后确定为《林海雪原》。1957 年 9 月，《林海雪原》正式出版，立即引起巨大反响，作者曲波一举成名。据粗略统计，至 1964 年 1 月，该书的印量便超过了 156 万册。小说很快被改编为话剧、电影、连环画，并译成多种外国文字，特别是改编的京剧《智取威虎山》，获得了巨大成功，英雄人物杨子荣的形象至今为人们所传颂。[①]

能够从自然来稿中发现选题，而且图书出版后大受欢迎，这对于编辑来说，是一件幸事，更体现了一种眼光、一种能力。但并不是所有的编辑都有这种眼光和能力，编辑也常常有与好稿失之交臂的遗憾。很多优秀作品曾被编辑退稿，这不仅是一种遗珠之憾，从发现和培养新作者的角度来说，更是编辑责任的一种缺失。

詹姆斯·帕特森是美国惊悚小说大师、《纽约时报》畅销书排行榜上的常胜将军，也是当今美国最受欢迎的畅销书小说家之一。但是，他的第一部小说《托马斯玻利曼的数字》却连遭 31 家出版商拒绝。这部小说出版后成为畅销书，并获爱伦坡奖。迄今为止，詹姆斯·帕特森已出版近 30 部小说，被翻译成近 40 种文字，累计销售超过 8 000 万册。

美国作家艾茵·兰德历时 7 年时间写成的《源头》，曾被 12 家出版商拒绝，出版商认为其内容违背当时美国的主流思想。《源头》最后终于被 Bobbs–Merrill 出版社的一名编辑看中，出版后，6 年销售 600 万本，之后保持每年卖出 10 万本的纪录，累计发行上千万册。

二、征集稿件

征集稿件是指出版社出于特定的目的向社会征稿，从中选择符合要求的

---

① 参见顾育豹：《龙世辉发掘〈林海雪原〉的内幕细节》，《文史月刊》，2009 第 9 期。

选题，经论证列入出版计划。这种方式的选题策划，有的放矢，但操作上要公开透明，因而既有便利性，也具风险性，多由大型的、有品牌影响的出版社为之。出版社面对数量庞杂的来稿，需要花费很大的人力、物力加以处理，不仅要做到件件有着落、篇篇有回音，还必须向社会公开发布审稿、用稿信息，以便接受公众监督，使征稿工作顺利进行。

作家出版社"新时代山乡巨变创作计划"的征稿活动受到社会广泛关注，也获得了巨大成功。第一批遴选出来的四个选题出版后取得了良好的社会效益和经济效益，其中《雪山大地》于 2023 年 8 月获得第十一届茅盾文学奖。

（一）发布征稿启事

2022 年 3 月 17 日，作家出版社正式发布"新时代山乡巨变创作计划"征稿启事。征稿启事中写道：

党的十八大以来，中国特色社会主义进入新时代。随着脱贫攻坚、全面小康取得决定性胜利，中国创造了人类减贫史上前无古人后无来者的伟大奇迹，中国的广大山村在经历新中国成立之初告别旧社会的山乡巨变之后，又迎来了新时代更为波澜壮阔的山乡巨变，为中国当代文学提供了丰厚的写作资源和生动的写作对象。

"新时代山乡巨变创作计划"以原创长篇小说形式聚焦新时代中国山乡天翻地覆的史诗性变革，多角度展现乡村时代变迁，生动讲述感天动地的山乡故事，塑造有血有肉的人民典型，为人民捧出带着晶莹露珠、散发泥土芳香的新时代文学精品，以文学力量激发新时代乡村振兴的昂扬斗志与坚定信念。

"新时代山乡巨变创作计划"面向所有作家和文学写作者，我们期待文学界的名家大家能真正沉入生活深处、扎根新时代的山乡大地、投身山乡巨变的写作，写出有时代温度的精品力作。我们更期待那些民间的、基层的、奋斗在脱贫攻坚和乡村振兴一线的潜在写作力量激活文学梦想和文学才华，拿起笔描绘、书写亲身经历的"山乡巨变"。

我们推崇生活在山乡、成长在山乡，亲历山乡变化的山乡人写山乡事，以文学记录时代，呈现山乡巨变，书写伟大人民。

征稿启事还公布了征集办公室电话，投稿地址、邮箱、网站，征集截止时间，等等。

（二）媒体沟通会

2022 年 4 月 12 日，作家出版社举办"新时代山乡巨变创作计划"媒体沟通会。会上，作家出版社向与会媒体介绍，征稿启事发布后不到 1 个月的时间内，作家出版社陆续收到 300 余篇来自社会各界的投稿，足以显示广大写作者们的热情。

作家出版社征集来的稿件中，既有专业作家的作品，又有山乡人写的山乡事，还有网络作家的创作。此外，很多在线写作平台对此次活动也高度重视，有的平台迅速梳理近两年的作者投稿，并从中挑选出 20 余篇优质稿件推荐给作家出版社。来稿中有讲述山乡青年创业的故事，也有村书记带领大家共同致富的曲折艰辛；作品关注的角度也是多姿多彩的，有写民宿的，有写养殖的，有写种植的，有写治理污染的，有立足电力建设的，也有立足邮电发展的。从来稿状况看，有的文本富含浓浓的乡土气息，有的文本运用了当下的时尚元素。一些作者除了发来自己的作品，更对这次活动充满期待。有来自乡村的作者说，这次征稿活动让自己写作的梦想重新点燃，他希望能把握这次机会，把自己熟悉的生活、熟悉的故事写出来，让更多人看到一路成长的山乡人；还有作者表示，该创作计划给自己近几年的创作提供了启发和方向，山乡巨变应该写，且值得大书特书。

在媒体沟通会上，作家出版社介绍，该创作计划的成果要达到思想性和艺术性高度统一，兼具优异的社会效益和经济效益，希望最终遴选出的作品是真正的"高峰"之作。为提升作品品质，该创作计划将充分调动、整合中国作协系统以及全国文学界的资源力量，广泛联系作者，切实做好组稿工作。出版社将组织多种形式的改稿会，或选派知名作家、评论家、资深编辑与作者形成一对一组合，有针对性地指导其有效提升作品品质。[①]

据介绍，作家出版社的这个创作计划将持续 5 年。他们希望有更多的写作者参与进来，聚焦火热的生活，沉下心来，创作出与伟大时代相称的精品力作；他们相信通过这次活动，也会有优秀的作者"冒"出头来。

---

① 辛雯：《"新时代山乡巨变创作计划"引发热烈反响》，《文艺报》，2022 年 4 月 15 日第 1 版。

（三）改稿会

2022 年 6 月 27 日，"新时代山乡巨变创作计划"入选作品首场改稿会在北京召开。专家就关仁山聚焦华北平原乡村生活的新作《白洋淀上》展开改稿。作家出版社对入选"新时代山乡巨变创作计划"的选题进行全流程管理和严格的质量跟踪，召开入选作品改稿会，邀请知名作家、评论家、出版人"好处说好、坏处说坏"。此后，杨志军《雪山大地》、欧阳黔森《莫道君行早》、王松《热雪》的改稿会陆续召开。会上常常交锋不断，与会者都希望达成一个共同目标：打磨兼具精神高度、文化内涵、艺术价值，兼顾社会效益和经济效益的优秀作品，进而推动这些作品借助新媒体业态广泛传播，拓宽文学边界，提升文学价值。

作家出版社还表示，今后，对入选"新时代山乡巨变创作计划"的每一部作品都要举行改稿会，改稿会上，专家为作品"把脉问诊"，这对于提升作品质量大有益处。同时，也会引导作家以新的站位捕捉生活素材，以新的手法为新人塑形，全方位展现新时代农村的精神气象，创作出无愧于时代、无愧于人民的文学精品。①

三、约稿

约稿，也叫组稿。一个优秀的选题策划者，应该有一支成熟的作者队伍。编辑人员有了某个选题设想，若能够找到一位合适的作者，事情就成功了大半。

由中华书局、学习出版社、党建读物出版社和接力出版社等联合出版的"中华人物故事汇"系列丛书，选取中国作出突出贡献、具有重大影响的优秀人物，以故事的形式展现他们的事迹，是一套帮助青少年读者"系好人生第一颗纽扣"、为青少年的健康成长提供有力帮助的优秀读本。丛书按人物所处时代，分为"中华传奇人物故事汇""中华先贤人物故事汇""中华先烈人物故事汇""中华先锋人物故事汇"四个系列。选题策划确立了这套书在内容上要秉持思想性、真实性和可读性相统一的原则。"中华人物故事汇"系列丛书入选的人物应具有思想性，能够对青少年成长有所启发，给青少年传递昂

---

① 李晓晨：《提升质量 打磨精品 回答好时代人民之问》，《文艺报》，2022 年 10 月 14 日第 2 版。

扬向上的力量。内容要以事实为基础，注重资料收集与实地采访相结合。丛书读者定位为 8~14 岁的青少年，这一年龄段的青少年阅读能力有限，因此在故事的叙述上不宜采用太过晦涩的词句。总之，这套书要成为一套生动有趣、文笔优美，具有很强可读性的青少年读物。

确立了编写原则和目标之后，对作者的选择也十分慎重。一是选择儿童文学作家。"中华人物故事汇"系列丛书读者定位明确——8~14 岁的青少年读者。青少年成人在阅读能力和理解能力上存在差异，作者应熟稔青少年的阅读习惯，懂得如何向青少年讲故事，因此儿童文学作家应为首选。二是选择著名作家。作者只有文笔优美、情感丰富，才能生动形象地展现传主故事，而著名作家能够更好地满足上述要求，且著名作家本身就有着一定的号召力，能够保证一定的销量，在市场中占据一席之地。三是选择相关领域的专家。部分传主涉及党史、军事科学等专业性强、需要保密的领域，适于由相关领域的专家进行编写。最终，徐鲁、汤素兰、吴尔芬、余雷、葛竞、殷健灵等成为丛书作者，可谓人才济济、阵容强大，从而确保丛书质量。

"中华人物故事汇"系列丛书自投入市场后，销量一直非常可观，几次面临脱销。截至 2021 年 8 月，"中华人物故事汇"系列丛书累计出版三辑，发货近 300 万册。其中，接力出版社、党建读物出版社联合出版的"中华先锋人物故事汇"第二辑出版仅 7 个月销量便达到 85 万册；2022 年 8 月，发行码洋达到 1.2 亿元。截至 2022 年 4 月，"中华先锋人物故事汇"已出版 60 种，累计发行 392 万册。新冠疫情期间，"中华先锋人物故事汇"中的《钟南山：生命的卫士》电子书先于纸质书在掌阅、阅文等平台免费上线，上线不足 1 个月，阅读量近 40 万，截至 2020 年 11 月，阅读量已突破 100 万《钟南山：生命的卫士》纸质书上市 7 个月发行超过 25 万册；2021 年 6 月，在北京开卷 5 月畅销书排行榜上，《钟南山：生命的卫士》上榜少儿类实体店渠道榜单。截至 2021 年 8 月，《钟南山：生命的卫士》单本发行 50 万册。

约稿不是向作者发出邀约后就被动地等待来稿。保证约稿达到预期的水平，这是编辑随时都要考虑的问题。编辑要对作者的写作提纲、样稿进行审阅，并提出审读意见。书稿的提纲和样稿体现了作者创作的基本方向和写作水平。编辑要向作者讲清楚拟订写作提纲的重要性，但也不是说写作提纲完全不可修改了。一般来说，好的写作提纲必然是经过了作者的精心思考，而且在他的头脑中已经有了书稿的基本面貌，以后的修改只是在此基础上的完善。所以，编辑一定要让作者在写作之前完成这项工作。看到作者提交的写作提纲和样稿后，编辑就要根据选题策划意图，审视作者的写作构想能否达到选题策划的目标，有无对写作提纲进行修改、完善的建议。在充分尊重作者的前提下，力求达成一致意见。

写作提纲完成后，还要及时与作者沟通，审查样稿，以便了解样稿的行文风格是否符合既定读者对象的阅读需要。通过审查样稿，还可以及时发现作者写作中是否存在对出版规范要求把握不到位的问题，如内容导向问题、规范用语问题等。对此，应针对性提出改进意见，使作者在后续写作中加以避免。

审查写作提纲和样稿的过程也是编辑与作者逐步实现相互信任、真诚合作的过程。经过双方的共同努力，顺利完成一部理想的书稿，是选题策划意图得以落实的重要保障。与作者的合作要做到张弛有度，既要充分发挥作者的主体性，又要保证选题策划意图的落实。20世纪六七十年代，日本光文社社长神吉晴夫创立的"创作出版论"，较为明晰地阐释了编辑是如何在作者创作中发挥作用的。这个理论虽然时间已显久远，但"创作出版论"已经成为世界出版史上的著名理论，在此有必要重温一下，对于智能时代图书选题策划，仍然可以从中得到一些有益的启迪。

在日本，当时以神吉晴夫为代表的一批着眼于适应读者需求、促成优秀作品诞生并能够开发潜在读者的新型编辑登上出版舞台，使文化的又是经营的出版观念有了新的内涵。"创作出版论"是神吉晴夫出版实践的结晶，他以自己对于出版的独特思考创立了这一理念，从而开创一代新风。"创作出版论"的确立和弘扬奠定了神吉晴夫在日本现代出版史上的地位。

"创作出版论"实质上就是一种方法论：面对读者的不同阅读需求策划选题；然后发现适当的作者，并与作者同甘共苦，直至完稿；再通过广泛宣传，开发读者。这一方法论为适应当时社会的需要而形成，反过来又给予社会文化以极大促进。在神吉晴夫时代，光文社连接推出《人间的历史》《社会心理学》《少年期》《点和线》等形成广泛影响的好书，为"创作出版论"的价值和意义提供了良好的实践依据。

"创作出版论"融合了作者和编辑双方的文化创造。从编辑的角度讲：首先，创造的主体当然是作者，但能否使作者的创造进行下去，能否把作者的劳动看作创造，这是编辑的第一功力；能否预感作者的创造与时代、学术等的发展趋势相联结，这是编辑的第二功力；作者的创造能否进一步展开，何时可以把作者和他的创造推向市场，从而受到社会普遍欢迎，这是编辑的第三功力。这三种功力相互关联，层层递进。在这一递进过程中，编辑和作者你中有我，我中有你。其结果就是，编辑不再是"为他人做嫁衣裳"的缝补匠，而成为洋溢着文化创造活力的新型人物，他们是文化普及与提高的责任者和实践者。

"创作出版论"的真正意义在于，它以一部一部为广大读者所欢迎的图书开创了一个时代的文化风气，其中所凝结着的编辑的真知灼见，可以促使广大作者中的佼佼者成为时代文化潮流的引领者。

如今，我们重新来看"创作出版论"，还会受到多方面的启示，其中最重要的在于：内容生产不只是作者的事，编辑的作用也不容小觑。编辑是一个具有特殊的职业素养和文化责任的群体，优秀的编辑和优秀的作者携起手来，为着一个共同的目标一起进行文化创造，就能产生更多更好的适应读者需求、时代呼唤的文化成果，从而为出版产业的繁荣发展奠定坚实的基础。

第四节　从智能技术到选题

智能时代下，利用智能技术采集、分析市场信息，有助于更精准地进行选题策划；另一方面，智能技术，尤其是大语言模型，也能够在编辑指令下自动生成选题，如由 ChatGPT 充当作者的选题在国外已被大量出版。这些选题技术性要求较高，而内容创新性不足，有的还存在"抄袭"等风险，因而其发展前景究竟如何，人们还在密切关注。

一、智能技术助力选题策划

对于智能技术助力选题策划，下面举三个例子加以说明。

美国的阿切尔·乔克思公司是朱蒂·阿切尔和马修·乔克思二人合创的公司。他们运用人工智能技术研究小说，花 5 年时间分析了近 30 年出版的5 000 本畅销小说，用机器分类算法得到畅销书的构成要素，用定量和定性相结合的方法探究畅销书规律。2016 年，其研究成果《畅销书密码》出版。2017 年，二人创立图书咨询公司阿切尔·乔克思（Archer Jockers），继续进行畅销书研究，并致力于帮助编辑、作家把握小说中的畅销因子，从数据驱动的角度重新理解小说创作。机器算法解密畅销小说基因，为图书选题策划提供了直接的参考。

Inkitt 是一家新锐图书出版创业公司。区别于传统出版商，Inkitt 将自己定位为"读者驱动型"出版平台，为有创作天赋的作家与书迷们提供线上互动社区。基于受众本位的宗旨，Inkitt 更是借助大数据手段深层次分析其大约 100 万用户的反馈，能够了解读者在多大程度上沉浸在某本书的阅读中，具体包括阅读时间、点击频率、评分高低、评论内容等。在这里，作者可以直接面向受众进行写作与沟通，用户可以根据兴趣阅读喜爱的作品，Inkitt 则将那些最受读者喜爱的图书进行出版。也就是说，在 Inkitt 平台上，受众的主体性十分突出，如果一个人在这个平台上发表了作品，只有尽可能多地得到社区成员的关注与好评，才有可能被 Inkitt 看上，再由 Inkitt 出版这一作品，作者则与 Inkitt 共享出版收益。

大语言模型拥有庞大的数据库，可以涵盖书店的销售数据、网络阅读平台的书评、自媒体平台最新资讯等，这些数据和信息都可为选题策划提供方向。编辑人员还可以利用大语言模型与之展开对话，深入了解目标读者的需求，明确市场风向，精准策划选题。在选题策划过程中，通过大语言模型的创作可以实现文本形态、产品形态的动态模拟，进而更好地帮助编辑人员作出是否继续实施某一选题的判断。一些专门的策划方案生成器采用了较为先进的 AI 技术和较为完备的数据库，只要输入与某一选题相关的关键词，或进行持续性对话，它便可以提出一套完整的选题策划方案。

大语言模型参与选题策划时，还可根据潜在用户需求进行创作式反馈。基于强大数据库，大语言模型通过深度学习功能，可以自主生成长篇文案，供编辑参考与选择。新颖的选题源自素材的堆积，以 ChatGPT 为代表的大语言模型能够为编辑人员提供全面细致的选题素材。亚马逊 Kindle 平台上架了大量 ChatGPT 参与编著的图书，其中有不少图书的选题策划是由 ChatGPT 完成的。另外，Google 团队 2023 年 2 月发布了对话应用语言模型 LaMDA 驱动的 Bard，其可以使用较少的计算能力，能够扩展到更多的人，并提供反馈。

Google 首席执行官桑达尔·皮查伊（Sundar Pichai）在接受《纽约时报》播客采访时表示，升级版的 Bard 会基于更为强大的模型，在编程能力与逻辑推理能力上有进一步的提升，并在数学运算上有一定突破。紧随其后，Anthropic 在 2023 年 3 月发布了类似 ChatGPT 的产品 Claude，7 月升级后的 Claude 2 的处理能力已经提升到了 100K Token（十万个句段），这意味着它可以处理数百页的技术文档甚至整本书。借助多款大语言模型，可为选题策划提供更加多样、更加精准的数据支撑。

二、智能技术直接生成选题

AIGC（人工智能生成内容），对图书出版而言，是指采用以数据和机器为基础的人工智能大语言模型，赋能出版领域的内容创作环节，呈现出生产自动化、速度高效化、形式多样化、自行迭代化等特征。AIGC 已成为继 PGC、UGC 之后的又一个重要出版资源，并且与它们相辅相成，借助 ChatGPT 这类 AIGC，可以生成选题、丰富出版资源、为读者提供更加新颖的内容阅读体验，以吸引更多读者。

Open AI 团队研发的 ChatGPT 系列开启了新一代人工智能的技术革命。以 ChatGPT 为代表的大语言模型对出版业的影响越来越大，截至 2023 年 10 月 13 日，在亚马逊官网以"高级检索"方式检索署名作者为"ChatGPT"的图书，结果显示已有 1 000 多本。虽然它们的销量有待进一步的评估，但是以人工智能充当作者的图书大量出版的态势已形成。大语言模型的深度学习与内容自主生成，基于大数据与高强度的预训练，并由此形成开发语境下的对话反应，这一技术为图书生产打开了一条新路。

智能技术生成的选题主要有以下几种类型：

（一）新图文产品

大语言模型具有庞大的语料库，同时具备强大的语言生成能力，可以通过检索数据库中的信息，输入指定的主题、风格等要求后自动生成作品素材，在文字和图片方面都能得到有效的应用，如"文心一言"对话框中的绘画功能。此外，通过数字人和机器人技术，还可以实现文艺作品中角色的具象化，并与用户产生交互行为，快速高效地满足用户更高等级的需求。

封面与插图设计是常见的大语言模型参与形式。大语言模型可用来设计图书封面与插图，根据内容进行具象化的形象设计，常用的大语言模型有 Midjourney AI、Adobe Firefly 等。插图主要出现于绘本读物，而图书封面的使用则更为广泛。在图书（读物）中，插图是对文字的具象化解释与说明，是便于读者理解的表达方式。插图的尺寸设计、构图美感、色彩搭配及排版要求等都会影响文字图片的意义表达。由此可见，插图是图书出版的一个重要方面。封面的设计同样如此，封面是影响读者对图书印象的直接因素之一，在一些情况下甚至对读者的购买行为具有决定性作用。封面涉及作者、标题、出版社以及主题核心思想的凝练表达。因此，封面与插图设计在图书出版环节中的地位举足轻重。

大语言模型对于插图的创作，可以具象也可以抽象。图书出版中插图的艺术性创作也是文明的表达。大语言模型在进行插图设计时，创作速度优越，但在妥帖性上稍有欠缺。图文不符的情况在已出版的图书中并不少见。插图与叙事的协调可以帮助读者理解文字表达的意义，但是当插图与文字的指向并不一致甚至毫不相关时，不仅不利于排版，读者阅读起来也更为困难，这就使图书出版变成了无效表达，失去了传承文明的意义，这是应该引起注意的。

（二）故事、小说产品

自主生成与创作是 ChatGPT 的特色功能，也是大语言模型在当下技术热潮中脱颖而出的主要原因。在国外的图书市场中，ChatGPT 所创作的各类图书以故事小说居多。这不仅展示了 ChatGPT 在图书创作上的强大生产力，也从侧面证明了大语言模型的创新力。此外，大语言模型不仅可以自主进行内容创作，也可以进行模仿写作。基于已有的数据库支持，ChatGPT 可以根据数据库中同一作家已经出版发行的作品，凝练出其创作风格，进而展开模仿写作。有作家表示，他可以要求 ChatGPT 模仿其他作家的写作风格进行创作，即使他们并不认识。一位外国作家使用 ChatGPT 创作了一本 27 页的儿童读物插图书，到目前为止，尽管只卖出了十几本，然而却收获了五颗星评价，买家表示书中的角色令人难忘。可见，ChatGPT 具有一定的绘画水平，但在故事逻辑、语言措辞、人物塑造及情节连贯等方面，仍需要专业作家的参与和把握。

（三）新音频产品

人工智能大语言模型可以通过智能数据处理创作出新的音频作品。

SALMONN 就是大语言模型中一个典型的听觉模型，它是 2023 年清华大学联合字节跳动研发的一个通用听觉人工智能大语言模型，具有强大的功能和广泛的应用。在输入层面，它能够感知和理解各种类型的音频内容输入，包括多语言语音识别和翻译，以及语音推理等功能；在输出层面，其能够完成英语语音识别、英语到中文的语音翻译、情感识别、音频字幕生成、音乐描述等重要的语音和音频任务，同时可以进行基于音频的故事生成、音频问答、语音和音频联合推理等，有望实现音频产品新的跨越。2023 年，浙江大学与北京大学联合火山语音，共同提出了一款创新的文本到音频的生成系统，即 Make-An-Audio。其可以将自然语言描述作为输入，而且任意模态（如文本、音频、图像、视频等）均可，同时输出符合描述的音频音效。大语言模型对"声音指纹"高水平、颗粒化的处理，有可能颠覆整个有声读物行业的生产模式。

（四）新视频、新游戏产品

人工智能大语言模型介入视频创作时，一方面连接视频工具可使视频生产过程更加快捷高效，另一方面通过画面和音效使得用户在观看视频时获得沉浸化体验。在游戏产品的创作层面，它可以对整个游戏的生产过程起到把控和监督作用，同时通过人脸识别、动态捕捉、画面渲染等技术提升玩家互动机制，从而可以大幅改善用户在游戏中的交互体验。目前，我国超 60% 的游戏企业采用了游戏 AI 技术，相比以往的工作，效率提升可以达到 90%。2023 年 6 月，腾讯的 AI 游戏技术甚至运用到了航空模拟训练中。腾讯自研游戏引擎及南航虚像显示技术等共同打造了我国首个完全自研的全动飞行模拟机视景系统，首次实现全局动态光照，为飞行员重建了一个与物理世界几乎相同的拟真世界，能为超过 8 万名的民航飞行员提供更高效、更安全的飞行训练。

（五）应用指南产品

应用指南多是对基础理论的凝练总结和实践应用的细致说明。当前，亚马逊商城中，署名 ChatGPT 创作的图书主要为应用指南类图书，如 Ghostwriter GPT-4: How to write a book in one day（Budget Edition 2）(《如何在一天内写出一本书（预算版 2）》)、The Ultimate Guide to Making Money Online: Proven Strategies for Building a Successful Online Business (《线上赚钱的终极指南：建立成功在

线企业的行之有效策略》）等。这类图书具有鲜明的应用性特征，既有理论上的指导，更有实践上的指导。利用大数据找出扎实广泛的理论基础，对已有案例进行整合给出更恰当的案例，以帮助读者理解与实践，大语言模型恰好具备这一功能。需要注意的是，目前的大模型语言创作应用指南，仍然需要人工的参与和把关。

（六）对纸质图书内容的再造

纸质教材教辅及在线教育产品的出版是出版企业兼具营利性和公益性的传统业务，目前部分出版社已通过人工智能大语言模型开辟出新的应用渠道，如开发基于正版教材、题库、判卷系统、个人错题集、智能训练为闭环的 AI 辅助学习应用等。根据华西证券研究所的调查，各地国有出版公司积极布局教育信息化，AI 技术有望集成至教育云系统，目前地方教育出版公司相关布局主要集中在 AI 教学系统及数字化教学资源两部分。AI 赋能教学系统包括 AI 阅卷评估系统、智慧校园系统、XR 沉浸网课直播、AI 英语对话助手、个性化作业辅导；数字化教学资源包括数字网课、数字教材教辅、教学内容平台等。人工智能大语言模型的应用有助于推动在线教育迈过调整期，进入稳定发展期，助力线上和线下教育产品更深度的合作和连接。

当然，大数据生成选题也是有一定风险的。大语言模型的技术逻辑不可避免地会对图书版权和艺术伦理造成负面冲击；对话式的交流也是对人类思想与创造力的一种隐性窃取。选题的创意源自丰富的想象，大语言模型的"想象能力"并不同于人类的想象力，更多地基于数据库已有模型的叠加以及整合，进而创造出所谓的"新事物"，因而大语言模型的创新性一直受到质疑。

对于大语言模型生成的选题，人们褒贬不一。在亚马逊的书评中，有读者认为 ChatGPT 成了人类偷懒捞金的现代工具，其创作的童话故事胡编乱造，毫无逻辑，并未达到成文出版的水平。但是 ChatGPT 工具的应用也确实成为图书的新颖亮点之一，有读者对 ChatGPT 所创作的工具性图书，如 ChatGPT 的使用指南、编程教学图书等持有较高评价。可见，虽然以 ChatGPT 为代表的大语言模型有助于图书的选题策划，但是对于创新性要求较高的图书，大语言模型依旧过度依赖于背后强大的数据库与高参数量预训练的支撑，并不能为人类提供具有重大创新性的文化成果。

第六章　图书制作策划

图书制作策划是保证图书产品质量的重要环节。智能时代的图书制作策划，既要保证书稿内容、形式都能达到出版质量的要求，还要为图书产品拓展数字出版的形式，因而智能技术的应用成为做好图书制作策划的一个重要因素。

第一节　图书制作策划概说

一、图书制作策划概念

图书制作策划是指按照图书出版质量要求，对书稿的内容进行编辑加工，完成装帧设计，并将此书稿内容制作为图书产品、数字出版产品的总体设计。它包括编辑加工策划、书名策划、图书制作策划和数字出版产品制作策划等。

二、图书制作策划的原则

图书制作策划，既包括内容的编辑加工策划，又包括图书形式的装帧设计策划，其原则是坚持把内容质量放在首位，实现内容与形式相统一，并最大限度地满足读者的阅读体验和阅读需求。

（一）坚持内容质量第一的原则

图书是一种文化产品，对于读者而言，内容是图书的核心价值。一本图书如果内容质量不过关，就无法获得读者的认可。做好制作策划，首先要严格执行"三审三校"制度，坚决杜绝任何导向性问题，编校质量达到国家规定标准。只有内容优质的图书才能启迪读者智慧，提供给读者丰富的思想营养，受到读者喜爱。

（二）坚持内容与形式相统一的原则

图书作为一种文化产品，不仅需要有优质的内容，还需要有与之相匹配的形式。图书的形式包括封面设计、版式设计、图片插图等，这些元素都需要与内容紧密配合，相辅相成，使读者在阅读过程中感受到审美愉悦。做好图书制作策划，就要深刻认识到，只有优质的内容与精美的形式相统一的图书，才能从众多竞品中脱颖而出，才能更好地承担起传播知识、传承文化的重要使命。

（三）坚持满足读者阅读体验的原则

读者在阅读和使用图书、数字出版产品时，优质的内容、美观的形式，能够使读者获得愉悦的审美感受。而利用智能技术提供定制服务以满足读者个性化需求，提供评论、反馈空间以增加与读者的互动，提供沉浸式场景增强用户体验，更是智能时代图书制作策划需要坚持的原则。为了做到这一点，就需要从内容把关、美术设计、技术应用等各方面进行全面考虑、整体谋划。

第二节　编辑加工策划

编辑加工策划是编辑人员对书稿进行内容质量、编校质量等方面的把关，以使书稿达到编校质量要求，并为图书产品、数字出版产品生产创造必要条件的一项基础性工作。

编辑加工策划要严格遵守"三审三校"制度。"三审三校"是我国现行的出版质量管理的制度要求，也是由出版社执行的一种质量保障机制。"三审"主要针对内容把关而言；"三校"主要针对文字校对而言。

智能时代，以大语言模型为代表的智能技术为书稿编辑加工提供了极大便利。人工智能可以进行加工整理、图片识别、输出格式转换、内容查重等工作，使书稿编辑加工的精确性得到提升。审稿、校对是出版环节中一项至关重要而又耗时耗力的工作。大语言模型可对文章错字、语法错误、敏感性问题等进行排查和分析，打破当下文字校对工作的技术瓶颈，为全方位提升书稿质量、降低差错率提供技术支持。

一、三审制度

三审，即初审（一审）、复审（二审）、终审（三审）。图书出版，必须经过三审，方可发排。一般规定，出版社编辑人员担任初审，编辑室主任（或副主任）担任复审，出版社社长、总编辑、副总编辑担任终审。如社里委托其他人担任终审，则终审人应有副编审以上职称。

需要说明的是，一本书的初审不一定就是这本书的责任编辑。如果初审担任责任编辑，则必须具有中级及以上职称。

初审（一审）是编辑工作的第一步。在对书稿进行初审时，编辑人员要认真负责，高标准，严要求，客观而全面地对书稿作出评价。一部书稿能否出版，初审意见是相当重要的，所以初审工作向来受到出版社高度重视。做好初审工作，不仅能够及时发现好的作者、好的作品，还可以检验编辑人员的眼光和水平。初审要写出初审意见。初审意见要对书稿的政治导向、内容价值、结构体例、语言表达水平等作出客观而全面的评价，既要指出好的方面，也要提出存在的问题。如果有把握不准的问题，要在初审意见中特别注明，提交复审处理。结合书稿情况，初审意见要明确书稿是否达到出版要求。如可以出版，则需要对书稿出版后的社会效益、经济效益作出评估。

复审（二审）是在初审的基础上，对书稿进行的更高层面的审读、审查。复审的重点，一是看初审意见是否中肯、准确；二是看初审未能解决的问题，复审能否予以解决。做好复审，必须认真审读书稿，要对书稿价值有更高水平的认定。复审意见要对初审意见作出评价，对初审未能解决的问题，也要提出自己的处理意见。如果认为初审意见不达要求，则予以退回，要求重新审读。

终审（三审）是三审中的最后一个环节，其重要性不言而喻。终审是在了解书稿情况的基础上，重点审查初审、复审意见中提出的问题是否准确、解决问题的办法是否妥当，同时对书稿出版后的社会效益、经济效益作出全面的、最终的评估。复审意见要对初审、复审未能解决的问题，提出最终解决方案，并对书稿是否被采用提出决定性意见。

从初审、复审到终审，三审既是一个纵向的、由低到高的审读流程，也是一个横向交叉的、相互协力的审读过程。参与三审的编辑人员，要本着对作者负责、对书稿负责、对出版社负责的精神，不断沟通情况、交流意见，上下一心，真正把这项事关多出好书、事关出版社发展的工作做得更好。

三审过程中需要解决的问题有三个：一是判断书稿内容是否违反了我国现行法律法规；二是判定书稿内容是否侵犯了他人著作权；三是判定书稿内容是否属于重大选题备案范围。如书稿内容不存在上述问题，那么就可以与作者签署出版合同，否则，就需要对内容进行修改、加工。

（一）关于书稿内容是否违反了我国现行法律法规

《著作权法》规定："依法禁止出版、传播的作品，不受本法保护。著作权人行使著作权，不得违反宪法和法律，不得损害公共利益。"我国《出版管理条例》规定："出版事业必须坚持为人民服务、为社会主义服务的方向，坚持以马克思列宁主义、毛泽东思想和邓小平理论为指导，传播和积累有益于提高民族素质、有益于经济发展和社会进步的科学技术和文化知识，弘扬民族优秀文化，促进国际文化交流，丰富和提高人民的精神生活。从事出版活动，应当将社会效益放在首位，实现社会效益与经济效益相结合。公民依法行使出版自由的权利，各级人民政府应当予以保障。公民在行使出版自由的权利的时候，必须遵守宪法和法律，不得反对宪法确定的基本原则，不得损害国家的、社会的、集体的利益和其他公民的合法的自由和权利。"这些规定要求编辑具有依法把关的使命感和责任感，必须对内容进行严格把关。《中华人民共和国著作权法》列出了不得涉及的违禁内容，概括起来包括11个方面：

反对宪法确定的基本原则的；

危害国家统一、主权和领土完整的；

泄露国家秘密、危害国家安全或者损害国家荣誉和利益的；

煽动民族仇恨、民族歧视，破坏民族团结，或者侵害民族风俗、习惯的；

宣扬邪教、迷信的；

扰乱社会秩序，破坏社会稳定的；

宣扬淫秽、赌博、暴力或者教唆犯罪的；

侮辱或者诽谤他人，侵害他人合法权益的；

危害社会公德或者民族优秀文化传统的；

有法律、行政法规和国家规定禁止的其他内容的；

另外，以未成年人为对象的出版物不得含有诱发未成年人模仿违反社会公德的行为和违法犯罪的行为的内容，不得含有恐怖、残酷等妨害未成年人身心健康的内容。

（二）关于书稿内容是否侵犯了他人著作权

书稿编辑与著作权密切相关，在三审过程中要准确判断内容是否存在侵权问题。这在处理一些非原创性书稿时尤其需要高度关注。

比如汇编作品的著作权问题。汇编作品是出版物的一个重要类型，这类图书是根据一定的编选原则，选择若干作品或者作品的片段汇集编辑而成的。汇编作品要解决被选录的每一篇作品的著作权问题，因而难度较大。一般情况下，对于某一篇作品，如果联系不到著作权人，得不到授权，那就不选录。但是往往有这样的情况：有的出版社花费了很大气力也没有找到著作权人，于是就心存侥幸地将其作品收录，以为作者即使发现了自己作品没有授权，最多也就是索要稿费，此时出版社只要立即寄上稿费，就万事大吉了。这样的想法其实是错的。有些作者的版权意识很强，知道未经作者授权先行出版作品，出版社应当担负什么责任，他通过法律程序向出版社提出赔偿要求，那也是很自然的事。其实，汇编作品的授权问题并非无法解决。首先要认定所选录的作品如果属"法定许可"，即可不经作者授权，但必须支付报酬。如果所选录的作品不属于"法定许可"，那就要事先委托版权代理公司代为联系作者的授权事宜，或者事先采用公开声明的方式说明未获授权原因及事后补救办法。当然，这也只是权宜之计，并不能完全解决问题。

编辑人员在对书稿进行编辑加工时，也要注意不能侵犯作者的著作权。《中华人民共和国著作权法》第三十三条指出："图书出版经作者许可，可以对作品修改、删节，报社、杂志社可以对作品作文字性修改或删节，对内容的修改，应当经作者许可。"著作权法的法律形式赋予编辑人员对稿件编辑处理的权力，但同时又对这种权力加以严格限制。可见，编辑加工与著作权法保护作者相关的著作权关系甚密，编辑在从事稿件编辑加工过程中，必须严格把握尺度，注意编辑加工与保护作者著作权的界限，未经作者许可，不可随意修改。如果编辑认为非修改不可，则应该与作者沟通，向作者说明修改了什么、为什么修改等，还要让作者对修改的部分予以确认。只有这样，才能将编辑加工过程中的侵权风险降到最低。

（三）关于书稿内容是否属于重大选题备案范围

我国对出版物实行重大选题备案制度始于 1997 年 10 月 10 日。当时的新闻出版署根据全国出版业的现状，及时出台了《图书、期刊、音像制品、电子出版物重大选题备案办法》，对我国出版业的健康发展起到了积极的促进和保障作用。此办法实施 22 年之后，2019 年 10 月 25 日新闻出版署又颁布了《图书、期刊、音像制品、电子出版物重大选题备案办法》新规。

根据规定，对于列入备案范围内的重大选题，出版单位在出版之前应当依照本办法报国家新闻出版署备案。未经备案批准的，不得出版发行。本办法所称重大选题，指涉及国家安全、社会稳定等方面内容选题，具体包括：

（一）有关党和国家重要文件、文献选题。

（二）有关现任、曾任党和国家领导人讲话、著作、文章及其工作和生活情况的选题，有关现任党和国家主要领导人重要讲话学习读物类选题。

（三）涉及中国共产党历史、中华人民共和国历史上重大事件、重大决策过程、重要人物选题。

（四）涉及国防和军队建设及我军各个历史时期重大决策部署、重要战役战斗、重要工作、重要人物选题。

（五）集中介绍党政机构设置和领导干部情况选题。

（六）专门或集中反映、评价"文化大革命"等历史和重要事件、重要人物选题。

（七）专门反映国民党重要人物和其他上层统战对象的选题。

（八）涉及民族宗教问题选题。

（九）涉及中国国界地图选题。

（十）反映香港特别行政区、澳门特别行政区和台湾地区经济、政治、历史、文化、重要社会事务等选题。

（十一）涉及苏联、东欧等社会主义时期重大事件和主要领导人选题。

（十二）涉及外交方面重要工作选题。

实行重大选题备案制度是基于我国的特殊国情而实施的，这是确保我国文化安全、出版安全的一项重要举措。在三审过程中，编辑应当严格履行内容把关责任，正确判断书稿是否属于重大选题备案范围，如属于以上 12 条的内容，则必须备案。重大选题备案是书稿得以顺利出版的保障，也是坚持正确的政治方向、出版导向、价值取向的重要保障。

二、三校制度

三校是指从稿件编辑到最后签发，由专职校对人员进行的三次校对。

书稿发排后，先由照排人员毛校，然后出样，送校对室校对。校对人员对来样进行一校、二校、三校。每一校的校样都要经照排人员改样后再出样。三校，也称终校。终校需由出版单位内具有中级以上出版专业职业资格的专职校对人员担任。有的出版社在三校出样后还需进行一次通读。一般把这次通读作为"三校"之后的一个环节，称为"一读"。完成了"三校一读"的书稿就可以安排印刷了。

关于编校质量，按照《图书质量管理规定》：差错率不超过 1/10 000 的图书，其编校质量属合格；差错率超过 1/10 000 的图书，其编校质量属不合格。图书编校质量差错的判定以国家正式颁布的相关法律法规、国家标准和出版业行业标准为依据。图书编校质量差错率的计算按照《图书编校质量差错率计算方法》执行。

产品质量是出版社的生命线。市场竞争永远是质量的竞争、品质的竞争，只有不断提升质量，才能赢得市场，赢得读者。而提升质量，关键在于编辑人员要有高度的责任意识和质量意识，熟悉国家有关出版质量的法律、政策规定，不断提升自身业务素质，做到切实胜任编辑岗位的职责要求。国家新闻出版署每年都对图书质量进行专项检查，年初下发通知，年底公布检查结果。在这样的专项检查中，重点是编校质量检查。按照《图书质量保障体系》要求，国家新闻出版署将对出版编校质量不合格图书的出版单位依法依规作出处罚，同时要求自检查结果公布之日起 30 日内全部收回不合格图书。连续 2 年在抽查中有不合格图书或同一批次抽查有 2 种及以上不合格图书的出版单位，不得参加当届中国出版政府奖评奖。对不合格图书的编辑人员，2 年内不得晋升出版方面职称；对 1 年内造成 3 种及以上图书不合格或连续 2 年造成图书不合格的直接责任者，由出版管理部门注销其出版专业技术人员职业资格，3 年内不得从事编辑出版工作。对相关类别图书连续 2 年检查不合格的出版单位，复核其相关类别出版行政许可的法定条件，对不再具备行政许可法定条件的，依照《出版管理条例》撤销其相关出版资质。

为保证图书校对质量，出版社一般会通过对编辑人员与校对人员的工作进行划分。编辑人员主要做好"清源"工作，即：一要发现并改正政治性错误（如立场错误、观点错误、倾向错误、导向性错误、政策性错误等）、事实性错误（史实错误、年代错误、数据错误等）和知识性错误（一般知识性错误、伪科学及反科学内容等）；二要发现并改正违反语法规则和逻辑规律的错误。

校对人员主要做好"净后"工作，即：一是发现并改正错别字；二是发现并改正语言文字、标点符号、数字、量和单位等使用违反国家规范标准的错误；三是做好版面格式规范统一工作。其实，校对人员的"净后"就是校是非，即通常说的清除内容硬伤，不做篇章结构的调整、思想内容的提升和文字润色的工作，并且校改后须经编辑人员检查确认。

出版社对编辑人员和校对人员的工作作出明确分工以后，对"三校一通读"的责任也会提出要求。比如，有的出版社规定：按照国家新闻出版署规定，"三校一通读"是《图书质量保障体系》规定的必须坚持的最低限度校次。对于重点书稿和校对难度大的书稿（经典著作、辞书、古籍、学术论著、教科书、繁体、竖排稿件等），须相应增加校次以保证校对质量。三校后的"通读"由编辑人员负责。"通读"不同于"编辑加工"，编辑人员对稿件的编辑加工应在送一校前完成，通读（包括终校稿核红）在终校后完成。编辑人员"通读"主要解决的问题有：①校对质疑；②检查稿件编校质量是否合格，如不合格必须适当增加校次；③做最后的文字技术整理；④核对付印清样，做好印刷前最后的质量把关。

出版社的管理规定是保证校对质量的一种制度性约束，而校对人员具备较高的职业素质，才是保证校对质量的关键性、决定性因素。有的出版社会对校对人员的素质提出要求，包括：

一、校对人员须严格执行国务院及国家新闻出版署颁布的《图书质量保障体系》《图书质量管理规定》等法规；正确使用国家有关部门最新修订的《出版物上数字用法》《标点符号用法》《量和单位》《第一批异形词整理表》《出版物汉字使用管理规定》《简化字总表》《现代汉语通用字表》等有关规范标准；以最新版本《现代汉语词典》等权威工具书作为参考依据。

二、校对人员要在意识形态上理解和正确把握党和国家的方针政策，坚持正确的舆论方向；实时关注生活、法律、民族宗教、领土主权、港澳台地区以及国际关系等方面新闻报道最新要求，保持敏锐的政治意识，提高政治素养。

三、校对人员应有高度责任感和职业敏感度，广博涉猎，深度钻研校对技能，熟练掌握各种校对工作理论和方法。

这些规定可以最大限度地保证书稿校对质量。

熟悉国家有关政策、法规，具有完备的知识储备，能够做到认真、仔细、敬业，就会在校对工作的岗位上做出令人敬佩的成绩。人民出版社的吴海平长期从事校对工作，人称"校对王"，他的事迹能给校对人员以深刻启迪。

2017年4月14日《新华每日电讯》发表了一篇介绍吴海平事迹的文章。文章写道：

吴海平眼力好，一个句子掠过一眼，凭直觉就知道有没有毛病。他总能察觉别人放过的疏漏，在看起来没问题的地方边嘀咕"我总觉得哪儿不对啊"，边一把揪出个大破绽。有人觉得这很神奇，吴海平说这特简单："没什么奥妙，只要你认真、仔细、敬业，哪儿有毛病自然都能看出来。我特别认真，真的。"

这眼力来自多年的积累与经验，和过人的细致与认真。

《邓小平文选》第三卷出版时，他通读已校过四遍的出版说明，读到"一九九二年一月十八日至二十一日《在武昌、深圳、珠海、上海等地的谈话要点》"，忽然觉得不对劲儿：难道小平同志在南方这么多地深入视察、调查、谈话才用了四天吗？他立即请编辑部进行核实，发现是原稿漏了"二月"两字。

校《恽代英全集》，文内有句"了却向平生之愿"大家都以为应该去掉"向"，改成"了却平生之愿"，吴海平却觉得哪里不对。他翻查各种词典，终于找到一个生僻成语"向平之愿"——意思是子女婚嫁之事，对照原文语境，句中该去掉的原来是"生"字。

《恽代英全集》还收录有1924年8月11日、第一次国共合作时期，毛泽东、恽代英等联署致孙中山的一封电文，该书主编在台湾意外发现这份珍贵史料，特地影印带回。影印件上，可以看到旧式竖版电文署名处，罗列着一串没有标点、空格间隔开的人名，编者在注释中说署名者有11人，并将这些名字一一列出，最后一人叫"叩蒸"。

"我总觉得哪儿不对。翻《现代汉语词典》一看，'叩'还真是一个姓，但我还是觉得不对，这名也太怪了。"吴海平说。

他猛然记起过去曾碰到一种特殊纪日方法。清末开通电报后，因费用昂贵，人们为节约用字一度以地支代替月份、韵目代替日期，历史上一些著名事件，如马日事变、文夕大火、汪精卫艳电等词都由此而来。

想到这些，他赶紧去找代字表，一查，"蒸"正是10日的意思。

面对文字，吴海平就是个经验老到的侦探，总能察觉别人放过的疏漏，在看起来没问题的地方边嘀咕"我总觉得哪儿不对啊"，边一把揪出个大破绽。他的眼力远超一般人对校对工作的认知，审校教育家黄炎培的情书家信集时，他从不起眼处找到依据，补全了信中一首缺字的诗，令黄炎培的儿子大为叹服。

有人觉得这很神奇，吴海平说这特简单："没什么奥妙，只要你认真、仔细、敬业，哪儿有毛病自然都能看出来。我特别认真，真的。"

也许有人会说，在智能时代进行书稿校对，因为有大语言模型这样的智能技术，就不需要像吴海平这样的校对人员了。这种说法是值得商榷的。大语言模型说到底就是一种工具，这种工具应用于书稿校对能够达到什么样的水平，最终还是由人来决定的。在这里举出吴海平的例子，主要是为了说明，要做好校对工作，不论借助什么样的智能技术，做到认真、仔细、敬业是最基本的前提。

第三节　书名策划

书名策划，也就是给书命名。编辑人员策划一个选题，或者约请作者写作一部书稿，一般都会有一个名字。这个名字最终是否被采用，编辑人员还要结合书稿内容、市场形势等多种因素，反复斟酌，才能确定。

编辑人员可以借助智能技术进行书名策划。大数据语言模型可以帮助编辑人员从图书的内容中提取关键词或关键短语，用作书名的重要组成部分，以真实地反映图书的主题。基于这些关键词或关键短语，再对当前市场上受读者欢迎图书书名特征进行分析，大数据语言模型可以生成一些书名，并会对这些不同的书名效果作出评估，如通过分析读者对不同书名的反应，结合点击率、分享率等指标，来评估哪个书名更能吸引读者。需要说明的是，虽然大数据语言模型可以提供很多帮助，但书名的最终确定，还需要结合图书的主题和市场需求情况，由编辑人员与作者共同商定。

一、书名的作用

从书名策划的角度讲，书名是一部书最直观的主题词，更是一部书最醒目的广告语。书名浓缩了一部书内容的精华，高度凝练，引人注目。要想给书起一个恰当的名字，既要有创新思维，又要有市场意识。

书名不仅代表了图书本身，也关系到图书的市场前景。书名关涉内容创意和营销流通，是沟通策划者、营销者、读者的桥梁和纽带。图书能否实现预期的销量和社会反响，书名无疑是一个关键性因素。

好的书名能够促使图书畅销。书名要凸显全书的主题，还要做到一目了然，引人注目。市场上，同类书汗牛充栋，读者不可能逐一翻阅图书内容，只有在看好书名的前提下，才有可能考虑是否要购买。好的书名能一下子吸引人的眼球，像近几年的畅销书《我心归处是敦煌》《晚熟的人》《群体性孤独》《人世间》《觉醒年代》等，书名就很好。

一本书能否畅销，书名至关重要。好的书名不仅能促进图书的销售，甚至能使原本不畅销的书变成畅销书。改个书名就畅销，这类例子比比皆是。

举个20世纪中叶的例子。在美国，有一本原名叫作《论争的艺术》的书，上市后几乎卖不动，后改为《怎样让你的辩论更有逻辑性》，内容没有作任何改动，结果书的销量一下增加到了3万册。

再举一个改名就畅销的例子。日本作家松本清张写过一本书叫《球形的荒野》，是一部剖析日本人在第二次世界大战中真实心态的长篇悬疑小说。这部小说被拍成电影，还获过各种奖项，在日本是一本名副其实的畅销书。这部书被引进中国后，以原书名出版，投放市场后销售十分惨淡。2012 年，一出版社重新购买了这本书的版权，把书名改为《一个背叛日本的日本人》，上市当周就上了畅销书榜。

二、书名策划的艺术

书名策划不是一项简单的事。为一部书起一个好的名字，需要深刻理解书稿内容，需要与作者深入沟通，需要将图书主题与市场需求结合起来。在此基础上，还要充分把握书名的美学特征，通过精益求精的精心策划，才能为一部书起一个好的名字。

（一）恰切

所谓恰切，就是适当、贴切。从语言逻辑学的角度来说，恰切是词语形式和词语信息的完美结合。恰切的词语对事物的表达恰到好处，无过之而又无不及。为一部书起上一个恰切的书名，是书名策划的最高境界。

恰切的书名要经过作者、编辑人员对作品内容的认真研究才能得到，不是信手拈来的，也不能拾人牙慧。也就是说，为了准确反映作品内容及其作者的创作思想，必须深思熟虑，创造一个准确的、具有丰富意蕴的词句。

我国的四大名著——《红楼梦》《水浒传》《西游记》《三国演义》的书名就是恰切的，不但准确性高、概括性强，而且简练易懂、恰到好处，令人过目不忘。

判断一个书名是否恰切，要看书名策划是否遵循了两条基本原则：

1.尊重内容的原则

书名策划既要立足内容，也要立足市场，但首先要尊重作品内容。作家迟子建的长篇小说《越过云层的晴朗》，出版社编辑曾经希望将书名改得"出挑"一些，迟子建则认为这个书名很好地体现了作品内容，不能轻率地用一个花哨的书名去取悦读者。编辑出于对作者、作品的尊重，最终同意使用原名。《我们的心灵多么顽固》是作家叶兆言为自己一部小说定下的名字，而在接受这部书稿时，出版社即对这个书名提出了异议。他们从市场的角度来判断，认为这个书名太长，不易记，会影响销售。叶兆言则坚持己见，认为这个书名经过了自己的深思熟虑，既体现了作品内容，又有一定的市场号召力。出版社最终以原名出版了这部作品。

2. 雅俗共赏的原则

书名策划既要防止为了追求高雅，用语诘屈聱牙，语义晦涩难懂，又要防止格调不高，故意引起人们庸俗的联想。雅俗共赏的书名带有一种恰切的中和之美，能够为广大读者所认同、喜欢。阎连科有一部小说叫《走着瞧》，这个书名就是出版社编辑与作者深入沟通、反复斟酌的结果。《走着瞧》是一部游记散文合集，作者在书中深入阐释了"行走、心灵、人生"的主题，展现了"身游世界，心系家园"的情怀。《走着瞧》书名简洁，一词多义，"走"，既指身体在路上，也指心灵在路上；"瞧"，不只是看风景名胜与人文历史，更是对不同地域风俗、不同时代背景下的人物命运的博弈、抗争、成长的挖掘，映射当下社会百态与人生情怀。这个书名看似平常，实则富有深远意义，而且雅俗共赏，别具意味。

（二）新颖

书名新颖，就是让读者耳目一新。一个书名，若让读者有似曾相识之感，则是书名策划的失败。

比如哲学入门书，书名叫"××入门"，就显得太一般，而且很常见。那么哲学类的入门书应如何起书名？

《看，这是哲学》《简单的哲学》《好用的哲学》《哲学起步》《你的第一本哲学书》《这一切意味着什么》……这样的书名就比较有新鲜感。

再如文学类图书。文学类图书书名的新鲜感往往来自它所具有的文学性，如《挪威的森林》《廊桥遗梦》等，既与图书主题密切相关，又带有强烈的艺术气息，给人以无限的遐想，让人过目不忘。

但也有例外，如《我们如何摔断腿》。该书的介绍文字是这样写的：如果你想看如何优雅而不过分疼痛地摔断自己的一条腿的话，很遗憾，这本书是没有的，因为它不是一本摔跤指南，而是一本小说。这本书堪称克罗地亚一个非同寻常的家庭的编年史，其时间跨度为1951年到1992年。数十年间，一个家庭为一则奇特的咒语所困扰，致使家中的所有男性成员在遇到一生至爱时无不将自己的一条腿摔断，故事还将家事和国事连为一体，其文字风格诙谐幽默。

还有一本书叫作《韭菜的自我修养》。这本书的作者是一个投资人，内容并不是有关韭菜的，而是讲述从一根普通"韭菜"到知名投资人的成长历程。作者说过，这本书最终取名为《韭菜的自我修养》，实在出于迫不得已。他原本想过几个其他的名字，如《韭菜防割指南》《小韭菜如何成长》《新韭菜必知手册》，但最后发现，还是这个最有可能自带流量。

与众不同、别出心裁的书名才会给人留下深刻印象。

（三）易记

对于一部书来讲，书名是读者最先接触到的有关这部书的信息。一个好的书名，必然是一个容易被人们记住的书名。简洁的书名，词少义多，语句简练，能让读者印象深刻，而且牢记在心，还便于口口相传，形成传播效应，对图书的市场销售会产生极大的推进作用，如《家》《子夜》《三体》《小王子》等。

有的书名虽然字数较多，但易懂好记，如《蛤蟆先生去看心理医生》，这是一本英国作者写的心理咨询入门书。作者为了向大众普及心理学知识，告诉大家心理咨询是怎么一回事，借用了英国文学经典《柳林风声》的故事主角，让蛤蟆先生和他的朋友们登场，于是上演了这样一个关于心理咨询的故事。读者通过阅读这本书，可以在一种身临其境的体验中了解心理咨询的整个过程，并且见证一种奇迹的发生。

蛤蟆先生本来性格开朗，喜欢与朋友打闹，可是如今却一反常态地郁郁寡欢，他一个人躲在屋里，连起床梳洗的力气都没有。朋友们非常担心他，建议他去看心理医生。蛤蟆先生便在朋友的劝说下，去接受心理咨询师苍鹭的治疗。在接受治疗的过程中，蛤蟆先生敞开心扉，勇敢地袒露自己的内心，渐渐地，他找回了自我，找回了信心，原先那欢快的笑容终于又绽放在他的脸上……在这本书中，有心理问题的蛤蟆与心理咨询师深入沟通，彼此信任，找到了产生问题的原因，很快恢复了健康。读者从蛤蟆的经历中可以看到自己的影子，学到处理类似心理问题的方法，从而对自己今后的健康、快乐成长充满信心。

这本书在国外畅销 100 万册，引入中国后，入围《新京报》、豆瓣年度图书榜单。书之所以畅销，与这个通俗、简练又很容易被人记住的书名有很大关系。

三、书名策划的误区

有人说，书名是一部书的"眼睛"；也有人说，书名是一部书的"生命标志"。不管哪种说法，都表明了书名对于一部书的重要性。既然书名可以表达图书的主题意旨，也会与这部书的"生命"相生相伴，书名策划就要慎之又慎，不能陷入误区之中，以免留下深深的遗憾。

（一）低俗

低俗的书名会降低图书品质，容易使读者产生负面情绪，影响阅读体验，不利于培养读者的审美情趣，还会传播低俗文化，对社会风气造成不良影响，与图书的社会功能背道而驰。

有的书名为了吸引读者眼球，竟不惜使用低俗词语，如《初恋男友是个渣》《贱人》等。这些书名不堪入目，也违背了基本的社会伦理规范。还有带"骚"字的书名，如《骚人》《骚宅》《骚土》等；带"野"字的书名，如《野事》《野寨》《野渡》《野床》《野恋》等。而《美人赠我蒙汗药》《我这里一丝不挂》《女人床》《不想上床》《我把你放在玫瑰床上》《忍不住想摸》《裸奔》《105个男人和3个女人》等，用语暧昧，格调低俗。这类书名带着浓烈的低级趣味，这是不能简单地用市场意识来开脱的。

（二）跟风

一本书一旦成为畅销书，书市上很快就会出现一大批书名相似的图书。曾几何时，一本《谁动了我的奶酪》引出了各式各样的"奶酪"；《天亮以后就分手》一书上市不久，就相继出现了《天不亮就分手》《天亮以后不分手》；《爱你没商量》出版以后，就有了《宰你没商量》《偷你没商量》……

更有甚者，《左手倒影右手年华》出版以后，竟引发了一场书名中"左右手"之风，短时间内，市场上书名中带有"左右手"的图书竟达数十种，如《左手快乐，右手难过》《左手婚姻，右手爱情》《左手爱情右手你》《右手情商，左手逆商》《左手写他，右手写爱》《左手男右手女》《左手微博右手微信》《左手做人右手做事》《左手爱孩子右手立规矩》《左手生命右手信仰》《左手胆略右手战略》《左手智慧右手爱》《左手财富右手幸福》《左手李叔同右手南怀瑾》《左手巴菲特右手彼得·林奇》《左手老子右手孔子》《左手论语右手算盘》《左手服务右手销售》《左手孩子右手创业》《左手咖啡右手锦囊》

《左手管理右手营销》《左手投资右手享受》《左手梦想右手疗伤》《左手白菜右手玫瑰》《左手蜗居右手奋斗》《左手淡定右手优雅》《左手外贸右手英语》等，让人眼花缭乱，也令人颇感厌恶。

这些书名模仿他人创意，明显在"蹭流量"。虽然图书节省了开发成本，减少了出版风险，有可能获取一定的经济利益，却扼杀了出版的创新活力，是一种为短期经济效益而牺牲社会效益的短视行为，因此受到普遍诟病。

（三）难记

难以让人记住的书名，有的用语艰涩，有的不知所云，还有的语句过长，甚至长达几百字。

英国历史上有一部畅销书，由一位制定惠斯特牌戏规则的人所著，其书名奇长无比——《关于惠斯特牌戏的小册子，包括牌戏的规则以及一些打牌原则，初学者只要仔细遵守这些原则，就能打好惠斯特》。那时，为书起一个长长的名字并不是一件怪事，这是为了获得广告效应，所以出版商便把书名变成了图书内容解说词。

近代以来，有的出版商为了创造纪录，不惜把书名写成一篇文章。据记载，世界上书名最长的一本书是由意大利作家达维德·奇利贝蒂在 2007 年 7 月完成的。书名是：Per favore dite a mia madre che faccio il pubblicitario lei pensa che sono un pierre e che quindi regalo manciate di free entry e consumazioni gratis a chi mi pare，rido coi vips，i calciatori le veline e le giornaliste，leggo Novella e mi fotografano i paparazzi，entro neI priv é saltando la coda，bevo senza pagare，sono ghiotto di tartine e gin tonic，ho la casa piena di oggetti di design，conosco Paris Hilton，Tom Ford ed Emilio。这个书名共有 1 433 个外文字母，290 个单词，是当时最长的书名，被列入吉尼斯世界纪录。

在我国，也有出版社出版了一部长书名的书，书名是这样的：《民国往事中的东北颜值最高文武双全拥有佛缘名字慈灯出身社会底层用笔尖抗争疾呼的男神他把目光聚焦于揭露社会深层穷苦弱小百姓和傀儡军队等真实的惨相与阴暗无情腐败贪婪充满尔虞我诈的混沌世界里以暗讽隐晦的手法大量书写揭露日本侵略者在东北建立的伪满洲国以及鼓吹的王道乐土五族协和大东亚共荣圈的虚假中生活在殖民统治下水深火热中被欺压受苦受难却不甘亡国的穷苦百姓发出的呐喊控诉和愤争中的文章看似他远离政治却与时事从未脱离的现实主义勾勒的笔触都带着一种饱含深意的消解和形式上与独裁统治者对抗下的作品虽然短小精悍往往只写一个小人物或一件小事聚焦生活的小片段犹如挂在日本侵华罪恶史墙上的每一帧照片都有一副苦难而扭曲的面孔在诉说现实的苦难里反映出最痛苦最挣扎最屈辱最无尊严最令人心碎最激发人们抗争呐喊和最展示人性强大与弱点彷徨与深思的矛盾心理涵盖了勾心斗角的小职员精打细算的家庭妇女赤膊的脚夫奔跑街头的人力车夫争斗打拼的码头工人受人白眼的茶馆仆役奸诈势利的当铺掌柜低俗可悲的街头妓女贪图小利的食肆小二嘶哑叫卖的报童泼皮无赖的流氓打家劫舍的强盗欺压百姓的军阀勾结胡子的地主等社会下最底层最草根最可怜最屈辱最色厉内荏却无可奈何但又热爱生活的各类人群和最腐败最贪婪最无趣最奸诈最卑躬屈膝和昧着良心背叛生活的那些人的故事令他的作品有血有肉有哭有笑更多是他的草民经历眼见所闻切身感受和观察到的社会众生相使这位东北沦陷期的传奇人物由一个深受大众欢迎的百姓作家转变为受东北左联进步思想的影响毅然投笔从戎参加革命改名夏园在对敌斗争中还坚持不懈进行创作的他出身贫寒一生传奇做过苦工服务过傀儡军队参加过抗联当过地下党站过讲台做过中央领导秘书下放过农村 1930 年至 1945 年 15 年间作品竟达千万字讲述着伪满洲国那片地域那个时空中不为人知的故事》。

这部书的书名有 741 字，1 766 个拼音字母，应该超过了意大利作家达维德·奇利贝蒂的那部书，成为世界上最长的书名。只是不知道有没有被列入吉尼斯世界纪录。

其实，即使被列入吉尼斯世界纪录又有何意义呢？这书名，谁又能记得住呢？这样的书名策划是不值得提倡的。

第四节　图书产品制作策划

图书产品制作策划是指对内容呈现图书的封面设计、版式设计等的策划，也包括对制作图书所用材料（包括纸张、油墨等）选择使用的策划。在图书产品制作过程中，装帧设计是重要的一环，一直受到高度重视。在业内，每年都有评奖活动，除了针对一般装帧设计外，还有"最美的书"评奖活动。

一、图书产品制作策划的意义

就图书而言，内容是第一位的，但强调内容的重要不等于形式无足轻重。图书产品制作策划是图书形式的设计，其目的是更好地表现内容。

概括说来，图书产品制作策划在出版中的意义表现为以下几个方面：

（一）能够使图书从内容到形式达至完美统一

从制作工艺的角度讲，图书应该是一个艺术品，优质的内容应与封面、版式乃至纸张完美统一、相得益彰。

20世纪30年代是中国出版的一个兴盛时期，当时，一些著名的美术家、作家积极倡导或直接参与图书的装帧设计，一时蔚成风气，他们设计的一些图书到今天已成了精美的艺术品。丰子恺、鲁迅就是这样的装帧艺术大家。

丰子恺是著名漫画家，他对封面、环衬、扉页等有比较周密的整体考虑。他的图书装帧特点是在封面设计上多采用漫画笔法，构图很有装饰性，具体形象较写实。当时，包括丰子恺自己作品在内的一些很有影响的儿童读物的装帧设计均出自他的手，如《爱的教育》《木偶奇遇记》《儿童漫画》《寄小读者》等。

鲁迅是著名作家，也是现代图书装帧设计的倡导者和奠基人。他早期自费出版的《域外小说集》封面，由陈师曾题字，毛边装，这是一种在欧洲十分流行的文艺图书的装帧形式。从20世纪20年代到30年代，他的很多作品的封面设计和题字，都是自己动手完成的，如《呐喊》《坟》《珂勒惠支版画选集》《海上述林》《引玉集》《野草》《华盖集》《木刻纪程》《伪自由书》《热风》等。这些书的封面、版式，乃至纸张、装订等都很考究，真正做到了内容与形式的完美统一。

中国现代出版史上涌现出了许许多多优秀的装帧艺术家，他们的成功经验值得今天的图书产品制作策划者认真借鉴。

（二）能够更好地稳固出版社与作者的合作关系

一本书的装帧、制作只有令作者满意，他才会与出版社长期合作下去。这里举一个中国现代出版史上的例子。

20世纪30年代良友图书印刷公司靠印制画册起家，因而非常注重图书的装帧，许多知名作家愿意把书稿送给良友，一个很重要的原因就是良友的图书印制精美。良友出版了许多丛书，丛书在装帧形式上有更高的要求，既要追求装帧上的统一，又得让每一部作品的作者都满意，确实是一件不容易的事情，但"良友文学丛书"做到了。"良友文学丛书"一律采用布面精装，外加封套。封套的书脊，上部印有"良友文学丛书"字样，中印书名、作者，下部印"良友"的出版社标记。每部书的软面布精装的封面上，统一在左上角用大号凹字印出书名、作者，右下角印"良友"的出版标记；书脊采用烫金方式印上书名、作者和"良友文学丛书"字样；环衬是大幅的"良友"出版标记；扉页题"良友文学丛书 赵家璧编辑第 × 种"，以表示该丛书的名称、编辑者和该书在整套丛书中的次序。在版式设计上，追求整体协调，疏朗大气的风格，令人赏心悦目。"良友文学丛书"出版后，作者们爱不释手，赞美不已。

（三）能够在图书营销方面更好地吸引读者

高质量的图书产品制作，能够通过色彩、字体、图片等元素很好地传达书的内容和主题，提高图书的品质，吸引读者的眼球，让读者感觉这本书值得购买和阅读。

这里再举一个国外的例子。

《权力的游戏》的封面设计精美，色彩丰富，符合小说的奇幻风格，促使这套小说成为畅销书。《麦田里的守望者》的封面设计简洁，采用了经典的麦田图案，与书名相辅相成，很容易吸引读者的注意力。对于出版社来说，风格特色鲜明的装帧设计有助于建立自身品牌形象，使读者更容易识别本出版社的作品，并建立信任感，引起读者的情感共鸣。生活·读书·新知三联书店成立于 1932 年，拥有悠久的历史和深厚的文化底蕴，在长期的出版实践中，图书装帧设计也形成了自己独特的品牌特色。该社以出版人文科学和社会科学图书为主，注重思想性和学术性。因此，其装帧设计往往体现出一种品牌传承、人文关怀、艺术性、创新性相结合的艺术理念，既保留传统元素，又融入现代审美观念，使得设计风格独树一帜，在图书市场上具有很高的辨识度。

二、怎样做好图书产品制作策划

编辑人员要对书稿内容进行把关，而对图书的形式也要有一个总体考虑。

有了总体考虑以后，还需要与装帧设计者反复磋商，以便达成一致意见。编辑人员是图书生产的中心，而在图书产品制作方面的作用也相当重要。这是因为编辑人员对图书内容最熟悉，对一本书在市场上的表现有自己的期待，其提出的意见对装帧设计者有重要的参考价值。那么，编辑人员如何才能做好制作策划呢？

（一）要掌握图书装帧设计基本知识

编辑人员需要了解和掌握一些基本的图书装帧设计知识，以便有效地与设计师合作，并确保装帧设计符合出版物的需求和标准。图书装帧设计不仅仅包括图书封面、书脊、封底、环衬的美术设计，而且包括图书形态、装帧、制作工艺的设计。编辑人员要了解装帧设计的基本原则，如对称、平衡、对比和重复，以及如何使用这些原则来创造有吸引力的设计；了解并能够识别和解释不同的设计元素，如色彩、形状、纹理和图片，以及它们如何影响整体设计；了解装帧设计的整个制作流程，包括从设计概念到成品制作的每一个步骤；了解出版行业的相关标准和最佳实践，以确保设计符合行业要求和读者期望。

（二）要善于与装帧设计者沟通交流

编辑人员与装帧设计者之间的有效沟通，对于出版物的成功非常重要。在开始设计之前，编辑人员应该将出版物的目标受众、内容特点等信息传达给设计者。为了确保设计效果，可以向设计者提供一些相关参考资料，如样例图片、颜色方案等。编辑人员应该在设计过程中及时提供反馈意见，以便设计者能够对设计进行调整。编辑人员审阅装帧设计样稿时，意见难免会与设计者不一致，在这种情况下，编辑人员既要勇于表达自己的观点，也要善于表达自己的观点，做到尊重设计者。编辑人员需要明白，设计过程可能需要一定时间，在此过程中，要保持耐心，与设计者共同努力，反复修改，直至达到满意的效果。

（三）要善于严格控制图书产品制作成本

编辑人员需要根据图书产品制作的具体需求制定合理的预算，明确各个环节的成本控制目标。在预算制定过程中，要充分了解市场行情，合理选择供应商和服务商，合理采购纸张、印刷、装订等原材料和服务，通过比价、议价等方式，争取获得更优惠的价格；要密切关注项目进度，确保各个环节按计划进行，避免拖延和重复工作。一旦发现进度偏差，要及时调整，防止成本超支。编辑人员还可通过智能技术来优化制作流程，尤其是使用其参与装帧设计，以减少成本开支。利用大语言模型等智能技术进行装帧设计，设计速度更快，设计风格多样，成本也能得到控制，但在具体实践中，图文不符的情况也时有发生，这是需要引起注意的。

三、图书产品制作策划常用术语

（一）封面、扉页、环衬、插页

封面也称书皮、封皮、书面，中国古代叫书衣。封面有广义和狭义两种解释：广义的封面包括封面、封底、书脊、勒口等各个部分在内的整体外部包装；狭义的解释是专指图书正面的部分。封面的作用主要有两个：一是保护图书内文页；二是美化图书外在形态。

扉页是翻开图书后看到的页面，通常包含书名、作者名、出版社等信息，有些图书还会有扉页插图。

环衬是位于封面和扉页之间的一页，通常用于介绍图书的主题或作者，也可能包含一些插图。

插页是在图书正文中插入的彩色或黑白插图，用于装饰和辅助文字内容。

（二）字体、字号、天头、地脚

字体是指用于印刷文本的字母样式。不同的字体会影响文本的视觉效果和阅读体验。

字号是指印刷文本的字母的大小。字号决定了文字在页面上的大小，直接影响阅读的舒适度。

天头是指图书正文上方的空白区域。地脚是指图书正文下方的空白区域。天头和地脚空白区域的大小和位置可以根据版式设计来调整，以便于阅读和美观为宜。

（三）印张、开本、页、码

印张是印刷品用纸的计量单位。一张纸可两面印刷，一全张纸的一个印刷面为一个印张，一全张纸两面印刷就是两个印张。

开本即书页幅面的大小。一个全张纸为一开，对折 1 次，幅画为全张的 1/2，称两开，对折 4 次，幅面为全张的 1/16，称 16 开，对折 5 次，称 32 开，对折 6 次，称 64 开。另外，纸张规格不同，相同开本的图书的幅画也会有所不同。一全张纸的规格有国际标准和国内标准。比如，国际标准的尺寸为 850 毫米 × 1 092 毫米，其规格的开本被称为大开本。国内标准的尺寸为 787 毫米 × 1 092 毫米，其规格的开本被称为小开本。

图书的一张纸为一页，一页有正反两面，每一面为一码。在印刷厂，一全张纸可两面印刷。如果 32 开本，那么这全张纸就要裁成 32 张两面印刷的书页。如果标码，那就是 64 码。

$$印张 × 开本 = 码数$$

（四）码洋、实洋

码洋，即图书定价乘以印数得出的金额总数。

$$图书定价 × 印数 = 码洋$$

实洋，是图书定价扣除一定比例的折扣以后的价格乘以图书销售数量而得出的金额总数。

在出版社与书店结算时，一般使用实洋。

码洋和实洋是出版社核算经营情况的基础数据，也是基本记账单位。

（五）纸张

纸张主要有胶版纸、铜版纸、轻型纸、新闻纸、轻涂纸、书写纸、字典纸、特种纸等，下面介绍几种常用的纸张：

1. 胶版纸

胶版纸，顾名思义，是一种多用于胶版印刷的纸张。它是一种较为常用的书刊印刷用纸。这种纸含纸浆比例较高，柔韧性、伸缩度较好，用于印刷机上，可实现多量、快速的印刷，是图书内文的首选用纸。

2. 铜版纸

铜版纸又称印刷涂料纸，是在全浆纸上涂上一层白色浆料，再经压光，形成光滑表面，用于彩色印刷的一种图书用纸。

这种纸有较好的弹性和较强的抗水性能、抗张性能，彩色印刷还原性好，被广泛应用于图书的封面、插页印刷，也常被用来印制图片、画册等。

纸张分有光和无光（亚光）铜版纸。

3. 轻型纸

轻型纸应用于图书印刷具有多种好处，一是重量轻，便于长时间手持阅读；二是色彩柔和，保护视力。

（六）图书定价

任何商品都有售价，相较于其他商品的定价，图书定价有一个鲜明的特点，那就是出版社在每一本图书的版权页上，都明码标出这本书的定价。

1.图书定价模式

从世界范围来看，图书的价格模式大体上分为两种：一种是出版社自我定价。一种是出版社根据国家有关规定进行定价。两种定价模式的不同在于，前者可以由销售商决定销售价格，而后者则不被允许，如销售商不按定价自行低价销售图书，则会违反相关法律，从而受到惩处。

目前，我国图书定价采用的是出版社自定价格的模式。这种模式又分两种情况：

（1）按印张定价。我国图书一直实行按印张定价的模式，即将定价的构成因素，如生产成本、发行折扣、利润、税金等平均分摊到每个印张上。这种传统的定价方法，就是把图书从编辑、装帧、印制、宣传到发行等所有图书生产环节的成本加在一起，把人员费用、管理费用、办公费用甚至医疗费用等成本甚至所缴纳的税也计算进去，然后加上利润，最后确定图书的定价。

（2）根据市场定价。目前流行一种倒流水法的图书定价方法，指从读者的角度来考虑定价，即市场（读者）到定价。图书定价不是单一的图书价格问题，它涉及一些隐性的方面，如内容质量、印数限制等，从高质量、稀缺性角度研究图书定价是有必要的。

2.图书定价因素

（1）生产成本。生产成本由可变成本和不变成本组成。可变成本包含随图书印数的变化而变化的纸张、油墨等印制费，作者版税，税金等；不变成本包含与印数无关的录入、排版、校对、装帧设计等。

税金指的是增值税、教育附加税和城市建设税。

（2）销售方针。销售方针主要指出版社出版某种图书时所考虑的读者对象和图书定位，针对不同的读者对象，应该有不同的定价策略。例如，学生用书的定价不能太高，要薄利多销；具有收藏意义的图书，印制要精美，定价可高一些。

（3）预期发行量。一本书如果预期发行量较大，定价就不能太高，发行

量和定价在正常情况下一般成反比。较低的价格会提升读者购书意愿，所谓
"薄利多销"也适用于图书定价策略。

四、封面设计

这里讲的是广义上的封面设计，包括封面、书脊、扉页的设计等。

（一）封面

图书封面是一本书的门面，能够直接影响读者的购买欲望和阅读兴趣。
一个优秀的图书封面设计，不仅能够吸引读者的注意力，还能准确地传达图
书的内容和主题，揭示图书的内涵和特色。此外，图书封面设计还可以树立
出版社的品牌形象，提升图书的品位和价值。由此可见，图书封面设计在图
书的销售和传播中有至关重要的作用。

封面设计的关键在于准确传达图书的内容和主题，同时吸引读者的注意
力。为了实现这一目标，封面设计要有明确的构思立意，确保封面设计与图
书内容相符，适合于阅读人群和市场定位。

一般认为，图形、色彩和文字是封面设计的三要素。设计者要根据图书
的内容、特点、用途和读者对象，把这三者有机结合起来，从而表现出图书
的丰富内涵。图形可以分为具象和非具象两类，需要根据图书内容选择合适
的图形。适配的色彩表现和艺术处理，能在视觉上产生令人愉悦的效果。色
彩的运用要符合内容的表达和读者的审美心理。书名的色彩运用在封面上要
有一定的分量，否则就不能产生显著夺目的效果。文字在封面设计中一般
作为图形来处理，需要考虑文字在整体构图中的位置、字形、大小和疏密
等因素。

总之，封面设计的关键在于将图书的内容、主题和风格通过视觉元素，
艺术、有效地传达给读者，使读者产生深刻印象。

（二）书脊

书脊设计在封面整体设计中也具有重要意义，它可以通过文字、图案等
元素传达图书的主题、内容和风格，使人们在书店浏览时快速了解图书信息，
吸引潜在读者的注意力。书脊的美感直接影响图书的整体视觉效果，一个精
致、独特的书脊设计能够提升图书的美学价值，使图书在众多同类作品中脱
颖而出。

书脊设计还与图书的实用性密切相关。对于系列图书或者知名品牌，书脊设计有助于树立和强化品牌形象，通过统一的设计风格和元素，读者可以轻松识别并记住这些图书，从而提升品牌的知名度和影响力。另外，书脊的文字和图案元素有助于图书在图书馆、书店等场所的分类和检索，如图书馆常见的分类就是根据书脊上的文字进行划分。

总之，书脊设计在图书整体设计中具有重要意义。书脊虽小，但它是封面和封底的连接点，高质量的书脊设计有打动人心、引人注目的感染力。

（三）扉页

扉页一般包含书名、作者、出版者等信息，这些信息能够提前告知读者图书的内容和主题，为读者的阅读提供便利。同时，扉页还可以通过图案、插图等元素展示图书的内容和风格，激发读者的阅读兴趣。

精美的扉页设计犹如一扇屏风，散发独特的艺术韵味，可以提升图书的整体美感，给读者带来良好的第一印象。随着人们审美水平的提高，现在的扉页设计越来越精美，对于爱书的人来说，这无疑是一份惊喜。而随着时代的不断发展，扉页设计也越来越受到重视，想要做出优秀的图书，就应该认真设计扉页，以满足读者不断增长的文化需求。

五、版式设计

图书的版式设计是指在图书排版过程中对文字、图片、符号等元素进行艺术性的布局和安排，以提高图书的视觉效果和阅读体验。

版式设计包括以下几个方面：

字体选择：选择适合图书内容和风格的字体，遵循易读性原则，避免使用过于复杂或难以辨认的字体。

字号和行高：根据图书的类型和阅读场景合理设置字号和行高，保证文字的清晰度和阅读的舒适度。

段落和间距：合理设置段落和间距，使文字排版更加美观和舒适，避免给人拥挤或空洞的感觉。

图片和插图：根据图书内容和主题选择合适的图片和插图，并将其合理布置在版面中，增加图书的视觉效果和趣味性。

颜色和背景：运用颜色和背景的搭配，提高图书的视觉冲击力，突出重点内容，增加阅读的愉悦感。

页面布局：合理规划页面布局，使文字、图片等元素在页面中分布得当，营造出良好的视觉效果和阅读体验。

为做好版式设计，要研究目标读者，了解读者的年龄、性别、职业等信息，以便更好地满足他们的阅读需求和审美趣味；要根据图书的内容和风格仔细调整字体、字号、颜色等细节，确保版式的美观和舒适，提高读者的阅读体验；要保持简洁和清晰，让读者能够专注于内容本身，避免设计元素过多，喧宾夺主；要勇于尝试新的设计理念和技巧，不断突破传统的版式设计框架，为读者带来新的视觉感受。

六、图书产品制作策划的误区

图书产品制作策划是指通过对图书封面、内文、插图等元素进行艺术性的布局和安排，以提高图书的视觉效果和阅读体验。然而，在实际的工作中，一些误区可能会影响到图书产品制作策划的最终效果。

（一）不惜成本，追求豪华

过于豪华的图书产品制作往往需要使用高品质的材料，如精美的纸张、高档的装帧等，这会导致图书的制作成本大幅提升，影响图书的市场竞争力。由于制作成本高，图书的售价也得相应提高，可能会让一些读者望而却步，影响图书的销售量。过于关注图书的外观设计，可能会导致忽视内容质量，使图书沦为"金玉其外，败絮其中"的产品。因此，在图书产品制作过程中，应注重平衡内容和形式的关系，实现图书的内在价值和外在美观的统一。

（二）游离内容，求新求异

这主要表现为设计元素失衡，如颜色搭配不当、字体排版不协调等，还可能表现为忽略图书的内容，使用过于怪异的字体、颜色和图案等。这种无原则的求新求异，往往忽视读者的实际需求，图书的文化内涵和底蕴得不到彰显，背离了装帧设计的本来目的。读者在阅读过程中无法感受到图书所要传达的思想和情感，会对读者的阅读体验产生负面影响，影响阅读效果。

（三）强赶时间，影响质量

为了按时完成图书产品制作，可能会出现编校和设计等环节质量把控不到位，从而导致图书总体质量下降，甚至存在严重的错误和疏漏的现象。图书产品制作质量低下会带来多方面的危害，不仅影响读者阅读体验，难以获得良好的销售业绩，致使出版社经济效益受损，还会影响出版单位的声誉，降低其在读者心目中的地位。因此，为了保障读者权益，也为了保障出版社的利益，图书产品制作应做到精益求精，不能为了赶时间、抢速度，就把图书质量置于脑后。

第五节　数字出版产品制作策划

智能时代下，以大语言模型为代表的智能技术在出版业广泛应用，使得数字出版产品形态更加丰富。

顾名思义，数字出版产品就是通过数字技术制作的出版物，包括数字内容产品和附加数字内容的图书产品。数字出版产品的制作策划是图书制作策划的重要组成部分。当前，无论从编辑职能还是出版经营角度来讲，数字出版产品制作策划的重要性越来越凸显，甚至代表了出版深度融合的发展方向。

一、数字出版产品的特点

关于数字出版产品，当前并没有一个准确的定义，一些研究者从不同的角度，基于不同的认识，对数字出版产品的内涵作出了不同的界定，可谓众说纷纭。一些出版学、传播学类的期刊专门设有"数字出版产品研究"专栏，但对于讨论的内容、研究的对象，并没有一个基本的界定，电子书、音频书、视频书、网络游戏、按需印刷等都成了研究的对象，有的甚至把博客、播客、抖音、快手等也归为数字出版产品的研究范围。数字出版产品是一个一直在变化着的概念，这一概念的出现是随着计算机、互联网的广泛应用而出现的，而互联网本身也在不断变化，出现诸如博客、播客、微博、微信、抖音等新的应用形态，智能手机又使互联网的功能进一步得到延伸，成为可以无线移动的媒介形态。这些与互联网密切相关的多种多样的媒介形态，改变了传统的纸质图书固有的内容传播方式，表现出全新的媒介特征，因而讨论数字出版产品制作策划，需要首先厘清数字出版产品的内涵。

数字出版产品是相对于传统出版产品，也就是纸质图书而言的。传统图书的表现形态是纸质的出版物，而数字出版产品的表现形态是数字的出版物，由此我们可以定义：数字出版产品是传统图书与数字技术相结合，由网络传播的一种出版产品。

如此定义数字出版产品，可以将数字出版产品与数字新闻产品区分开来，这样既符合当前出版业的实际，也有利于进一步明确数字出版产品的特点。

与传统图书相比，数字出版产品的特点表现为：

（一）信息量大，融合性高

数字出版产品与纸质出版产品相比，由于其利用光、电、磁等介质作为存储载体，因而在一个较小体积的数字产品中可以存储大量的知识信息，形成海量的信息资源，这是纸质图书无法比拟的。它还可以对传统图书的内容进行加工，综合运用文字、图片、声音、影像等素材，为目标用户提供全方位、多角度、立体化、智能化的产品体验和知识服务。

（二）成本低廉，利于环保

与传统出版物相比，数字出版物的制作成本较低，有利于降低价格和提高效益。相对于印刷品占用空间大、难以长期保存等，数字出版产品的制作，只是消耗一定量的电能，不像纸质图书那样在印刷过程中会耗费自然资源并产生一些废弃物，因而较少对自然环境造成不良影响。

（三）传输便捷，更新快速

数字技术使得内容创作、存储、处理和传播更加便捷。数字出版产品的内容可以存储在"云端"，方便用户随时阅读和检索。当数字出版产品的内容需要修改、补充的时候，出版者可以随时随地进行这一工作，以及时满足读者需求，在发行过程中，数字出版产品不像图书那样需要包装、仓储、运输，而是通过互联网进行传输，打破了地域限制，实现了全球范围内的信息传播，发送地点和接收地点不论距离多远，基本上可以做到瞬间到达。

（四）链接方便，互动性强

数字出版产品包括文字、图像、音频、视频等多种形式，可以根据用户的兴趣、需求和行为进行个性化推荐，满足不同用户的需求，提高用户体验。数字出版产品的链接功能，可以让用户极为方便、快捷地找到自己需要的内容。数字出版产品通常具有较高的互动性，用户可以参与评论、分享等，形成与作者或其他用户的互动，用户可以通过网络向出版者提出自己的需求、建议，出版者也可以通过网络向用户提供更多、更好的服务。

二、数字产品制作策划的原则

鉴于数字出版产品的特点，在进行数字出版产品制作策划时，需要遵循以下原则：

（一）遵守法律法规

数字出版产品制作要遵守国家法律法规，维护市场秩序、保障消费者权益。这也是数字出版产品制作者的基本道德和职业素养。数字出版产品也与传统图书出版一样，涉及知识产权问题，数字出版产品制作要确保知识产权得到有效保护，防止侵权行为的发生。而保护好知识产权，有助于规范行业行为和提高行业信誉。

（二）注重内容质量

一般来说，目前传统图书的内容是数字出版产品内容的主要来源。因为内容事先经过了图书编辑人员的把关，在出版社内部，制作数字出版产品可以直接将传统图书的内容"拿来"。但是，数字出版产品有着自身的传播特点，在内容的选择上，要看哪些内容适合制作数字出版产品。有文化价值、有教育意义、有娱乐性的内容能够满足用户的不同需求，是数字出版产品内容的首选。同时，结合数字出版产品的传播特性，可实现增值的内容、可整合与拆分的内容等也是数字出版产品内容选择的重点。

（三）增强用户体验

在注重内容质量的基础上，要注重产品的创新，包括形式、界面、交互等的创新设计。制作数字产品需要掌握相关的数字技术、多媒体技术、网络技术、智能技术等，这是为了确保更好地体现出产品的功能和性能。数字出版产品能否实现广泛传播，一个很重要的方面在于能否通过技术来提升用户使用产品的满意度。高质量的数字出版产品能够使用户感到方便、舒适、愉悦。

（四）提高出版效益

数字出版产品同样要把社会效益放在首位，实现社会效益和经济效益相统一。首先，要做好内容导向把关，用优质内容满足用户需求。其次，通过数字出版产品制作，树立品牌形象，提高出版社的影响力和知名度。再次，在制作数字产品时，要合理控制成本，确保产品价格合理，具有市场竞争力。

最后，要做好宣传推广，以各种方式扩大数字出版产品的市场号召力，增强用户黏性，最大限度地吸引用户。

三、数字出版产品的制作

当前，数字出版产品形态日益丰富，涵盖范围也越来越大。从出版的角度讲，数字出版产品一般是指由出版社制作、发行的电子书、音频书、场景+图书（AR+图书、VR+图书、MR+图书）、数字藏品、数据库等。这些数字出版产品不仅可使传统纸质图书焕发出新的活力，还以丰富多样的产品形态丰富了读者的阅读体验，活跃了出版物市场，极大地推动了出版产业的创新发展。

智能技术的应用为数字出版产品制作提供了强大的技术支持，如大语言模型能够帮助编辑人员完成内容生成、文本校对、文本翻译、图文设计、摘要生成等重要工作，还可以通过对用户情感进行分析，帮助编辑人员了解用户需求，使双方形成全方位互动交流，从而更有针对性地完善数字出版产品。

（一）电子书

1.电子书的概念

电子书又称e-book。这一数字出版产品，通过数字技术将文字、图像、声音等信息编辑、处理并存储在磁性、光学或电介质上，通过计算机或其他类似设备阅读。电子书可以是扫描或重新录入的纸质图书，也可以是专门为电子阅读而设计的数字出版物。电子书的优点包括体积小、重量轻、便于携带、阅读成本低、易于购买和获取、可定制个性化的阅读体验等。同时，电子书还具有互动性强，可加入注释、标注，可搜索等功能特点。

电子书由三大要素构成：

一是电子书的内容。电子书的是传统图书内容的电子版本。

二是电子书的阅读器。电子书阅读器相当于一本书，有液晶显示屏，内置上网芯片，阅读器中的阅读资源可以从网上购买，也可以直接下载电子书。

三是电子书的阅读软件。阅读软件的功用在于保护著作权的使用，并能提供良好的阅读体验，诸如可以进行搜索、链接、翻页、标书签、记笔记等。

2.电子书的制作

电子书制作的主要目的是将文档和数据转化成可供不同电子书销售平台销售，并适合主流阅读终端展示的文档格式。

根据原国家新闻出版广电总局数字出版司发布的《GC/ZX 17—2014　出版社数字出版业务流程规范》，无电子文档的存量图书和期刊数字化加工制作流程分为图书整理、图书扫描、图像处理、OCR 识别、校对、数据入库、内容结构化加工等七个主要环节；有电子文档的存量图书可直接进行内容结构化加工。

无电子文档的存量图书资源，制作电子书的流程如下：

（1）图书整理。为了方便图书的扫描，将需要进行数字加工的存量图书进行分类、拆装、命名等整理。

（2）图书扫描。图书扫描就是将纸质图书扫描成图像形式并输入计算机的过程。图像格式应支持 bmp、tif、jpg 等常见的图像格式。扫描时应注意阈值、对比度、亮度的调整。对这三个值的设置关系到扫描图像的质量，对 OCR 文字处理环节也有较大的影响。同时要注意图书页码的顺序，不要缺页，不要出现重复的页码。

（3）图像处理。图像处理环节主要是对扫描的图像进行"去污和校正"处理，即去掉图像上影响识别率的噪声，如黑边、杂点及校正的处理，以保证阅读体验，为下一环节 OCR 文字处理作准备，提高文字识别的正确率。

（4）OCR 识别。

版面分析：能自动进行版面理解并定位，判别画框区域是横排书稿区、竖排书稿区、表格区还是图像区，并对不同属性的区域以不同颜色的线框标识出来。自动版面分析在后台运行，操作人员可在前台进行确认，必要时对自动版面分析结果加以手工干预。在版面分析工序的同时做加标识工作。

识别：把扫描图像中的文字图像转化为计算机文字内码，可以同时处理印刷体和手写体中文（包括简体字和繁体字）、表格、中英文混排，识别率应不低于95%。[①]

（5）校对。电子书的校对，既可以进行横向校对，也可以进行纵向校对。横向校对与传统的人工校对方法一样，操作员通过逐字逐句地校对，发现错误并修改。纵向校对，是在一定范围内的文字中找出相同的词语和句子，用突出的颜色标示出来，通过对比，发现错误，并进行修改。

_____

① 参见张文国：《OCR 数字化加工系统成功为图书、档案、文献资料数字化提供先进技术手段》，《电子出版》，2001 年第 4 期。

（6）数据入库。识别结果经修改编辑后，将根据需要存为 Word、RTF、双层 PDF、TXT 等格式的数字文档进行入库保存。

（7）内容结构化加工。

元数据标引：根据不同类型图书的知识体系特点，通过自动分析功能和人机交互两种方式对图书资源进行元数据标引。

拆分：根据确定的结构化标准对内容进行细粒度的拆分标引。可按图书目录拆分章节内容，包括章节下的段落、图片、表格、公式等内容。

结果导出：将标引和拆分完后生成的数据导出为 XML、PDF、epub、Word 等文档格式。

质量检查：对结构化加工完成的数据进行质量检测，如内容是否完整、是否有缺图、显示是否正确、是否符合结构化规范等。

入库：将内容结构化加工完成的数据保存入库。

有电子文档的存量图书的内容，制作电子书流程如下：

（1）创建项目。输入项目名称，选择项目保存路径。

（2）资源导入与标记。书稿内容通过导入或手工录入书稿，鼠标定位到内容编辑面板需要添加标记的位置，单击标记名称，添加标记。

（3）错误检测。进行"书稿检测"和"匹配检测"，根据显示的错误列表和错误信息进行修改。修改错误后，需再次执行，直到检测无误。

（4）元数据编辑。填写图书名称、所属分类、ISBN、作者、编辑人员、出版社名称、出版时间、版次、印次、定价等图书的元数据。

（5）生成和提交文件。打包生成 epub、Mobi、XML 等文件。

（二）音频书

1.音频书的概念

音频书是一种通过声音来传达内容的数字出版产品，通常将文字内容转化为语音形式，以便读者通过听觉来体验。音频书与传统图书的不同之处在于，它们不需要读者自己阅读文字，而是通过专业人士朗读来传达内容。

随着技术的发展，音频书的传播方式也在不断改进，现在已经可以通过各种平台和设备来收听音频书，如手机、平板电脑或者专门的音频播放器等。

2.音频书的制作

首先要准备文本内容，包括图书、文章或者短篇故事等。出版社在制作纸质书的同时，一般会有选择地将其内容制作成音频书。选定内容以后，就要选择适合的朗读者，他们可以是专业人士，也可以是业余爱好者。接下来是录音，最好在专业的录音环境中，使用专业的录音设备进行录音。录音过程中要注意保持清晰、流畅的朗读，避免出现口误和杂音。最后就是后期制作，将录音文件进行处理，包括去除杂音、调整音量、添加音效等。

在音频书的制作中，大语言模型具有较大的发展空间和潜力。当前，大语言模型不仅能以朗读者的身份参与音频书制作，而且还可以全过程参与。在音频书制作中，大语言模型既可以帮助编辑人员选择现有的内容，也可以进行文本创作，不管什么样的内容文本，大语言模型都可以进行音频录制和处理合成。2023 年 4 月 24 日，科大讯飞宣布"星火"大模型上线，3 天后就宣布大模型具有语音合成功能。该技术采用最新的语音合成技术——SMART-TTS，提供高兴、悲伤、严肃等 11 种情感，每一种情感下还有 40 档强弱不同的调解功能，让语音合成得更为真实自然。

2023 年 3 月 18 日，微软公司发布了一款人工智能工具——VALL.E，其经过 60 000 小时英语语音数据的训练，只需要 3 秒的音频样本，就可以模仿人的语音输出。与一般 AI 语音生成工具不同的是，该工具在音频输出的基础上增加了模仿说话者情绪和语气的功能，增添了人际对话的趣味性与拟真性。2023 年 6 月，美国互联网公司 Meta 公司研制出号称"迄今功能最强大的语音生成式人工智能 Voicebox"，该工具使用了"流匹配"方法，其表现优于当前最先进生成式语音系统使用的扩散模型。Meta 公司介绍了 Voicebox 的多种用途，称其可用来帮助视障人士听到朋友和亲人的信息，或允许非母语人士翻译自己所说的话。

不过，这类 AI 工具在使用过程中会出现发音不清、遗漏信息等问题，模仿具有口音特征的声音时也会遇到技术上的障碍。而且，语音作为独特的生物信息，其技术合成的产物面市以后，可能导致伦理问题等。我们相信，随着智能技术的发展，这些问题会得到逐步解决。

（三）AR+ 图书

1. AR+ 图书的概念

AR+ 图书是指增强现实（AR）技术与图书结合的一种形式。通过使用智能手机或平板电脑上的增强现实应用程序，用户可以在阅读图书时获得额外的互动和多媒体体验。这些应用程序通常将数字内容与现实世界中的纸质图书相结合，为用户提供一种全新的阅读和学习方式。

AR+ 图书是"场景＋图书"的一种。因为能更好地提升读者的阅读体验，"场景＋图书"式图书现在越来越受到欢迎。除 AR+ 图书以外，常见的"场景＋图书"还有 VR+ 图书［虚拟现实（VR）技术与图书结合的一种形式］、MR+ 图书［混合现实（MR）技术与图书结合的一种形式］等。

2. AR+ 图书的制作

首先，需要确定图书的主题、内容，以及希望呈现的虚拟场景。例如，一本关于动物的图书可能会选择一些动物作为虚拟场景，让读者通过 AR 技术观看动物的 3D 模型。其次，需要开发一个增强现实应用程序，用于呈现虚拟内容。这些应用程序通常使用 Unity 3D 或其他 AR 开发工具制作。这些应用程序可以识别图书中的特定页面或图像，并在用户观看时显示相关的虚拟内容。根据确定的场景和内容，还需要设计和制作虚拟元素，如 3D 模型、动画、视频等。这些虚拟元素要与图书内容密切相关，目的是提升读者的阅读体验。然后是关键的一步，就是将开发好的 AR 应用程序与纸质图书进行整合。这需要将特定的图像或页面嵌入图书中，以便使 AR 应用程序识别并与虚拟内容进行互动。在完成 AR 应用程序和图书的整合后，需要进行测试以确保 AR 效果符合预期。根据测试结果，可能还需要对 AR 应用程序进行优化，以提供更好的用户体验。

2023 年 2 月，故宫出版社历经近 1 年时间的调研，策划、出版了 AR+ 图书《我在故宫修文物》。该书选定故宫养心殿这座重要又为公众所熟知的宫殿作为数字修缮的体验空间。体验者不仅可以通过上下左右前后的自身位移，沉浸式踱步游赏于这座重要的宫殿，还可根据不同的任务线，围绕"游""史""修""美""传"五大体验主题，完成大型历史现场的空间探索与古建彩画学习。体验者将化身为文物医生与修缮官，按照传统的古建修缮步骤，与修缮师傅进行互动。最后，还可将修缮经历分享给更多人。①

《我在故宫修文物》分为实体部分和数字部分。实体部分是内嵌 NFC 芯

---

① 刘冕：《故宫尝鲜元宇宙！场景交互式〈我在故宫修文物〉将亮相》，《北京日报》客户端，2023 年 2 月 14 日。

片的黄铜守护令，数字部分是一个可以通过手机 App 打开的纯数字元宇宙空间。步骤如下：

（1）打开数字猫 App，用购买后收到的守护令轻碰手机，唯一区块链身份识别加密的信息即进行了传输。

（2）打开数字猫中的 AR 相机，对准守护令正面的金龙图案，在手机相机中的实景空间中即出现了一个虚实交融的"能量跨越门"，门内是养心殿"紫禁妙境"空间，门的边缘外还是体验者手机相机内的场景。

（3）迈步走进穿越门内，开始通过移动自身位置，进行探索与按步骤修复文物。

（四）数字藏品

1. 数字藏品的概念

数字藏品即数字化的藏品。数字藏品的支持技术主要是区块链技术。区块链技术可使这种藏品（主要是艺术品）生成唯一数字凭证，这种唯一性是数字版权的唯一性生成的，主要是为了保证这种藏品的收藏价值。

数字藏品为文化产品提供了新的传播途径和载体，也为文化产业带来了新的商业模式和盈利机会。随着区块链技术和加密货币的普及，数字藏品的市场规模将会不断扩大，在文化传承、艺术鉴赏、投资收藏等方面的地位也将日益凸显。

2. 数字藏品的制作

首先，通过扫描、拍摄或其他技术，将实物的图片、视频和声音等转化为数字形式保存在计算机中。然后，对采集到的数据进行处理，包括去噪、增强、色彩调整等，以提高数字藏品的质量和观赏性。接下来，将数字藏品的信息和数据上链，利用区块链技术的去中心化、不可篡改、可追溯等特点，确保数字藏品的唯一性和真实性。最后，为每件数字藏品生成唯一的编码，方便在交易和查询时识别。需要特别指出的是，在数字藏品的制作过程中，应采取一定的加密措施，确保其知识产权的唯一性和安全性。

2022 年 5 月 10 日，新华文轩四川数字出版传媒公司联合阿里拍卖公司推出了全国出版界首个数字藏品——《瞻对》。《瞻对》是著名作家阿来的一部非虚构作品，由四川文艺出版社出版。这个数字藏品被称为"全国首个区块链图书里程碑项目"，直购限量 2 999 份，开售 2 分钟销量就突破了 2 000 份，销售界面更是引来了超过 3 万人次的围观。

这一数字藏品是实体图书加作者亲笔签名的限量数字藏书票。购买者会得到《瞻对》实体书一本和阿来亲笔签名的限量版数字藏书票。《瞻对》图书原价为一本 69.8 元，一份相应的数字藏品的价格是 79.8 元。该藏书票画面定格于历史的某一瞬间：老旧斑驳的文物、经时间雕刻的脸庞，有人从远处策马而来，牦牛驮着沉甸甸的货物在逶迤的山路上缓慢前行……这一数字藏品是一个资产包，包括限量版实体图书一本和数字藏书票一枚。

数字藏品也是一种数字出版产品，它的价值主要体现为知识产权保护下的艺术品的唯一性、增值性，在一定程度上满足部分读者的消费需求。

（五）数据库

1.数据库的概念

数据库是一个数据集合，也叫数据云。它的特征是存储量大，共享性强，独立性高，易于扩展。数据库中存储的基本对象是数据，数据有多个属性，有类型，有属性名，有长度大小的定义等。数据库管理系统 (Database Management System，DBMS) 是负责数据库与上层数据库用户之间的交互的基础软件，它负责对数据库进行统一的管理和控制，以保证数据库的安全性和完整性。

数据库作为数字出版产品的一种重要类型，现已成为实现出版内容增值的主要方式之一，受到出版社的高度重视。

2.数据库的制作

（1）要有完善的产品设计。数据库要结合读者需求和市场分析，设计产品可提供的知识服务能力。具体来说，数据库必须具备以下要素：

一是知识资源集约化体系化。数据库就是一个庞大的知识资源库，其功能发挥的首要条件就是知识资源的丰富性、集约化。在此基础上，数据库通过对数据的分类，形成符合特定要求的体系，为数据库的管理和应用打好基础。

二是知识运用精细化、专业化。数据库建设的目的，很大程度上在于向人们便捷地提供正确的知识。那么，它就需要通过精细化和专业化的管理，促进数据、知识向不同类型的产品转化，以提高知识的运用效率。

三是知识管理与服务过程标准化、迭代化。数据库的知识服务要在对知识的识别、获取、分析、利用、学习、创造和储存的全过程进行标准化管理中，建立知识生产和更新机制，使数据库产品具备内容的持续更新能力，以及时实现产品的迭代升级，提升产品的运营能力。

（2）要制定数据标准、设计数据库结构、建设知识关联体系。数据库的数据标准应包括存储标准、元数据标准等。为了提高数字内容资源的一致性和可复用性，必须对每一条数据以详尽的字段进行标注。这些字段主要包括类型、出处、时间、语种、中文标题、英文标题、中文摘要、英文摘要、关键词、分类、作者、作者简介等。数据库还要通过建设相关知识之间的关联体系，将内容结构从树状变成网状结构，使关联的知识形成参照和互动，以便最大限度地满足用户的需求。

（3）数据采集、入库。数据采集、入库，目的是得到有实际应用价值的数据库资源。

一要将数据结构化。要建立统一格式的存储文件，目前较流行的是 XML 格式。XML 的优点是可以不受显示格式的制约，使数据实现跨平台、跨操作系统、跨应用程序和跨浏览器间的应用。这一环节的工作，可以采用外包的方式，由数据公司完成，既可以节约人力、物力成本，也能提高工作效率。

二是语义标引。语义标引是基于 XML 技术，将内容分解成很小的知识片段，方便对内容进行深入挖掘。借助这种标引技术，可从横向和纵向两个方向对专业内容进行二次开发与利用，并可自行制定转换规则，自动生成其他格式的数字内容资源，极大地提高内容的价值和使用效率。语义标引可由人工智能完成。智能标引是指依据分类体系和主题词，通过系统自动对结构化的内容资源（XML 文件）进行语义标引。自动标引完成后的内容资源文件可实现自动提交给系统的审核人员进行标注属性审核。

三是形成知识条目。通过标引，数字内容资源可自动转化成知识条目，也就是最小的知识单元，同时成为最小的检索单元。由于标引是分级进行的，因此，最低级以上的各级关键词的内容都由知识条目组成，检索的结果可以是一个知识条目、由几个知识条目组成的一个知识节点、由几个知识节点构成的知识报告。

（4）上线测试、正式运行。选择重点客户试用该数据库，进行产品内容、功能、服务、后台管理等全方位的测试。根据测试情况进一步修改和完善产品设计。针对付费用户需求，从内容更新、功能完善、服务拓展等多方面进行用户维护，确保付费用户的黏性和对产品的认可度。

从 2000 年初开始，国际著名出版商励德·爱思唯尔用了 10 多年的时间，从一家传统出版公司成功转型为一家大型数字出版公司，现已成为全球最大的科学与医药信息出版商。爱思唯尔数字化转型成功的一个突出标志就是建立了可以进行大数据检索、分析的大型数据库。这种数据库能为客户提供信息服务、决策参考。它的业务分为三个层次，如果用一个同一圆心的多层圆环来表示的话，那么处于内环的部分是其自身拥有的海量数字化资源，中环部分则是全球文献数据和检索服务，而外环部分则是基于全球文献的大数据分析服务。

比如一位律师作为爱思唯尔的客户，他要代理一场官司时，首先需要判断是否应该让自己的当事人打这场官司；如果要打这场官司，那么胜诉的概率有多大；如果能够胜诉，自己的当事人可以获得多少赔偿……于是，这位律师就可以通过爱思唯尔知识服务的各项功能，全面了解同类官司的审理、判决情况。如果输入自己代理的这一官司的关键词，爱思唯尔还能把官司案例所适用的法律条文、专家意见全都呈现出来，并使用专业工具进行分析，使律师的疑惑迎刃而解，使得官司未打而成竹在胸。再如，如果一位客户是外科医生，他突然遇到一个罕见病例，需要立即手术，爱思唯尔可以通过其知识服务产品、数据分析工具快速为其提供最优手术方案，必要的时候还可以提供同类手术视频。

数据库拥有的这样的增值服务是基于海量数据检索、分析而实现的。可以想象，客户获得这样的增值服务，将获得更多生活上的便利和工作上的帮助。

第七章　图书营销策划

成功的图书营销可以为图书赢得广泛的读者，提高图书的市场占有率，故而图书营销策划对于实现良好的出版效益起着至关重要的作用。

智能时代，以大语言模型为代表的智能技术通过对海量网络数据的分析，可以协助营销团队制定出更符合市场需求的营销策略。在具体实践中，智能技术还可以通过对图书内容、宣传媒介、读者构成、销售数据等的实时管理、应用与分析，把握市场动态，占据竞争优势，提高营销水平，创造更高效益。

第一节　图书营销策划概说

图书是一种商品，图书的营销也与其他商品一样，有着一定的运作规律和机制。但图书又是一种特殊商品，除了商业属性之外，还具有文化属性，因而图书的营销还具有一定的特殊性。

图书营销策划是以实现图书的社会效益和经济效益相统一为目标，通过对图书市场、自身优势等的深入分析和把握，利用一系列宣传、推广活动，有计划、有步骤地引导读者购买图书，最大限度地满足广大人民群众日益增长的文化需求的一种思维活动。

图书营销策划具有针对性、系统性、创新性、文化性的特点，具体说明如下：

一、针对性

图书营销策划需要明确目标受众，从而制定出符合读者需求的营销策略。通过对目标市场的深入分析，确定图书的市场定位、阅读受众、竞争对手等，为营销策划提供方向。

二、系统性

图书营销策划是一个伴随选题、编辑、出版、发行、销售等图书出版全过程的系统工程，需要从整体上谋划图书的营销活动，各个环节要做到环环相扣、层层递进，确保营销目标得以顺利实现。

三、创新性

图书营销策划要求运用新观念、新思维进行营销活动的设计和实施。营销策划的创新性不仅体现在营销策略上，还包括对新技术、新方法的运用，对读者消费需求的洞察，以及对市场趋势的预测和把握，等等。

四、文化性

图书的文化性决定了图书营销策划的文化性。图书不仅是一种商品，还是一种精神文化载体，在图书的营销过程中，要注重图书文化性的实现，努力使图书的产品价值与品牌价值相统一、经济效益和社会效益相结合。

第二节 全流程营销策划

营销策划不仅是图书出版后的一个环节，而且贯穿于整个出版流程。编辑人员从选题策划开始就要着眼于市场营销，对选题确定、作者选择、内容写作、编辑加工、装帧设计、宣传推广等，精心规划。营销策划能否在图书出版的各个环节都能得到体现，是决定图书能否顺利实现社会效益、经济效益的一个重要因素。

一、选题策划阶段

选题策划是图书出版过程中的起始环节，也是一个关键环节。在此阶段，编辑人员要对市场需求和读者喜好进行研究，确定目标读者，从而确定图书定位、作者策略、内容策略等，这将直接影响图书的市场竞争力。

2009年，华艺出版社出版了金一南创作的一部优秀党史读物《苦难辉煌》，出版仅3年时间发行量便已突破110万册，并深受读者欢迎。金一南于是根据新的史料对初版进行了修订，修订版于2015年由作家出版社推出。据不完全统计，截至2022年底，该书已重印50多次，销售超过300万册。2010年，该书获"第三届中华优秀出版物奖"；2011年获"第二届国家图书出版奖"，同年3月获"中国出版政府奖"。

《苦难辉煌》之所以取得优异的社会效益和经济效益，与选题策划确立的目标读者定位关系重大。《苦难辉煌》作为一本优秀的党史、军史类著作，可以作为党政机关干部学习党史的重要读物，党政机关干部便成为该书的目标读者。事实证明，该书受到政府机关党员干部的青睐，中组部和中宣部联合向全国党员干部推荐阅读，并在2013年"中央国家机关最受干部欢迎的10本书"评选中位居榜首。出版社专门在《人民日报》《光明日报》《解放军报》等党员干部经常阅读的主流媒体及其公众号上刊发评论文章，在相关读书网站开展"党员干部《苦难辉煌》读书分享"活动。刊发的评论性文章简洁深刻，让工作繁忙的目标受众迅速了解到图书信息，进而引发对此书的关注，读者的分享和讨论又吸引了更多受众。出版社采用向政府机关赠书、开办研讨会、邀请作者举办百场专业讲座等丰富多彩的活动为图书作宣传推广。通过机关内部开展"阅读《苦难辉煌》，增强理想信念"等为主题的读书活动，号召领导干部阅读该书，并撰写读书报告、分享心得感悟，极大地推动了该书在领导干部群体中的传播，进而潜移默化地带动了周围人群的广泛阅读。同时，这本书的通俗性也充分激发了广大读者自主选择购买的热情，多重因素的相互作用共同创造了该书不俗的市场销量。

在选题策划阶段，编辑人员发现党史类作品大多在写法和叙事方式上过于严肃，常常是粗线条、概念化的，宣教意味浓厚，使不少读者敬而远之，可读性较差，无法真正起到应有的宣传引导作用，不能达到让广大群众了解历史、厚植爱国情感的目的。为了解决此类问题，编辑人员对市场进行了长时间的调研，总结梳理了优秀党史类图书的内容呈现方式，并对目标读者群的喜好与口味进行了认真研究，还听取了数十位经销商对党史类图书的销售建议。在市场调研的基础上，编辑确定了此书的内容策略、作者策略，即选择优秀的党史专家，从客观、公正的角度为大众呈现真实的历史。

金一南曾任国防大学战略教研部教授，少将军衔，曾赴英国皇家军事科学院学习，并到美国国防大学讲学，在党史、军史研究领域颇有建树。此外，他连续三届被评为国防大学"杰出教授"并获多项军队领域荣誉，如2007年当选全军英模代表大会代表，2008年被评为"改革开放30年军营新闻人物"，2009年被评为"新中国成立后为国防和军队建设作出重大贡献、具有重大影响的先进模范人物"，等等。扎实的专业知识、丰富的史料积累以及背景经历都使金一南成为最合适的作者。

与此同时，编辑对作者金一南的写作全程关注，与其共同确定写作体例、写作风格。这样能够有效避免后期的大幅修改，对图书质量的提高可起到事半功倍的效果。对于一部篇幅较长的图书，如果成稿后再要求作者修改写作风格、叙事方式等，其时间成本和工作量都是巨大的，尤其是党史、军史类图书，修改难度更大。因此，编辑提前介入写作尤为重要。在《苦难辉煌》写作过程中，编辑及时向作者反馈市场调研信息，并提出建设性意见。编辑与作者金一南互相信任与配合，多次进行深入沟通，一起从读者的视角对作品进行审视，并达成写作共识，即这部作品中不仅要有历史事件，更要有鲜活的人物，严肃的政治性与读者的阅读口味要有机结合起来，这就为该书走向市场、走近大众奠定了基础。

在编辑进行前期市场调研并与作者充分沟通的基础上，《苦难辉煌》形成了独具特色的写作风格，让读者在流畅的阅读中，学习历史、思索历史，深受广大读者青睐。《苦难辉煌》的特点体现在以下几个方面：

一是尊重历史本色，实事求是、不预设政治立场地解读历史，避免以往歌功颂德式写作风格带来的审美疲劳。此书对于叛徒与脱党者，不简单丑化；对于领袖与英雄，不简单神化。这是尊重历史本色的基本表现，也是历史唯物主义观点的实践运用，体现了对历史的高度尊重，让读者对党、对前辈和伟人更加崇敬，正如书中所写："我们总结自己的历史，辉煌是财富，教训也是财富，甚至是更值得珍惜的财富。"在书写长征路时，作者指出：毛泽东也不是遵义会议后就惊鸿一变，成了全党领袖的，他也打过败仗。四渡赤水也并不是他高瞻远瞩的设计，而是走一步想一步的无奈之举，一切只为了生存。

中国共产党也不是始终团结如一的，长征结束后张国焘和毛泽东的分裂甚至到了不可调和的程度，他带着多数军队和毛泽东走了不同的方向，甚至成立了第二中央政府，等等。又如，在分析红军第五次反围剿失败的原因时，以往图书大多认为是"左"倾路线的错误占上风、毛泽东在党内受排挤所致；该书则认为，第五次反围剿的失败是由"左"倾错误和敌人过于强大两个因素共同造成的。历史是个复杂的多面体，没有经过刻意剪辑的历史才会引发读者更多的思考，也更受读者欢迎。

二是语言富有诗性，增加了阅读魅力。全书文字表达以短句为主，具有诗性语言的灵动感，将厚重的历史与凝练的语言成功联结，透出独特的文本魅力。例如，第一版前言中作者写道："我们从哪里来？所问像生命一样久远和古老。不仅是未来对过去的寻问。是大树对根须的寻问。是火山对岩浆的寻问。是有限对无垠的寻问。"《苦难辉煌》的诗性叙述贯穿于全书，从序言到最后的"狂飙歌"，哲理诗性的语言处处闪烁着激情与理性。

三是重现诸多历史人物故事，历史人物的形象更为饱满。例如，对时任中央军区参谋长龚楚叛变的描写，生动而翔实。当年在井冈山与毛泽东、朱德近乎齐名的龚楚叛变革命，给党的事业造成无法估量的损失。作者对这位变节者的生平进行追踪式叙述，为我们了解历史人物提供了更加丰富的视角。

该书在策划过程中便实现了"两个提前"，即提前介入写作过程、提前进行营销策划，加上书中独具特色的叙事视角和语言风格，这些因素让《苦难辉煌》大获成功，真正实现了"叫好又叫座"。[1]

二、图书制作阶段

图书制作阶段需要对图书的内容质量、编校质量进行严格把关。内容质量、编校质量不合格，何谈营销策划？营销策划要关注图书成本，出版社需要根据图书的成本情况，结合市场行情和竞争情况来设定图书的定价。图书定价则会影响读者的购买意愿，进而影响图书的销售数量。装帧设计关乎图书内容与形式的统一，需要根据图书的内容、读者的需求等来确定设计风格，以使图书在市场中脱颖而出。因此，在图书制作阶段，营销策划仍是不可

---

[1] 参见秦艳华编著：《主题出版畅销书商法》，研究出版社2023年版，第1-11页。

或缺的重要内容。

（一）内容把关

优质的内容为图书营销策划创造了最基本的条件。"共和国脊梁"科学家绘本丛书就是一个很好的例子。

"共和国脊梁"科学家绘本丛书是北京少年儿童出版社出版的原创绘本丛书。丛书自 2019 年第一辑公开发售便广受好评，截至 2022 年底，已经发售三辑（共 24 册）。绘本从儿童的视角描绘了 24 位中国科学家的故事，以精美的插画刻画出科学家们的生平历程，也让内容更加生动有趣。丛书以"老科学家学术成长资料采集工程"的学术成果为依托，内容既具权威性，又有专业性。2019 年至今，"共和国脊梁"科学家绘本丛书已获 12 项大奖，入选 28 个榜单，参与 6 次展览。第一辑销售近百万册，第二辑在 2022 年上半年销量近 25 万册，销售码洋近 1 200 万元。

绘本精挑细选的 24 位科学家，都是在关系国计民生的领域作出过重要贡献的人物，他们所展现出的精神特质也具有显著的中国科学文化特点。整套丛书在用中国语言讲中国故事和传播中国精神方面是一次成功的尝试，具有鲜明的中国风格和中国气派。创作团队的文字作者以学者居多，所有稿件均经过多次修改，有的甚至是推翻重来。故事语言大量采用短句，符合少儿阅读习惯，叙事方法多种多样，大部分从科学家幼年讲起，拉近与小读者的距离。简单明了的文字直抒胸臆，凝练短小的故事引人入胜。

绘本质量也是丛书成败的关键。丛书绘画由新锐青年插画师团队负责绘制，面对严肃主题，绘画者在颜色和手法上展示了丰富的想象力，蒙太奇和大跨页的设计富有现代感，给予小读者很大的想象空间。在绘本创作上，既要关注画面整体的审美意境，也要注重细节上的真实可信，真正做到平衡把握艺术性和专业性。每种书各有特点，风格不一，但都将科学家的故事用细腻精致的图画场景呈现了出来。每一幅图画都完美呈现了文字部分最精华的内容，语言风格通俗易懂、娓娓道来，如同在与孩子对话，真正做到让孩子面对科学家的精神有一种如沐春风的感觉。

这套丛书作为一套成体系的原创中国科学家绘本，内容专业权威，绘画生动有趣，有效融合传记和图画、故事和科学等多重要素。丛书对于儿童读者来说，既是科学人物传记，又是细腻精致的绘本佳作，图文并茂的阅读体验，成就了一套优秀畅销书。[①]

（二）装帧设计

装帧设计既要服务于图书内容，又要有利于市场营销。2019 年 9 月，中信出版社出版的"这里是中国"系列图书荣获 2019 年度"中国好书"、第十五届"文津图书奖"等多项荣誉，截至 2022 年 10 月已累计发行近 170 万册。这套书取得"双效"俱佳的成绩，其装帧设计功不可没。优秀的装帧设计不仅要与内容完美结合，同时还要自成一种风格，为图书的畅销保驾护航。为了更好地展示照片和地图，该系列图书的开本采用了大 16 开纸张和裸脊锁线装帧，实现了大幅图片 180° 平摊翻阅，方便读者无障碍阅读。封面设计作为图书美学价值中的重要一环，起着唤起读者兴趣、促进实际购买的作用。"这里是中国"系列图书的书封是一张中国地形图，封面采用浮雕起鼓工艺，根据海拔高度，同比例制作了一个小小的模型，书名采用浮雕烫金设计，与地形图的起伏形成了呼应，给予读者真实的触感体验。为了达到最理想的效果，营销团队找了 3 家印厂制作模型，打样测试数十份，最终选择 290 克的纸品作为封面用纸。在文字编排和色彩应用方面，此书也作了大量创新，正文部分大胆突破单色，"吸取"了同页图片中的关键色作为文本颜色，纸张部分采用四色进口纸全彩印刷，自然图片和地图使用两种不同纸张进行完美还原。"这里是中国"系列图书还有长达 1.8 米的超长拉页，每一张都是纯手工一页一页粘上去的，只为让读者看到最逼真、细致的场景。《这里是中国 2》的版式设计同样经过了审慎考量和细致打磨，封面的副标题"百年重塑山河"采用了亚光烫黑工艺，表达庄重严肃的意味，针对该书雄伟的叙事风格，采用了简洁的独栏设计。

版式设计创新也能极大地促进图书销售。"人人都是产品经理"系列图书是苏杰的作品，他曾任阿里巴巴产品经理、良仓孵化器创始合伙人兼产品创新顾问。这套系列图书共四本，分别是《人人都是产品经理·入行版：互联网产品经理的第一本书》《人人都是产品经理·思维版：泛产品经理的精进之路》《人人都是产品经理·创新版：低成本的产品创新方法》《人人都是产品经理·案例版：不可不知的淘宝产品事》。在这四本书中，作者以分享自身经

---

① 参见秦艳华编著：《主题出版畅销书商法》，研究出版社 2023 年版，第 85—95 页。

历与体会为出发点，将自己在做产品经理的过程中学到的各种知识，以及这一经历对自己的帮助等，系统地梳理出来，提出了用户、需求、项目、团队、战略、修养几大话题，较为全面且生动地阐释了作为产品经理必须面对的核心问题。自出版以后，这套书累计销量已过百万册。

这套系列图书的基础文本素材是作者苏杰于 2007 年开始在自己创建的同名博客网站上记录的工作体会，内容涉及系统的专业知识、数据工具与庞杂的行业体系。但该书将繁复的知识简化，集结成一本结构化、系统化的入门级方法论类工具书。编辑从该书的阅读方法与使用方式讲起，在卷首、卷中、卷末页均加上目录索引，卷末还附上了资源盘点。正文分为 11 章，每一章附有延伸阅读和练习，并设置商业案例进行讲解，辅以大量的模型、图片进行解说，在编排上做到了逻辑清晰，梯度循序渐进，结构多样且合理。同时，该书非常关注视觉引导与呈现，书本在最前页附有多张吸引眼球的卡通漫画彩页，以知识图谱、思维导图、流程图等可视化方式归纳出全书最精华的概念模型与知识体系，每一章节的大框架及要点也以图形化的方式展示，兼具易读性、可读性与趣味性，也能推动读者在阅读过程中图形和文字在认知上的互相促进。[①]

（三）图书定价

图书的定价一般是根据其成本来确定的，这些成本包括稿费、排版费、印刷费、装订费、纸张费、材料费等。对于同一本书，印数不同，成本不一样，定价也就有变化。如果一本图书的定价高于市场上的其他同类图书，那么它可能会难以销售。因此，出版社需要认真核算成本，并考虑市场上其他竞争产品的定价情况，确定相对合理的定价，以促进图书销售。

把握好图书定价与销售的关系是营销策划的一个重要方面，编辑人员需要根据成本、销售量、市场竞争等多重因素来确定图书一个合理的定价，以吸引消费者。

浙江人民出版社出版的《群体性孤独》一书，自 2014 年问世以来，以"黑马"姿态挤进了各大图书销售平台的畅销书行列，在亚马逊、京东、豆瓣等电商平台取得累计评论"上万 +"，甚至获得了 99% 好评率。在 2015

---

① 参见秦艳华编著：《数字出版畅销书商法》，研究出版社 2022 年版，第 254–264 页。

年的"世界图书日"，《群体性孤独》入选由国家图书馆牵头评选的第十届"文津奖"科普类获奖图书，进一步推动了市场销售，带热了相关社会话题的讨论。

《群体性孤独》之所以畅销，一个很重要的原因是恰当的定价。这部书封面工艺制作精美，内文采用 16 开 364 页的轻型纸印刷，定价却只有 46.8 元。对大部分读者来说，这是一个相对便宜的价格，用较少的钱买优秀的书，《群体性孤独》的热销也就在情理之中了。

三、图书发行阶段

图书发行阶段的主要任务就是通过营销策划实现图书销售量的最大化。这一阶段的营销策划，要根据图书上市时间和市场表现，充分利用各种资源，持续不断地举办各种营销活动，最大限度地扩大图书的市场影响力。

营销活动既有线下的，也有线上的。对于线上活动的情况，将在下一节"全媒体营销策划"中详细介绍，这里只简单谈一下常见的几种线下营销活动，一睹"全流程营销"的面貌。

图书发行后，常见的营销活动主要有新书发布会、作者见面会、作品研讨会等。这些活动由出版社举办，是面向媒体、公众的一些线下营销活动。举办这样的活动，对图书的营销会产生良好的促进作用，故而历来受到出版社的高度重视。这些活动已有一套较为规范的程序，如在开会之前，确定邀请媒体、经销商名单，确定会议时间、地点，等等。

前期准备工作做得好不好，直接关系到活动的效果，因此需要精心谋划，稳步实施。在前期准备中，各项事务繁杂，其中两项是最重要的，不能出现任何疏漏：

一是邀请媒体和嘉宾。新闻记者是重头戏，要先拟订一份邀请记者的名单，邀请范围主要根据图书类型、目标读者范围和影响而定，兼顾大众媒体、出版专业媒体、与图书受众相关的媒体以及网络媒体等。

二是会议材料的准备。材料包括样书、发布会消息稿、书评稿、重要发言稿等。

荣获第十五届精神文明建设"五个一工程"优秀作品奖的《海边春秋》出版后，出版者百花文艺出版社和海峡文艺出版社联合举行了一系列活动，较好地促进了该书的销售。2019 年 3 月 30 日，两社承办了"陈毅达长篇小说《海边春秋》研讨会"。在研讨会上，专家们从现实性、文学性、艺术性等方面对此书进行了热烈讨论，并给予该书充分肯定；作者陈毅达则讲述了《海边春秋》的创作经过。国内各大媒体及时报道了此次研讨会，《文艺报》《中华读书报》《天津日报》《中国新闻出版广电报》《中国出版传媒商报》《福建日报》《中国海洋报》《今晚报》以及人民网、光明网、中国新闻网、网易网、新浪读书、福建文艺网、中国作家网、福州新闻网、东南网、东方网、中国经济新闻网、《小说月报》微信公众号等的报道、转载，引发了更多读者的关注。

之后，出版社又与作者携手开展了一系列图书推广，如举办图书捐赠活动，与读者的分享会、见面会等。2019 年 4 月 19 日，作者陈毅达到福建师大协和学院经济管理系与同学们分享《海边春秋》创作心得；4 月 23 日，陈毅达到福州鳌峰坊书城与读者见面；4 月 30 日到三明市新华书店，5 月 18 日到福州文艺家之家，5 月 22 日上午到漳州市众望书城，分别与读者分享、交流；5 月 22 日下午，又到闽南师范大学文学院与同学们分享《海边春秋》创作心得。这些面对面的交流活动，不仅拉近了作者和读者的距离，还能引导读者更好地阅读并理解这部作品。

第三节　全媒体营销策划

智能时代，传统媒体在信息传播中依然发挥着重要作用，而新媒体在智能技术的支撑下，接连不断地涌现出来，不仅丰富和重构了传播格局，其传播的效力也在日益扩大。全媒体传播体系为高质量的图书营销创造了前所未有的良好条件。

一、传统媒体营销

智能时代下，在传统媒体和新媒体共生共存的状态下，充分利用传统媒体的传播优势来为图书营销服务，依然是一个正确的选择。传统媒体，如报纸、图书、电视、广播等，有条件也有能力充当对社会信息进行过滤、调控的角色，承担社会信息的"把关人"的作用，能够传达图书的真实信息和真正价值，也可为图书赢得读者、实现良好的销售业绩带来积极影响。

例如"中华人物故事汇"系列丛书，因其目标读者为 8~14 岁的青少年，选择国家级传统媒体予以推荐，会更具权威性和可信度。2019 年 7 月 5 日，中央电视台新闻联播节目播报了"中华人物故事汇"系列丛书首批 50 本即将出版发行的消息，为丛书的出版作了预热。《新闻联播》在中国人心目中的公信力、权威性自不待言，2019 年 8 月，CCTV-14 少儿频道《新闻袋袋裤》栏目《中华人物故事汇》又播出了丛书中老子、班超、杨善洲和中国女排等的故事。登上中央电视台栏目本身便意味着认可与推荐，借助央视本身的影响力，"中华人物故事汇"系列丛书扩大了自身的影响，在市场上取得佳绩的同时也收获了良好的口碑。

通过广告、书评吸引读者，是传统媒体常见的图书营销方式。在我国《人民日报》《光明日报》等一些全国性的报纸，在美国《纽约时报》《今日美国》等国外媒体刊登图书广告、书评，图书的销量都有明显的增加。传统媒体刊登的书评形成争论，引发读者关注，更能促使图书畅销。这也是传统媒体权威性的体现。

书载广告也应归入传统媒体的图书营销范围。书载广告指的是把图书作为载体而发布的广告，即将广告语印在图书的封面、封底、护封、勒口等处。近年来，很多畅销书正是由于充分地利用了图书本身来作广告，极大地促进了图书的销售。

书载广告是一种传统、高效、持久、廉价的图书宣传方式。书载广告的内容主要包含作者介绍、内容简介、权威人士或媒体的推荐评论、图书内文摘句等。

书载广告便于读者接受，能够激发读者的购书欲望，提高图书的销量，而且持续时间长，有助于宣传图书品牌和出版社品牌。上海辞书出版社《惯用语小词典》在封面设计时加入广告语——"为学生高考、中考量身定做的语文工具书"，在宣传图书内容的同时突出了工具书出版品牌。

书载广告要考虑图书消费群体的文化特性以及图书本身的商业属性。一般来说，学术类图书的读者注重的是图书内容的深度，广告设计将作者介绍和内容简介清晰地传达出来最为重要，设计风格应简约、雅致。而大众类的畅销图书则要把图书最重要的特点用最打动人的语言呈现出来。但是，书载广告的语言要客观中肯，不要夸大其词，虚假的书载广告不仅起不到促进销售的作用，反而会引起读者的反感。

在书载广告设计中，广告内容导向要正确，用词要贴切。作家出版社出版的贾平凹长篇小说《秦腔》封底上印着"《秦腔》：乡村文化的一曲挽歌"。这一书载广告，文字简短、意义深刻，收到了很好的宣传效果。

二、新媒体营销

新媒体营销是指企业或个人利用新媒体进行产品推广、品牌传播的一种现代营销方式。新媒体营销具有互动性强、覆盖面广、传播速度快、成本低等特点，已成为出版营销策划的重要部分。

（一）"双微"营销

"双微"营销是指利用微信和微博这两个社交媒体平台进行图书推广和营销的活动。通过这两个平台，出版社、编辑、作者可以宣传自己的图书，并与读者进行互动，以提高图书的知名度和销售量。

"双微"营销的具体方式多种多样，比如在微信和微博上发布图书信息，包括图书的封面、简介、目录和摘录等内容，吸引读者的注意；通过微信和微博与读者进行互动，回答他们的问题，与之建立良好的互动关系；利用微信和微博开展活动，如抽奖、签售会等，吸引读者的参与，促进图书的销售。

天津人民出版社 2013 年出版的《小王子》，在全国的多个版本中是一个较有特色的畅销版本。该版本目前的销量累计已达 400 多万册。在《小王子》的营销过程中，出品方果麦公司的"双微"营销发挥了极大作用。

1.微博营销

《小王子》微博营销主要依靠出版机构自身的微博账号和作品自身的微博账号（《小王子》也开通了自己的官方微博账号 @ 电影小王子官微，进行系列的即时性营销、参与式营销与话题式营销等。此外，起到"意见领袖"作用的微博大 V（主要是明星等具有高知名度和粉丝量）的账号也发挥了很大作用。在微博上对《小王子》表达喜爱的当红明星有很多，领域跨度从影视演员到歌手、导演、主持人。与《小王子》有关的明星的微博多表达了明星自身阅读作品的感受，借宣传作品表现自己的审美趣味，并向粉丝推荐。例如，章子怡在 2011 年 9 月 5 日的微博发布了一张自己与小王子壁画的合影，并写道："很遗憾我没有在童年时代读到《小王子》。可庆幸的是当我看到他的时候，读出了偏见与成见的危险。难怪作者说'我愿把这本书先给长成了大人的从前的那个孩子'。"粉丝的回复多是正向呼应，并表达了自己对《小王子》的阅读感受。杨幂、王珞丹、张亮等都将《小王子》的内容发表在微博上，向粉丝传达自己对作品的喜爱。另外，演员张静初和刘烨还将为《小王子》录制有声书的视频在微博中分享给网友。除此之外，有些明星出于商业原因发微博对《小王子》进行宣传，如参与电影《小王子》配音的演员为宣传电影作品，或者因为自己代言的品牌与《小王子》的合作关系而去进行微博宣传。2015 年，我国引进电影《小王子》，中方团队邀请了周迅、黄渤、黄磊、易烊千玺、马天宇等 11 位涵盖各年龄层的人气明星为《小王子》配音，配音阵容曝光当天，"小王子来了"话题居微博话题榜首位，24 小时内阅读量突破 1 亿，累计 7.5 亿。为配合电影宣传，电影主创都在自己的微博上对电影进行了宣传。明星的号召力加上他们本身固有的粉丝基础，极大地提高了图书的知名度，起到了非常好的营销效果。

2. 微信营销

微信作为一种重要的社交媒介，较微博更为私密，因此"熟人"推荐的效应更为明显，是新媒体时代下重要的营销平台。果麦文化旗下微信公众号"2040 书店"拥有 57 万粉丝量，创建至今，共发过《小王子》相关推送超过 60 篇，主要包括：一是绘本签售、图书打折等销售活动信息；二是创意征文等活动，与读者保持互动；三是软文推广，用译者故事和情感打动读者；四是特殊节点的活动宣传，如在小王子 75 岁"生日"及儿童节等节日当天，公众号会发布主题文章，邀请大家一起品读《小王子》。除此之外，《小王子》自身还有官方微信公众号"小王子 Le Petit Prince 官微"，主要推送《小王子》的跨界联动信息等。①

"双微营销"在《小王子》的营销中发挥了相当大的作用。

（二）短视频营销

短视频营销是指利用短视频平台（如抖音、快手等）进行的图书推广和营销活动。通过短视频的形式，出版社编辑、作者或主播可以展示图书的内

---

① 参见秦艳华编著：《数字时代畅销书商法》，研究出版社 2022 年版，第 1—13 页。

容、特点和优势，分享自己的创作、阅读心得，讲述图书背后的故事，从而提高图书的知名度和销售量。

中信出版社出版的"这里是中国"系列图书是一套全视野的中国地理科普图书，展示了中国壮丽的自然风光与奇异的人文风俗。在图书营销过程中，抖音成为营销团队重点关注和发力的主战场。2019年国庆节期间，营销团队在抖音平台发起了"这里是中国"话题，寻求大号开展分销合作，不仅为参与合作的达人提供样书和文案拍摄脚本，还提供dou+支持、视频制作费、高佣金和高赞赏金，吸引抖音博主主动参与活动，为用户群体分享和推荐新书。营销团队联合中信财经事业部专门组织了一支短视频攻关团队，提供短视频卖点的提炼、抖音脚本的撰写、抖音敏感词的过滤、抖音达人带货的寻找等一站式服务，促成带货达人在短时间内实现规模化、集中式的推广。"在不断的摸索中，营销团队找到短视频平台最为有效的推广模式，即'视频推广+直播讲解+随心推推流'三路合一的新格局"[1]。不同于传统的名人名家推介方式，抖音上的荐书内容以博主个人的阅读体验为主，更具真实感和亲和力，因此容易引发用户共鸣。另外，抖音全域兴趣电商机制不断完备，生态逐渐成熟，不仅能够促使用户快速地完成购买，还能够帮助博主实现流量变现。

（三）社群营销

社群营销是一种基于网络社群的图书营销方式，通过在社交媒体平台上建立和管理具有共同兴趣和爱好的社群来吸引目标用户。根据目标用户的特点和需求，选择合适的社交媒体平台，如微信、微博、贴吧等，建立社群。在社群中，发布与图书相关的信息和内容，如原创文章、作者访谈、活动信息等，增加社群成员的黏性，提高图书的曝光度；定期举办线上或线下活动，如读书会、讲座、签售会等，增加社群成员的互动；鼓励社群成员在朋友圈、微博等社交媒体平台上分享图书信息和活动，扩大图书的影响力。

人民文学出版社对"哈利·波特"系列进行的社群营销，对图书营销策划具有很好的示范作用。

2016年，《哈利·波特与被诅咒的孩子》中文电子书在掌阅数字阅读平台上出版，为了促进该书的营销和销售，掌阅平台运用直播、大数据、线上

---

① 《出版人》杂志：是科普作品，也是主题出版，码洋超2亿的《这里是中国》靠什么火？，2021年8月24日，https://mp.weixin.qq.com/s/HZ2Zq0vPm9m3UCxjHMxJ2A。

线下社群，精准挖掘目标人群，整合线上线下资源，促进用户互动，其出版营销策划具体表现为"直播预热—网络意见领袖扩散—在线互动—大数据用户分析—互动销售"：

一是策划《女神夜读》之"你还记得哈利·波特吗？"特别版直播栏目，主播带领用户回顾了"哈利·波特"往期经典，并分享其中的经典食物，现场自制"黄油啤酒"、品"比比多味豆"，仅直播的单个平台在线观看人数就突破 10 万，掌阅还在直播中对《哈利·波特与被诅咒的孩子》的首发进行了趣味预告。

二是策划"哈迷万圣节聚会"，联合两个娱乐领域的网络意见领袖扩散，号召粉丝参与，在线实际报名人数超过千人，最终选出数十名幸运粉丝参与"哈迷万圣节聚会"，活动现场通过网络多平台同步直播，10 万"哈迷"在线互动，见证该书在掌阅平台的首发。

三是策划依托 2 000 万日活量、累计 6 亿用户积累的大数据优势，力推营销升级，从传统的陈列卖书变成个性化荐书，运用大数据挖掘及用户行为分析，挖掘既往作品用户。

四是开展互动赠书活动，为活动造势，上线"哈利·波特"系列专题，增加互动玩法，用户可以通过魔法问答来获得新书的购买优惠，拉动新书销售。

最终，《哈利·波特与被诅咒的孩子》电子书首发用户覆盖超 2 000 万，用户互动量超过 500 万，上市仅 1 个小时，销量即达《哈利·波特与死亡圣器》累计销量的七倍。此外，一批粉丝在掌阅 App 上自发通过"想法"功能对该书英文版进行在线翻译，主动互动分享。[1]

（四）直播带货

直播带货是一种新兴的营销模式，通过直播平台，主播可以实时与观众互动，展示产品并促成销售。将直播带货与图书营销相结合，可以实现品牌推广、增加销量等多重效果。

直播带货可以选择与达人合作，也可以由出版社编辑或图书作者做主播，开设自己的直播间。主播可以通过分享图书的内容、作者简介、读者评价等

---

[1]　参见秦艳华编著：《数字出版畅销书商法》，研究出版社 2022 年版，第 60 页。

信息，吸引观众关注并购买图书。此外，主播还可以分享自己的阅读心得和感悟，让观众更加了解图书的价值和特点。在直播过程中，主播可以与观众互动，回答他们的问题，解决他们的疑虑，增进观众对图书的了解，提高其购买的可能性，还可以开展各种营销活动，如限时抢购、优惠券发放、抽奖等，刺激读者购买图书。

北京十月文艺出版社出版的畅销书《人生海海》在发售时并未止步于电商售卖渠道，而是紧随潮流地在头部主播的直播间上架，作者麦家专门给直播间的手写信件都还未来得及展示，3 万册《人生海海》上架不到 5 秒就被一抢而空。① 不同于线上网店中单一、静止的图文呈现，《人生海海》在直播间的亮相更加有利于消费者全方位、直观化地观赏该书的外封、装帧等多层次设计，在与主播的互动中也能更加及时地解决关于这本书的问题，进而加深对于该书的了解。而在头部主播强大带货能力的加持下，图书销量迅速提高，凭借主播直播间的热度与广泛的受众，进一步扩大了该书的影响力。《人生海海》和直播带货的创新联合引起了多家媒体的关注与报道，又将热度二次发酵。《人生海海》搭载直播带货，既能构建新型的消费通道，为图书消费者提供更好的购买体验，也可以创新途径有效增强自身知名度和影响力，拓展出更为广阔的市场空间。

（五）电商平台营销

电商平台营销是指利用电商平台进行图书推广、销售和传播的一种现代营销方式。在我国，电商平台已经成为图书销售的重要渠道，占据了很大的市场份额。

在电商平台上，图书页面的设计感和内容呈现至关重要。页面要有夺人眼目的美感，吸引读者关注；要提供详细的图书信息，如内容简介、作者简介、目录等，便于读者了解图书详情。平台会经常性地举办直播带货、限时抢购、优惠券发放等促销活动，还针对特定人群和场景推出定制化的优惠方案；定期推出图书销售排行榜，展示畅销图书和销量增长快的图书。

当前，电商平台成为越来越多读者购买图书的重要渠道，与电商合作、打通电商销售渠道以实现图书的全面铺开，因此成为图书营销过程中的重要

---

① 当好书遇到直播：薇娅带货，麦家《人生海海》3 万册 5 秒售罄，搜狐网，https://www.sohu.com/a/389562139_120005162。

环节。"99 读书人"引进、人民文学出版社出版的"那不勒斯四部曲"，在营销过程中充分利用了电商平台的排行榜推荐、直播带货与周边开发，极大地增加了图书销量。

"那不勒斯四部曲"电商平台营销主要从以下几个方面入手：

首先，入驻各大平台的图书推荐排行榜。在数字化时代，平台基于大数据等生成的推荐榜单越来越成为读者选择图书的重要依据之一。"那不勒斯四部曲"一经出版，就在豆瓣、亚马逊等平台登上了图书推荐排行榜单。在榜单上占据一席之地，不仅能够提升读者对于图书的关注度，也能更有效地说服读者购买。

其次，直播带货。随着直播带货的品类的不断扩充，图书也成为其中的一种。"99 读书人"与"博库天猫店"合作举办直播带货专场，五折出售"那不勒斯四部曲"等图书。

最后，出版社还与平台合作策划系列周边文创产品。美观、实用的文创产品具有展示性和自发扩散性，天生适用于社交营销。"99 读书人"的电商平台中铺货时设计了相当精美的文创周边，包括为豆瓣读书上线设计宣传海报和附赠笔记，为亚马逊平台图书上线设计的帆布包，以及为"精装版"发售设计的铅笔等，且这些周边限量附赠仅限线上，"饥饿营销"刺激读者消费，达到了很好的效果。[①]

（六）意见领袖营销

意见领袖是指具有较高影响力、较广人脉关系的专业型人物。利用意见领袖来进行营销，可以借助他们的影响力和社会地位，激发消费者对产品或服务的好奇心和信任感，从而提高销售量，占据更大市场份额。

在新媒体图书营销策划中，意见领袖营销是一种有效的营销策略。美国历史学家、作家塔拉·韦斯特弗创作的《你当像鸟飞往你的山》是一部作者关于自己的富有传奇色彩的教育经历的回忆录，2018 年 10 月在美国出版后大获好评，被翻译成多种语言在 37 个国家出版。中文译本由新经典文化公司引进、南海出版公司出版，2019 年 10 月在国内上市，上市 100 天突破百万发行量，引发了现象级阅读热潮。这本书之所以受到人们的追捧，与其内容记述名人

---

① 参见秦艳华编著：《数字时代畅销书商法》，研究出版社 2022 年版，第 125–149 页。

故事、反映成功的人生经验的内容有关。读者通过阅读这些生动故事，可以满足自己对于名人成长历程的好奇心，获得一种精神上的激励。但与此同时，KOL 和 KOC 共同发力，助力碎片式传播，也是促成图书畅销的重要因素。

KOL（Key Opinion Leader）即关键意见领袖，一般指为企业或产品宣传的专家、权威。KOL 有很强的专业知识，拥有评论话语权，对消费者购买行为有较大影响力。社交媒体时代，KOL 的作用愈加强大。通过 KOL 推荐图书是出版企业营销活动中常用的方式。《你当像鸟飞往你的山》这本书在最初宣传时非常重视 KOL 的作用。图书的宣传语中就提到，这本书是比尔·盖茨年度荐书的第一名，并在多个营销作品上标注了比尔·盖茨对该书的推荐语——"一个惊人的故事，真正鼓舞人心。我在阅读她极端的童年故事时，也开始反思起自己的生活。《你当像鸟飞往你的山》每个人都会喜欢。它甚至比你听说的还要好。"另外，国内的俞敏洪等名人也对这本书有着较高的评价，从而在很大程度上提高了该书的知名度和好感度。

KOC（Key Opinion Consumer）即关键意见消费者，一般指通过自己的消费体验分享影响朋友、粉丝产生消费行为的消费者。跟 KOL 相比，他们更接近普通用户，更注重与粉丝的互动，也更容易得到粉丝的信任。社交媒体时代，KOC 在图书营销过程中发挥的作用也比较明显。《你当像鸟飞往你的山》发售时，众多 KOC 在不同的社交媒体平台上对该书进行了推荐。以小红书为例，以"你当像鸟飞往你的山"为关键词进行搜索，截至 2021 年 10 月 15 日，有 1 万多篇笔记，其中既有专门的读书博主用短视频的形式对全书进行介绍的分享，也有普通用户摘抄片段发表自己的看法和反思。他们的粉丝量和互动量通常不大，但是从评论来看，针对图书本身的互动要比出于对博主喜爱的互动更多一些，即营销数据可能相对来说更真实。从图书营销的性价比来说，这种以 KOC 为主力的碎片式传播更适合社交媒体环境。[①]

第四节　全版权营销策划

通常情况下，对于一个好的选题，不仅要出版纸质图书，还要出版电子

---

① 参见秦艳华编著：《数字时代畅销书商法》，研究出版社 2022 年版，第 198–204 页。

书、有声书等数字出版产品。影视作品、游戏产品改编，图书"走出去"，开发文创产品等，也都离不开版权。出版社或拥有版权使用权，或拥有版权代理权，实际上就是一个版权资源中心。借助这个优势条件，可以将图书的专有出版权与版权使用权、版权代理权结合起来，形成全版权营销格局。图书与图书版权的衍生品相互借力，推动图书销售的同时，也能为出版社扩展业务、提高效益开拓新的经济增长点。

全版权营销指的是依据不同产品、产业和消费者偏好之间所拥有的共性和联系，将其关联融合在一起形成新的产品以迎合消费者的需求和好感，从而实现市场利润最大化的一种营销模式。智能时代，数字技术的发展重塑市场格局、产业边界、社会结构等，推动多元领域的融合，为全版权营销带来了契机。版权作为延伸营销影响力的重要方式，可以汇聚不同领域的特质和优势，由此衍生的影响力可以反哺图书营销，推进图书畅销、常销。同时，不同领域的特质和优势汇聚起来，还可以构筑新的发展景观。

《冰与火之歌》是美国小说家兼剧作家乔治·R.R.马丁创作的系列奇幻小说。2011年4月17日，由《冰与火之歌》系列丛书改编而成的奇幻电视剧《权力的游戏》（Game of Thrones）在美国HBO首播。电视剧播出以后，《冰与火之歌》系列丛书的销量呈现出陡增的态势。该电视剧作为该系列小说衍生产品，它的播出不仅反过来促进了图书的销售，还推动了其他相关衍生产品（如漫画、游戏、桌游等）的销售。

从《冰与火之歌》的出版历程上看，1996年出版第一部精装版，后来以平装版重新发行纸质图书，最后又综合利用纸质书、电子书和有声读物的媒介载体，这不仅是出版方式在形态上的演进，更主要的是适应了新技术驱动下读者阅读习惯多样化的需求。除此之外，由《冰与火之歌》衍生而来的电子游戏、同人创作、影视剧等也都要不同程度地归功于移动互联网、人工智能和4K等技术的进步。

《权力的游戏》在全版权营销和衍生品开发方面可谓做到了极致，电视剧《权力的游戏》的成功直接促成了《冰与火之歌》整个IP产业链的产生和壮大。从最初的图书到视频，再继续扩展到游戏、文旅、玩具、纸牌、服装、彩妆以及饮料等，这是IP不断延伸和丰富的过程，也是产业规模化效应显现的过程。[①]

一、图书出版合同

全版权营销策划的前提条件是获得作者的相关授权。在我国，版权是指著作权人对其作品享有的法律权利。出版社获得的版权使用权或代理权，是在与著作权人签订图书出版合同时协商约定的。图书出版合同是著作权人与图书出版者之间签订的一份协议，用于明确双方在图书出版过程中的权利义务。

图书出版合同是著作权人与出版单位就图书的出版、发行、版权等方面达成的一份协议。合同的内容主要包括以下几个方面：

图书基本信息：包括图书的名称、作者、出版社、出版日期、ISBN 等。

授权范围：明确作者授予出版单位在合同期限内在特定地区、范围内出版、发行图书的权限。

出版方式：指出图书的出版形式，如平装、精装等。

稿酬及支付方式：规定作者稿酬的支付标准、支付方式及时间。

版权归属：明确图书的著作权、邻接权等归属问题。

合作期限：规定合同的有效期限。

其中，在图书出版合同中，版权归属虽然并非特别重要的条款，但在明确图书的著作权及其转让问题上，这一项的内容却直接关系到全版权营销策略能否执行，因而理应受到出版社高度重视。

《著作权法》第二章第一节第九条、第十条规定了著作权人和著作权。按照《著作权法》的相关规定，出版社可与著作权人针对版权归属、转让事宜进行协商，并在图书出版合同中形成相关条款予以明确。出版社着眼于全版权营销，一般会尽量争取作者更多的授权。

下面是一家出版社的《图书出版合同》。

图书出版合同

甲方（著作权人）：＿＿＿身份证号码：＿＿＿＿＿＿＿　笔名：＿＿＿＿＿

---

① 参见秦艳华编著：《数字时代畅销书商法》，研究出版社 2022 年版，第 71-78 页。

身份证号码: _____ 笔名: _____

身份证号码: _____ 笔名: _____

甲方授权代理人: _____ 身份证号码: _____

甲方或甲方代理人地址、邮编: _____

电话: _____

电子邮箱: _____

稿酬收款单位或个人: _____

开户银行: _____

账号: _____

乙方(出版者): _____

地址: _____

邮编: _____

电话: _____

传真: _____

电子邮箱: _____

网址: _____

作品名称(发稿暂用名称): _____

作品名称(实际出版名称): _____

作品类别: _____

作者署名(按顺序): _____

为保障图书出版活动的正常进行,维护甲乙双方权益,在遵守《中华人民共和国著作权法》《中华人民共和国民法典》等相关法律法规的前提下,双方经友好协商达成以下出版协议。

第一条 甲方将上述作品的中文简体版、中文繁体版以图书(可附加图书相关的音像制品)形式的专有出版权在合同有效期内授予乙方,授权区域为:全球范围内、中国范围内(包括港澳台地区)、中国大陆地区(不包括港澳台地区)。

第二条 甲方确保上述作品稿件质量符合出版要求,内容正确无误,并确保上述作品中不得含有下列内容:

(一)反对宪法确定的基本原则的;

（二）危害国家统一、主权和领土完整的；

（三）泄露国家秘密、危害国家安全或者损害国家荣誉和利益的；

（四）煽动民族仇恨、民族歧视，破坏民族团结，或者侵害民族风俗、习惯的；

（五）宣扬邪教、迷信的；

（六）扰乱社会秩序，破坏社会稳定的；

（七）宣扬淫秽、赌博、暴力或者教唆犯罪的；

（八）侮辱或者诽谤他人，侵害他人合法权益的；

（九）危害社会公德或者民族优秀文化传统的；

（十）有法律、行政法规和国家规定禁止的其他内容的。

第三条　乙方使用、出版该作品的形式包括但不限于丛书、手册、摘编本、选编本、汇编本、插图本、校注本、批注本、选集、文集、全集等。在本合同有效期内，未经乙方书面同意，甲方不得将本作品的全部或部分，或将内容修改、删节、重新编排等形式，以原名或其他名称自行或授权第三方作上述使用。如有违反，乙方有权要求甲方及第三方给予经济赔偿并可终止本合同。

第四条　在本合同有效期内，甲方授权乙方在全球范围内对授权作品（中文简体和繁体）的数字化作品（包括但不限于电子出版物、网络出版物及其他数字化制品等文字作品、音频作品载体）享有专有权，包括信息网络传播权、广播权及为使授权作品以电子形式发布、传播所需的汇编权、复制权等著作财产权，及前述各项权利的转授权，用于数字阅读、手机阅读、网络付费阅读、手持阅读器阅读、有声书阅读等。乙方针对上述权利所获净收益，向甲方支付＿＿＿＿＿＿＿％。

第五条　在本合同有效期内，甲方将上述作品的海外代理权及转授权独家授予乙方，乙方有权代为甲方协商授权范围之外的转让授权事宜，乙方应按照代理转让后的收益向甲方支付＿＿＿＿＿＿＿％。

第六条　在本合同有效期内，甲方将上述作品的影视作品（包括电视剧、网络剧、院线电影、网络大电影、短视频等）的改编权、摄制权、运营权、衍生品开发权及其转授权独家授予乙方。乙方行使该权利后的收益，向甲方支付＿＿＿＿＿＿＿％。

第七条　在本合同有效期内，甲方将上述作品的翻译权及翻译后版本的出版权，戏剧、戏曲、剧本杀、舞台剧、音乐剧、话剧等改编权、复制权、表演权、衍生品开发权，游戏作品改编权、复制权、衍生品开发权，漫画作品、动画作品的改编权、复制权、衍生品开发权，在同等条件下优先签约新作品权及上述各项权利的转授权授予乙方。上述权利所获净收益，向甲方支付＿＿＿＿＿＿％。

第八条　为了宣传推广上述作品，乙方有权自行或授权第三方以免费方式使用上述作品的部分或全部内容，也有权自行或授权第三方使用甲方的肖像、姓名、生平资料等，甲方对此应予以配合，且乙方无须就此等授权向甲方支付报酬。合同期满或者解除后，为宣传库存图书的需要，乙方可以继续使用前述资料，乙方已经在互联网上刊载的作品内容可以继续保留。乙方为组织销售及宣传而设计制作的材料和广告语（包括海报、传单、展牌等）中所含的文字、图像等内容的版权归乙方所有。

第九条　甲方保证合法拥有本合同中授予乙方的权利。乙方因行使上述权利造成侵犯他人作品权的，甲方承担全部责任，并赔偿因此给乙方造成的诉讼开支、经济赔偿等全部经济损失，且乙方有权终止本合同。

当乙方取得的上述作品的相关权利受到侵害时，甲方有义务协助乙方追究侵权方的责任。乙方可通过法律程序维护合法权益，进入诉讼程序的，乙方可以自己的名义独立提起诉讼。

第十条　甲方确保上述作品中无侵犯他人名誉权、肖像权、姓名权等人身权的内容。如含有侵犯他人名誉权、肖像权、姓名权等人身权内容的，甲方承担全部责任，并赔偿因此给乙方造成的诉讼开支、经济赔偿等损失，乙方有权终止本合同。

第十一条　如上述作品附带光盘等其他介质发行，甲方要确保对上述作品附带光盘等其他介质中的内容（包括文字、图像、动画、声音、程序及其他享有作品权的内容）拥有作品权或得到授权使用或属合理引用。由上述作品附带光盘等其他介质中的内容引发的侵权责任全部由甲方承担，并赔偿因此给乙方造成的诉讼开支、经济赔偿等损失，乙方有权终止本合同。

第十二条　甲方应将上述作品的誊清稿或电子文档（须附打印稿）于＿＿＿＿＿＿年＿＿＿月＿＿＿日前交付乙方。甲方交付的稿件上应有作者的签章。甲方因故不能按时交稿，应在上述期限届满前20日通知乙方，双方另行约定交稿日期。

第十三条　乙方将于_____年_____月_____日前出版上述作品。乙方因故不能按时出版上述作品，应在出版期限届满前20日通知甲方，双方另行约定出版日期。

第十四条　本合同签订后，甲方在双方约定的最后期限内仍不能交稿或无故毁约时，甲方应按本合同第十七条中约定的首次付酬数额的30%向乙方支付违约金，乙方有权终止本合同。乙方在双方约定的最后期限内仍不能出版上述作品时，应按本合同第十七条中约定的首次付酬数额的30%向甲方支付违约金，退还原稿，甲方有权终止本合同。因不可抗力原因所致除外。

第十五条　上述作品稿的校样，由乙方负责审校，甲方许可乙方有因审校、审批备案等需要对作品进行技术性修改、删节或增补的权利，但乙方不得对作品进行实质性修改、删节或增补。甲方若要求看校样，除排版错误及实质内容错误外，只能在校样上作个别不影响版面的修改，并在10日内签字后退还乙方。如甲方未按期退还校样造成上述作品不能按时出版，责任由甲方承担。因甲方修改过多造成版面改动超过5%时，甲方承担由此增加的排版费用以及由此造成不能按期出版的责任。

第十六条　乙方负责上述作品出版的封面及装帧、版式设计（双方另有约定除外），乙方有权自主决定出版上述作品的样式、开本、定价、材料、工艺、发行和促销等相关事宜。乙方出版的上述作品应符合国家规定的质量标准。

第十七条　乙方采用下列第_____种方式向甲方支付报酬（其余方式请用斜线"／"划掉）：

1.基本稿酬加印数稿酬：

（1）基本稿酬：_____元／千字 × 出书后实际字数（不足千字部分按千字计算）。

（2）印数稿酬：印数（以千册为单位，不足1 000册的按1 000册计算）×基本稿酬的1%。

2.图书版税：

（1）固定版税：

图书定价 × 版税率_____%× 实际销售数

（2）阶梯版税：

图书定价 × 版税率 × 实际销售数

_____册～_____册，版税率_____%；

_____册～_____册，版税率_____%；

_____册～_____册，版税率_____%；

_____册及以上，版税率_____%。

3.一次性付酬_____元。

乙方向甲方支付的报酬以人民币结算，并按照国家法律规定，代扣代缴甲方应缴纳的个人所得税。

第十八条　乙方支付报酬方式为：

1.以一次性支付方式为图书出版付酬的，乙方在上述作品出版后 30 日内向甲方支付。

2.以基本稿酬加印数稿酬方式为图书出版付酬的，乙方在上述作品出版后 30 日内向甲方支付首笔报酬，以后每 6 个月结算一次。

3.以版税方式为图书出版付酬的，乙方在上述作品出版后每 6 个月按实际销售数量向甲方结算一次；乙方非营利所用样书不计版税，但其数量最高不能超过销售数量的 5%；以图书定价 45%~40% 折扣销售的，按图书定价的 2% 支付版税，销售价若等于或低于图书定价 40% 则免计版税。

4.乙方利用本合同中的第四条、第五条、第六条、第七条权利获得收益的，应每 6 个月向甲方结算一次。

第十九条　甲方有权自行或委托第三方核查上述作品的印数或销售数。甲方如果发现乙方隐瞒印数或销售数，乙方除向甲方补齐报酬外，还应支付该部分报酬 30% 的赔偿金并承担核查费用。

如果甲方的核查结果与乙方提供的印数相符，由甲方承担核查费用。

第二十条　上述作品首次出版后，乙方在合同有效期内可以根据需要自行决定重印。如果甲方需要对上述作品进行修改（只对个别差错进行修改），应及时通知乙方，并将勘误意见标注在所送校正本上寄送乙方，乙方负责在重印时改正。否则乙方按原版重印。

第二十一条　上述作品首次出版满 3 年后，若已印图书尚有库存，为减少库存费用负担，甲方同意乙方自行决定可以按低于成本价销售、捐赠、销毁等方式处理。

第二十二条 上述作品出版后，原稿由乙方自行处理，如甲方要求乙方退还原稿，应在本合同作出特别说明。

第二十三条 上述作品首次出版后 30 日内，乙方向甲方赠样书 10 册。

第二十四条 本合同期满后，如甲、乙双方不再续签，在合同有效期内印制的图书在合同期满后乙方有权继续发行，甲方将继续获得本合同约定的报酬。

第二十五条 违约责任

1. 甲乙双方应正当行使权利，履行义务，保证本合同的顺利履行。任何一方违反本合同项下的任何规定，均应当承担违约责任；给对方在成损失的，应当赔偿对方由此所遭受的全部经济损失。

2. 如甲方违反本合同第一条、第二条、第三条、第九条、第十条、第十一条、第十二条等，视为甲方严重违约。甲方应退还乙方已经支付的款项，并向乙方支付实际获得所有报酬（作品未出版的以基础版税计算）的 1 倍的违约金。违约金不足以弥补乙方损失的，乙方有权追偿，同时乙方有权要求解除协议。

3. 如乙方未能依本合同约定期限支付报酬，应按日向甲方承担逾期付款金额万分之五的违约金。

4. 因法律、法规、政策变更等政府行为，主管部门未能审批等原因，导致本合同不能正常履行，双方不承担赔偿责任。

第二十六条 甲乙双方对于本协议的签订、内容及在履行本协议期间所获知的另一方的商业秘密（包括商业秘密、公司计划、运营活动、财务信息、技术信息、经营信息及其他商业秘密）负有保密义务。非经对方的书面同意，任何一方不得向第三方（关联公司除外）泄露、给予或转让该等保密信息。但法律、法规另有规定或双方另有约定的除外。

第二十七条 双方因合同的解释或履行发生争议，由双方协商解决。协商不成，可向乙方所在地人民法院提起诉讼。因此产生的律师费、公证费、诉讼费由过错方负担。双方同意，本合同首部载明的联系地址可以作为司法送达地址，由人民法院按照该联系地址进行送达。

第二十八条 除以上双方约定的条款外，有关上述作品在编辑加工、印制等技术细节方面的约定，以及其他事项的约定，甲乙双方可另立附件，经双方同意并签字后，附件与本合同共同生效。

第二十九条 本合同有效期为_____年，自双方签字之日起生效。合同期满前一个月内，任何一方未向对方发出书面终止通知，则本合同自动延续6个月。再次期满时以此类推。本合同一式两份，双方各执一份为凭。

第三十条 双方商定，对以上合同内容的修改、补充约定事项如下：

签约注意事项：

1. 甲方签字需与本人身份证件一致，并提供身份证件复印件（二代身份证须提供正反面复印件）。

2. 多名作者情况下，所有作者应当委托一人代签合同并处理收取稿酬等所有合同相关事宜，所有作者应当提供书面授权书。

3. 稿酬应当按照甲方在合同中提供的支付方式支付，如有改变，甲方须提供书面确认。

4. 根据《最高人民法院关于审理著作权民事纠纷案件适用法律若干问题的解释》（2002年10月15日施行，2021年修订）规定，本合同的出版方再次提示作者：应当对合理引用、参照他人作品内容的部分注明出处；在选编、汇集、翻译等演绎他人作品时应当取得原作者许可；由于客观原因，本社难以对内容涉及的著作权问题进行实质审查，责任编辑是在已经就作者的授权、稿件来源和署名以及对内容进行初步审查通过后，才代表出版社与作者签订本合同，作者请尊重他人著作权，并在保证不得有侵害他人著作权等民事权利的情况下签订本合同。

甲方：　　　　　　　　　　乙方：

签字：　　　　　　　　　　签字：

日期：　　年　　月　　日　　日期：　　年　　月　　日

在这份《图书出版合同》样本中，第三条至第十一条就是著作权人和出版社双方约定的关于版权转让、使用等的详细内容。如果能够达成版权转让、使用的约定，那么就会为全版权营销创造了条件。

二、数字出版产品 + 图书

数字出版产品主要包括电子书、有声书等。"数字出版产品 + 图书"是出版社全版权营销的重要组成部分，也是实现产品创新、扩大生产规模的一种经营方式。做好"数字出版产品+图书"营销策划，需要结合数字出版产品的生产模式、市场规律等，与图书营销形成互动，占据更大市场份额，最终实现双赢。

(一）数字出版产品的商业模式

数字出版产品的商业模式主要围绕产品特性、功能价值、用户定位来规划和实行，其基本原则是提高服务质量，满足用户需求。只有这样，才能获得竞争优势，实现利益最大化。

1. 纸电同步出版的商业模式

随着市场的发展，越来越多的事实证明，同步发行对于出版物整体内容市场的启动有着良好的市场叠加效应。纸电同步出版在生产环节或领域，意味着生产流程的再造和生产方式的变革，实现了数字出版产品与纸质图书的有机结合。纸电同步出版物同属于图书产品，只是呈现的介质、载体或产品形态不同。这就要求编辑必须改变传统的图书选题策划的单一思维，而转为以内容为核心或出发点的多种媒体或介质的内容产品设计观念。而数字出版产品，不一定只是纸质图书的简单数字化，而是能为读者或客户提供更多更好的阅读体验和增值服务的数字出版产品。它的形态可以是书，也可以是以书为基础而形成的具有强大检索功能的数据库和 App 等。这就要求编辑根据基础内容，结合不同介质的特点来设计读者需要的数字内容产品。在这一观念下，纸质产品和数字出版产品不再对立，不再冲突，相反，在市场上可能会相互借力，促进销售。[①] 当今，数字传播企业主要通过纸电同步快速生产电子书、App 和数据库等数字出版产品，借助第三方权威运营平台，以多种方式提供给消费者，实现自身盈利。

2. 增强型电子出版物的商业模式

这种商业模式多被一些教育出版企业所采用。教育出版和专业出版一样，具有很强的自主研发能力和垄断性，满足的是人们教育阅读的刚性需求。这种商业模式的核心是数字出版企业在积极推动纸质教科书网络销售的同时，还侧重于内容的深度挖掘加工和高附加值的增值服务，具体表现为以下八种类型：一是在线课程学习，即利用音频、视频等多媒体技术，围绕教材中各

---

① 于殿利：《纸电同步开创出版新时代》，《人民日报》，2014 年 11 月 25 日第 24 版。

个章节的知识点，提供相配套的参考资料库、试题库、实验手册、视频、课件、AR/VR 等内容的网络教学平台，最终方便学生在线学习；二是家庭作业管理，即老师布置作业，学生在线完成后会得到及时反馈；三是在线测试，即利用所开发的在线测试系统对学生的学习结果进行评价；四是电子书，方便学生在线下载；五是在线课外辅导，以学校课程教学资源为核心打造的课程资源库，促进知识共享、人才交流和培养；六是虚拟的体验性教学方式，如采取边做游戏边学习的方式，采用情景模拟实验室教学等；七是利用师生的科研成果，并加以整理、加工、组织而建立的机构知识库；八是基于网络的自主出版服务，包括自助创作、开放访问、网络教育社区以及个性化定制等服务方式。[①]

3. 电子书城的商业模式

电子书城的电子书销售主要是"平台＋终端"的商业模式。版权拥有者将电子图书上传到电子书城服务器，经过技术处理，使电子书上架，这本电子书便出现在电子书城的销售平台上，用于向需求者展示和销售。在终端，读者登录电子书城，利用电子书阅读器的无线下载功能，购买和下载。如果是用 PC 或智能手机下载，则需要先行下载安装一个兼容的电子书阅读软件。电子书城还可以通过电子图书上下架、销售渠道管理、客户管理、论坛评价管理等，将电子书的定价权掌控在自己的手上，同时通过与用户互动、提升服务水平等，提高用户黏性。

（二）数字出版产品的市场定律

市场规律影响产品的价格策略、销售策略等，因而也会影响产品的市场竞争力。数字出版产品的市场规律，可以从以下几个著名的定律中体现出来。

1. 摩尔定律

摩尔定律的内容为：当成本几乎不变的情况下，集成电路上可容纳的晶体管数目，大约每隔 18~24 个月便会增加一倍，性能也将同时得到提升。这一定律揭示了信息技术进步的速度。

摩尔定律是英特尔创始人之一戈登·摩尔的经验之谈。摩尔定律虽然以戈登·摩尔的名字命名，但最早提出摩尔定律相关内容的却并非摩尔，而是

---

① 陈丹：《我国出版社数字出版发展策略及商业模式探析》，《出版发行研究》，2009 年第 11 期。

加州理工学院的卡沃·米德教授。米德是最早关注到摩尔定律所提出的晶体管之类产品如产量增加就会引起价格下降这一现象的。米德指出，如果电脑处理能力每两年提高一倍，那么这一价位的电脑处理装置同期就会降价一半。

据摩尔定律，数字技术产品的处理能力会变得越来越快，体积会越来越小，价格也会越来越低。

2. 吉尔德定律

吉尔德定律的内容为：未来25年，主干网的带宽每6个月增长一倍，增长速度是摩尔定律预测的CPU增长速度的3倍。

吉尔德定律又称"胜利者浪费定律"，由被称作"数字时代三大思想家"之一的美国未来学家乔治·吉尔德提出。这一定律被描绘为：在最为成功的商业运作模式下，价格最低的资源将被尽可能地消耗，以此来保存最昂贵的资源。比如，蒸汽机出现时，因为蒸汽机的成本已经低于当时传统的运输工具马匹的成本，因此精明的商人开始使用蒸汽机。如今，最为廉价的资源就是电脑及网络宽带资源。在美国，已经有很多的ISP（互联网服务提供商）向用户提供免费上网的服务。这表明带宽的增加不存在技术上的障碍，只取决于用户的需求。需求增加，带宽也会相应增加，而上网的费用自然也会下降。

该定律反映了数字经济的一大特点，因为数字经济的广覆盖性，边际成本能够大幅下降。

3. 梅特卡夫定律

梅特卡夫定律的内容为：网络的价值与联网用户数的平方成正比。网络上联网的电脑越多，每台电脑的价值就越大。

梅特卡夫定律由3Com公司的创始人、计算机网络先驱罗伯特·梅特卡夫提出。梅特卡夫定律告诉人们，新技术只有在众人使用它时才会变得有价值；使用的人越多，它的价值就越大。

4. 达维多定律

达维多定律的内容为：进入市场的第一代产品将会获得50%的市场份额。也就是说，只有新产品才能够保证企业的市场占有率。

达维多定律是由曾任职于英特尔公司高级行销主管和副总裁威廉·H.达维多提出的。

这一定律促使数字产品生产企业必须不断地进行技术革新，迭代升级或淘汰自身落伍产品，力争第一个开发出新一代产品。如果跟在别人后面将同样的新产品推进市场，那么获得的利益将非常小。数字经济讲究创新，讲究领先，一旦占据市场，就会迅速形成一家独大的局面。

根据以上定律，数字出版产品往往采取一种主流化营销策略，也就是低价销售或免费赠送销售策略。这种营销策略是由数字出版产品的技术特点决定的，也是生产者为了求得市场份额的最大化而采取的一种最佳销售方法和手段。数字产品换代周期较短，又具有特殊的成本优势，这就为低价或免费的销售创造了条件，提供了可能。采取这样的营销策略，能使产品迅速占领市场，再加上相关增值服务收费、会员收费等，生产者的收益会持续提高。

（三）数字出版产品与图书的互动

数字出版产品的优势在于跨越时空界限，打破媒介边界，多元一体化进行信息传播。电子书、音频书作为数字出版产品的主要形式，其成本低、传播快、受众广的特点深受用户欢迎。

数字出版产品与图书通过联合营销，形成互动，可以形成更大的市场号召力，既能吸引顾客购买图书，也能带动数字出版产品的销售，从而整体提升销售业绩，也有利于提升品牌知名度。

《正常人》是爱尔兰当代女作家萨利·鲁尼的代表作。《正常人》原版由英国费伯出版社于2018年出版，短时间内便获得读者和文学评论家的青睐，成为难得的既被市场喜爱又被评论家认可的畅销书。该书的简体中文版由上海译文出版社于2020年引进出版，当年就被豆瓣评为"2020年度外国畅销文学"。

《正常人》出版方邀请翻译家黄昱宁采用音频方式对作品进行解读，苹果博客中相关的《英美剧漫游指南》《自作多情》等栏目对该书进行解析，采用音频这一即时性、伴随性强的媒介形式进行泛解读，对帮助受众理解文本内容、实现对内容的深层次理解和群体共鸣感的建构大有益处。此外，出版方积极寻求与电子书、有声书平台合作，如 Kindle、微信读书、得到、豆瓣、多看阅读、喜马拉雅等，这些平台几乎都拥有超大规模的用户基础。例如，Kindle 背靠亚马逊这一拥有巨大的全球市场的巨头公司，可面向不同国家语言的受众；微信读书背靠强大腾讯社交生态，在市场占有率上有很大优势。《正常人》有声书在这类平台上架后可吸引相当大的流量。

电子书凭借携带轻便、查阅便捷、阅读记录随时自动保存等优点获得了数字时代用户的青睐。《正常人》电子书在手机、平板等终端适配性很高，能够最大限度地适应受众长期阅读纸质书形成的习惯，如"多看阅读"App可根据平板和手机的屏幕大小作出页面调整，尤其是平板阅读的分屏处理，无论是字体大小，还是每行字数，都能够最大限度地贴合用户的阅读习惯，封面也保留了原纸质书的风格和排版特点。同时，《正常人》上架的一些平台也在走"媒介融合"之路，将视觉媒介和听觉媒介融合起来，例如"微信读书"App，既可以选择文字版《正常人》，还可以选择"听书"模式，以适应不同受众群体在不同场景下的阅读需求。而一些专门类的有声书平台充分利用社区用户的能动性创造，丰富了有声书语言和风格的特色，如在"喜马拉雅"平台，《正常人》有多个不同的中文和英文版本。

三、影视 + 图书

出版社获得著作权人的影视版权转让，就可以将图书内容进行影视化改编，制作影视产品。如有约定，出版社还可以作为著作权人的代理，向影视公司出售该作品的影视改编权。影视的热度会反哺图书，促使更多观众去阅读原著，从而提高图书的销售量。

（一）角川商法

角川商法是一种具有标志性意义的出版经营理念，在世界现代出版史上有重要地位。当人们谈到影视与图书的关系时，都会首先想到角川商法。

角川是指日本一家著名的出版社——角川书店。角川春树任角川书店社长时，提出电影与图书互动的经营理念，并进行了成功实践，因此人们将这种出版经营理念叫作角川商法。

角川春树纯属一位敢想敢干的"狂人"，在经营理念上，与其父亲角川源义大相径庭。作为角川书店的创始人，角川源义一直坚持"阳春白雪"的文化出版方针，力图形成并维护"良书"出版社的形象。随着出版竞争的日趋激烈，角川书店的经营状况每况愈下，劳资矛盾日益激化。在内外交困、濒临破产的形势下，作为编辑局长的角川春树心急如焚，提出一系列改革方案，却始终得不到父亲首肯。为此他便自作主张，我行我素，后来激怒父亲，被逐出角川书店。角川春树壮志未酬，一度自甘堕落，但性格倔强的他并未从此一蹶不振，而是一直等待着东山再起、一展宏图的机会。一天，角川春树去看美国电影《毕业生》，他知道促使自己走进电影院的正是风靡全球的这部电影的主题歌；他还知道，这部电影的原作已被译成日文出版，成为发行十几万册的畅销书。听了主题歌就想看电影，看了电影就想看书，角川春树一下子"顿悟"了，把电影和出版连在了一起。

1975 年 10 月，角川春树继任角川书店社长，他"以电影促出版"的想法立即被付诸实施。"看好一部书，投资拍成电影，以电影的轰动效应带动这部书的销售"，他打出的第一炮是《犬神家族》。他孤注一掷，投入巨资拍成电影，再展开密集的宣传攻势，电影公映，观众如潮，票房收入 87 亿日元，角川书店获利 8 亿日元。接着，原作销量剧增，突破 50 万册。初战告捷，角川春树再接再厉，如法炮制，接连推出《八个墓村》《人证》《野性的证明》《八甲田山》《恶魔吹笛来》等电影，造成一个又一个"角川电影"旋风，无一例外地带动了原作的畅销。角川书店由此挺直了腰杆，经营规模迅速扩大，影响日著，成为日本著名中坚出版社。

把自己出版的书投资拍成电影，借助电影的成功，利用所有媒体集中、连续地展开广告宣传活动，制造社会文化热点，最终促成书的畅销。这就是"角川商法"。

角川春树成功了。对于自己的成功，他颇为自负。他说："书也好，音乐也好，电影也好，都是没有实体的商品，它们不同于电器产品，不同于汽车，可以说是幻想的商品。幻想就是价值，否则，书就成了纸张和墨水的复合体。卖幻想，正是像我这样积极虚无主义者的拿手好戏。"他的论调自然遭到保守主义者的批评，谓其忽视出版的文化特征，他则辩解说："能卖就是适应了读者的文化需求。"[①]

影视与图书之间存在共同的受众群体，他们对故事、人物和情节有着相似的兴趣。观众的观影体验可以激发他们对原著的好奇心，引发他们的购书欲望，从而促进图书销售。

（二）影视促进图书销售

由小说改编的影视作品能为观众带来审美愉悦，但是，影视改编毕竟是

---

① 参见秦艳华、路英勇著：《从文学到出版——基于文化与商业的双重逻辑》，中国传媒大学出版社 2016 年版，第 237 页。

对小说原著的二次阐释，影视作品产生轰动效应后，观众就会想通过阅读原著去直接领略作家语言艺术的风采，于是影视观众变为图书读者，从而促成图书畅销。

作家出版社出版的《装台》就是一个很好的例子。在同名电视剧《装台》播出时，作家出版社获得了利用电视剧进行图书营销的授权。

电视剧的播出将《装台》的营销过程明显地分为两个阶段，两个阶段的营销重点、策略等都有着显著的不同。在《装台》电视剧播出之前，即 2015 年 10 月至 2020 年 11 月期间，《装台》图书的营销主要基于作品本身展开，依托作品本身的文学价值扩大作品的知名度是其主要手段；在《装台》电视剧播出之后，即 2020 年 11 月至今，《装台》图书的营销主要基于同名电视剧展开，依托电视剧带来的关注度提升图书市场销量。

2020 年 11 月《装台》同名电视剧开播，出版社配合电视剧的开播进行了一系列的营销活动：

一是推出新版图书。2020 年 6 月，作家出版社推出了新版《装台》。相较原版，新版在封面设计等方面更符合时下审美，同年 11 月电视剧播出后，读者纷纷购买最新版的图书。

二是线上社交媒体的宣传。在《装台》电视剧开播前，作家出版社微博、微信便发布了电视剧的播出消息。例如，2020 年 12 月 1 日，作家出版社微博发布了"装台开播"标签；从 2020 年 11 月 30 日至 2021 年 1 月 27 日，微信公众号共发布了 18 篇与《装台》有关的原创或转载文章，内容涵盖陕西美食、书评、剧评等方面，带领受众详细了解图书内容，同时还在文章中直接附上图书购买链接，以期将电视剧受众直接转换为图书读者。

三是在线上营销中，突出对于"陕西"的地域名片营销。虽然图书中有着非常明显的陕西地域特征，但电视剧播出之后，无论是电视剧还是图书的营销宣传都更加突出了这一点。

四是线下举办读者见面会等活动。借助电视剧的热度，作家出版社联合西安市新华书店在曲江书城举办读者见面会，在南京举办作品阅读分享会等。在电视剧热度持续走高之时，出版社持续加大线上宣传，在线下也及时举办读者见面会，线上线下联动营销。

《装台》电视剧的火爆带动了原著小说的畅销，在电视剧播出的 12 月份，仅在西安一家书店，月销售就达 2 万册。借助电视剧带动，《装台》口碑与销量俱佳，真正算得上是优秀畅销书了。[①]

四、游戏 + 图书

游戏的叙事逻辑有别于文本，因而由图书改编的游戏，既不能脱离元文本，又要组织元文本中的各元素，将元文本的世界观、价值观融入其中，用适合游戏体验的方式和逻辑来设计游戏的互动、任务、情节和线索，提升玩家的游戏沉浸感和认同度。游戏扩展了图书内容呈现的媒介边界，图书汇聚了游戏媒介的传播优势，共同建构了两种媒介产品的畅销图景。

美国漫画界巨头之一漫威漫画公司（Marvel Comics）由马丁·古德曼（Martin Goodman）创建于 1939 年，1961 年正式定名为漫威（Marvel）。随着漫威在 21 世纪初转变内容主题、营销模式和发展方向，"漫威漫画"系列图书的市场份额回升，并占据漫画市场的主要地位。例如：2017 年，漫威漫画公司以 36.36% 的收益市场份额占领先地位，成为漫画书专业市场最大的出版商，2017 年度《漫威遗产》漫画销量排名第一；2018 年，"漫威漫画"系列图书市场份额进一步扩大，达到 38.24%；2019 年，"漫威漫画"系列图书的市场份额持续上升，达到 40.2%，几乎占据世界漫画市场半壁江山。

漫威漫画的内容故事适合于游戏改编。漫威授权多家游戏公司参与漫威相关游戏制作，例如漫威与日本老牌游戏公司世嘉签署《钢铁侠》手游和电脑游戏的独家专营权，允许世嘉开发与漫威电影和漫画书相关的游戏。2014 年，漫威和迪士尼在游戏领域合作，授权开发开放性沙盒游戏、手游等。漫威还在移动端应用商城中上线多款手游，如《漫威超级战争》《漫威对决》等。

在漫威主题游戏中，漫威将英雄角色跨越漫画媒介在游戏屏端呈现，原有漫威漫画粉不仅可以在其中看到生动的英雄人物形象，感受有趣的游戏故事情节，也可以在数字世界中控制原本停留在漫画媒介上的英雄角色完成一系列指令，获得参与感与反馈感，享受在阅读"漫威漫画"系列图书之外的乐趣。此外，若有玩家在使用漫威游戏之前并未接触过"漫威漫画"系列图

---

① 参见秦艳华编著：《数字出版畅销书商法》，研究出版社 2022 年版，第 174–178 页。

书，其在游戏世界产生的对英雄角色情感将在一定程度上驱使玩家去探索游戏人物在漫画书中的原有形象和背景故事，从游戏"移情"至漫画，从而为漫画书培养潜在受众。漫威深度挖掘 IP 价值，开发游戏吸引相关受众，赋能漫画书营销，为"漫威漫画"系列图书构建了新的营销模式。①

五、文创 + 图书

文创 + 图书的营销，既是图书营销的延展，也是品牌社会化营销的一种重要方式。图书周边文创产品即依照图书内容研发的文化创意产品，不仅包含食品、玩具、消费品等狭义的衍生品，还包含博物馆、游乐场、旅游路线等广义衍生品。这些衍生品在扩大图书销售和品牌影响力方面具有重要作用。

在文创 + 图书的营销策划中，最具代表性的非"哈利·波特"莫属。光是"哈利·波特"系列图书，便热卖超过 4 亿本，成为史上最畅销的图书之一；改编的同名电影也成为电影史上票房收入最高的电影之一。虽然"哈利·波特"系列电影结束了，但是少年成长的故事并未结束，想要重温魔幻世界，还有"哈利·波特"的周边文创产品。

"哈利·波特"原版周边文创产品，制霸积木届的乐高，较早推出的诸如"霍格沃茨城堡""霍格沃茨礼堂""打人柳""对角巷"等多款"哈利·波特"地标性建筑积木，深受"哈迷"欢迎。近年，乐高推出"哈利·波特"套装，与新款积木一起，进一步丰富了"哈利·波特"周边产品的品种。

除了乐高的"哈利·波特"套装，市场上还有 Vans、乐町、BOY LONDON、GU、梗豆等各色不同调性的服饰品牌。

2020 年，在纪念"哈利·波特"引进中国 20 周年之际，人民文学出版社推出压印工艺精湛、皮质精装的"哈利·波特"学院笔记本，还特别引进了"哈利·波特"原版周边文创产品，如霍格沃茨四大学院蜡烛套装、校徽套装，还有猫头鹰海德薇光轮、时间转换器等，极大地满足了"哈迷"读者的需求。

北京环球影城作为全球第四座"哈利·波特"主题公园，让无数"哈迷"趋之若鹜。主题公园做到了最大限度地还原原著，尖塔高耸的霍格沃茨学

① 参见秦艳华编著：《数字时代畅销书商法》，研究出版社 2022 年版，第 217–227 页。

院、电影中反复出现的餐厅、复古真实的霍格莫德巫师村、歪扭曲折的对角巷……从积雪覆盖的屋顶到布满鹅卵石的街道，让游客身临其境地体验神奇的魔法世界。除了场景以外，主题公园周边文创产品琳琅满目，如电影同款魔杖、四大学院巫师袍、金色飞贼钥匙链、巧克力蛙等。此外还有餐食礼盒，以霍格沃茨四大学院为主题，并配有相应餐具。

无论是原版周边文创产品还是引进版的周边文创产品，其疯狂热销为图书持续热销打开了一扇新的大门。

六、版权输出

图书版权输出是我国文化"走出去"战略的重要组成部分。对于出版社来说，做好图书版权输出，不仅是推动中国文化海外传播的一种使命承当，也是提高出版社品牌国际影响力和竞争力的重要手段，因而意义重大。

生活·读书·新知三联书店的《中华文明的核心价值》，在版权输出方面颇有建树，覆盖欧美及"一带一路"沿线国家和地区，无论在翻译语种数量还是输出国家范围上都远超其他图书。

《中华文明的核心价值》作为国内第一部系统探讨中华文明核心价值的专著，兼具学术性与通俗性，是一本具有极高价值的普及类文化读物，是典型的"大家小书"。该书的内容和表述方法非常适合于对外推广。为了做好该书的版权输出，三联书店采取了以下策略：

（一）分阶段、有侧重

从 2015 年开始，三联书店便将《中华文明的核心价值》确定为版权输出的重点图书，有意识地向海外推出。三联书店对版权输出采取了"分阶段，有侧重"的逐步推广的方法。第一阶段主要向欧美国家输出图书版权。作为我国知名的人民文学出版社科类图书出版机构，三联书店过去与剑桥大学出版社、施普林格出版集团和泰勒·弗朗西斯等欧美主流出版社建立了良好的版权引进合作关系，在版权输出初期，三联书店首先与这些出版社进行洽谈，在英、法、俄、韩等版本的版权输出上首批成功签约。第二阶段主要向"一带一路"沿线国家和地区输出图书版权。自 2013 年国家主席习近平提出"一带一路"合作倡议以来，中国与"一带一路"沿线国家深入开展政治、经济和文化等领域的合作，有着良好的合作基础。在此背景下，三联书店将此阶段对外输出的重点放在"一带一路"沿线国家，在这期间受到首批签约版本出版的正向影响，最终达到了由点到面的跨越，第二批成功签约哈萨克语、吉尔吉斯语和阿拉伯语等版本。第三阶段为"查漏补缺"阶段。由于前两个阶段所覆盖的语种和国家范围已蔚为可观，在第三阶段三联书店主要致力于寻找新的合作伙伴，完善不同语种，真正做到"由点到线、以线带面"的"多语种全面布局"。第三批成功签约泰语和蒙古语。

（二）选择高水平译者

对于学术图书，能否找到合适的译者、翻译出质量较高的译文，很大程度上决定了图书能否顺利输出至海外。

首先是经费问题。一些国家因为经费紧张，在引进图书时较为看重翻译费用，如果我国出版机构能够补贴翻译费，则能够加快翻译进度，推进图书"走出去"。目前，我国已有丝路书香工程、经典中国工程和中外互译项目等对图书"走出去"进行经费资助。为此，出版机构应努力申请入选工程项目，争取项目资助。

其次是翻译人才问题。对于学术图书的翻译，译者要兼具专业知识与语言功底，虽有较多的译者具备较好的语言功底，但涉及专业领域的专业知识，目前适合的译者数量较少。为此，对于合适的学术图书优秀译者，不论国内国外，出版机构都应与其建立长久的合作关系，提供资金资助；对于国内译者，出版社还可以开展校企合作，有针对性地提高译者数量和质量。合适的译者难求，与译者建立良好的合作关系也非一时之功，出版机构在"走出去"时应及早布局，注重翻译质量，找到合适译者。

（三）积极参加国际出版活动

三联书店相关人员积极参加国际书展、海外专家座谈会、汉学家交流会和出版交流会等国际平台活动，致力于推动《中华文明的核心价值》"走出去"。从 2016 年开始，三联书店每年都会在北京国际图书博览会上举办《中华文明的核心价值》海外推广活动：2016 年，三联书店与施普林格·自然出版集团举办了英文版签约仪式；2017 年，三联书店与吉尔吉斯斯坦东方文学与艺术出版社有限公司举办了吉尔吉斯语、哈萨克语首发仪式；2018 年，作为走出去中的"版权精品"，《中华文明的核心价值》在展台上被集中展示。不仅如此，在本届书展上，三联书店举办了《中华文明的核心价值》丝路成果交流会，邀请《中华文明的核心价值》施普林格·自然出版集团、俄罗斯尚斯国际出版集团和印地文版译者 B.R.Deepak 教授等国外出版方、译者等参加。在主动举办海外推介活动之外，三联书店还积极参与国际书展，尤其是影响力较大的法兰克福书展和伦敦书展等国际书展。2016 年第 68 届法兰克福书展上，《中华文明的核心价值》签约法语版并达成印尼语签约意向。2018 年第三十一届意大利都灵国际图书沙龙上，三联书店与多家意大利出版社洽谈《中华文明的核心价值》的版权输出事宜。

至 2019 年，该书已签约英语、希伯来语、俄语、印地语、韩语、日语、罗马尼亚语、越南语、蒙古语、马来语和印尼语等 20 多个语种的出版，已出版英语（施普林格版、以色列版）、俄语、法语、土耳其语、哈萨克语、越南语及繁体中文等十几个版本。其中，由施普林格·自然集团出版的英文版电子书下载量由 2016 年的 17 次增至 2018 年的 1 096 次。2019 年，入选第十六届输出版引进版优秀图书推介活动输出版获奖书目、第六届中华优秀出版物奖；2020 年，荣获"中国版权金奖"作品奖等。

《中华文明的核心价值》于 2015 年 4 月出版，当年就多次印刷；至 2019 年，累计销售已达 10 余万册。版权输出品种与国内图书销量互相影响，互相促进，实现同步增长，《中华文明的核心价值》是一个很好的范例。①

《中华文明的核心价值》的成功为图书版权输出提供了一个良好的借鉴。当今，大语言模型等智能技术在信息分析、机器翻译等方面可为图书版权输出提供极大支持。可以相信，随着智能技术的广泛应用，我国图书版权输出的力度会越来越大，中华优秀文化的国际传播将取得更大成就。

---

① 参见秦艳华编著：《主题出版畅销书商法》，研究出版社 2023 年版，第 12—25 页。